贵州省哲学社会科学规划重点课题（19GZZD22）成果

铜仁学院博士科研启动项目（TrxyDH1801）成果

铜仁学院硕士点及学科建设研究子项目（Trxyxwdxm-063）成果

铜仁学院教育学省级区域内一流培育学科招标项目（tyxkxm[2018]01号）成果

"双一流"建设
基本问题研究

白强　著

WUHAN UNIVERSITY PRESS

武汉大学出版社

图书在版编目(CIP)数据

"双一流"建设基本问题研究/白强著.—武汉:武汉大学出版社,
2022.11

ISBN 978-7-307-23282-2

Ⅰ.双…　Ⅱ.白…　Ⅲ.高等学校—教育建设—研究—中国
Ⅳ.G649.2

中国版本图书馆 CIP 数据核字(2022)第 154449 号

责任编辑:蒋培卓　　　责任校对:鄢春梅　　　版式设计:马　佳

出版发行:武汉大学出版社　　(430072　武昌　珞珈山)
　　　　　(电子邮箱:cbs22@whu.edu.cn　网址:www.wdp.com.cn)
印刷:武汉邮科印务有限公司
开本:720×1000　1/16　　印张:16.5　　字数:235 千字　　插页:1
版次:2022 年 11 月第 1 版　　2022 年 11 月第 1 次印刷
ISBN 978-7-307-23282-2　　　定价:65.00 元

版权所有,不得翻印;凡购我社的图书,如有质量问题,请与当地图书销售部门联系调换。

前　言

　　高等教育作为一个国家国民教育体系中最高层次的教育，是经济社会发展的"桥头堡"，是一个国家教育水平和综合国力的重要标志，是一个国家核心竞争力的重要支撑。20世纪90年代以来，随着两极格局的瓦解，世界进入大发展大变革大调整期，经济全球化深入发展，科技进步日新月异，国际竞争日趋激烈，人口、资源、环境等全球性公共问题提上重要议事日程，经济发展方式亟待转变，迫切需要高等教育顺应时代之变，站在时代前沿，服务国家战略。这一趋势大大加速了大学走进社会中心的进程，凸显了大学在经济社会发展中的重要地位和作用。

　　世界高等教育发展史证明：世界强国的崛起必先有一流大学的崛起。建设中国特色世界一流大学和一流学科（以下简称"双一流"建设）正是党和国家为适应日益激烈的国际竞争、推进高等教育强国建设和实现中华民族伟大复兴的一项重大战略决策，是继20世纪90年代以来"211工程""985工程""2011计划"之后的一项重大升级提质工程，再次吹响了迈向高等教育强国的集结号、冲锋号，充分彰显了集中力量办大事的社会主义制度优势，开创了一条具有中国特色的高等教育强国建设道路。我们坚信，在"双一流"建设战略的持续、有力推动下，中国大学的办学活力必将进一步迸发，中国高等教育必将实现新的历史跨越，为中华民族伟大复兴做出新的贡献。

　　为"双一流"建设奉献学术智慧、提供实践方案，无疑是当代高教学者的神圣使命。自2015年10月国务院印发《统筹推进世界一流大学和一流学科建设总体方案》以来，广大高教学者从理论到实践层面对"一流大学"和

"一流学科"建设两个中心问题展开了广泛、深入的研究，取得了丰硕而富有见地的研究成果。但"双一流"建设是一个复杂的系统工程，不仅包含"一流大学"和"一流学科"建设两个中心问题，还涉及实现"双一流"的系列重要支撑问题。鉴此，笔者在研究"一流大学"和"一流学科"两个中心问题的基础上，将"双一流"建设拓展到一流人才培养、一流师资建设、一流大学校长培育、一流大学改革等领域，以期对我国"双一流"建设形成更加完整的认识，进一步丰富"双一流"建设理论与实践研究体系。但由于认识有限，提出的一些观点和主张难免有疏漏、不妥之处，敬请广大专家学者不吝赐教，批评指正。

白　强

2022 年 6 月于铜仁锦江河畔

目　　录

绪　　论

一、研究的缘起与研究的价值

（一）研究的缘起

建设世界一流大学和一流学科（以下简称"双一流"建设）是党中央、国务院作出的一项重大战略决策，是我国高等教育领域继"211 工程""985 工程""2011 计划"之后的又一项升级提质工程，对于促进我国高等教育高质量发展、建成高等教育强国和实现中华民族伟大复兴中国梦具有极其重要的意义。但什么是世界一流大学和一流学科？大学和学科是怎样一步步发展成为世界一流大学和一流学科的？世界一流大学和一流学科有哪些基本特征？怎样才能建成中国特色世界一流大学和一流学科？诸如此类的问题仍然值得深入研究。显然，只有将这些问题想清楚了、弄明白了，才能为"双一流"建设战略的科学、有效实施提供学术智慧和实践方案，助力中国特色世界一流大学和一流学科建设。

众所周知，"双一流"建设的具体任务有五个方面。一是建设一流师资团队。二是培养拔尖创新人才。三是提升科学研究水平。四是传承创新优秀文化。五是着力推进成果转化。因此，"双一流"建设研究的问题边界不能局限于世界一流大学和一流学科这两个中心问题的理论与实践研究，还需深入支撑世界一流大学和一流学科的师资队伍建设、创新人才培养、科学研究、文化传承与创新、成果转化应用等问题。此外，还有必要深入研究"双一流"建设的大学校长培育问题、大学与学科发展的动力问题。一则，在高等教育领域，大学校长是引领大学发展和学科建设的策划人、组织者，其角色作用发挥程度与"双一流"建设具有最直接的关联，因此，大学校长研究是不可或缺的重要问题。二则，改革是推进"双一流"建设的根本动力所在，世界高等教育发展史证明，只有改革才能塑造卓越、走向一流，正如习近平总书记强调的那样，惟改革者进，惟创新者强，惟改革创新者胜。显然，走向世界一流的大学改革也是必不可少的重要研究问题。

鉴于上述思考，笔者将"双一流"建设拓展到一流人才培养、一流师资建设、一流大学校长培育、一流大学改革等领域，以期对我国"双一流"建设形成整体认识，以期进一步丰富"双一流"建设理论与实践研究体系，努力为我国"双一流"建设重大战略实施奉献学术智慧、提供实践方案。

(二)研究的价值

本书的研究对"双一流"建设具有理论与实践两个方面的价值。

其一，为"双一流"建设奉献学术智慧。本书将在学界已有研究的基础上，以两个"一流"即一流大学和一流学科为原点，进一步拓展"双一流"建设研究问题的边界，将"双一流"建设问题拓展到一流人才培养、一流师资建设、一流大学校长培育、一流大学改革等领域，从学理上寻找中国特色世界一流大学的逻辑根据、一流学科的生成逻辑、优良学科生态的应然特质、研究生教育的本质、变革型大学校长的共性特征、走向一流大学的改革逻辑等理论问题，从认识论层面进一步丰富我国"双一流"建设理论研究体系。

其二，为"双一流"建设提供实践方案。本书坚持理论与现实、历史与当下、现在与未来相结合的原则，在上述理论研究基础上，对一流大学建设、一流学科建设、一流人才培养、一流师资建设、一流大学校长培育、走向一流的大学改革等基本问题展开实践层面的对策思考，从实践论层面提出这些问题的相应实践方案。如中国特色世界一流大学和一流学科的建设路径如何选择？一流人才如何培养？一流师资队伍怎么建？如何培育能够引领"双一流"建设的大学校长？走向一流的大学应该进行怎样的改革？

显然，这些问题的深入探讨对于推进"双一流"建设具有实践上的重要参考价值。

二、"双一流"建设研究综述

作为党和国家的一项重大战略决策，"双一流"建设问题不仅是党和国家的高度重视和关心的重大战略问题，也是全社会特别是广大高教学界近些年来的研究重点、热点、焦点问题。搜索相关研究文献发现，近些年来，高教学界研究成果集中体现以下几个方面。

（一）关于世界一流大学建设的研究

学界对世界一流大学建设问题的研究，主要从认识论、本体论、实践论三个层面展开系统性的探究。

1. 认识论层面的研究

在认识论方面，主要聚焦于我国世界一流大学建设的历史回顾、建设的必要性等方面的研究。学者王琼、朴雪涛（2017）研究了我国建设世界一流大学的历史，从总体上将我国建设世界一流大学的历史划分为"胡适时期的一流大学建设"和"现当代的一流大学建设"两个阶段。① 学者白强、王运来（2015）回顾了自 20 世纪 90 年代我国重点大学建设的历程，认为"双一流"建设是继"211 工程""985 工程""2011 计划"后的一项高等教育再提质重大工程。② 学者胡德鑫（2017）从历史制度主义的分析范式入手，探讨了我国推进世界一流大学建设历史演变的基本逻辑。③ 此外，还有学者刘赞英、李文文（2016）聚焦研究了民国时期西南联合大学的卓越办学历

① 胡适，朴雪涛. 中国的世界一流大学建设综述[J]. 高教论坛，2017(8)：116-119.

② 白强，王运来. 高等教育强国建设中的矛盾审视与政策化解[J]. 重庆大学学报（社会科学版），2015(4)：180-185.

③ 胡德鑫. 我国世界一流大学建设的历史演变、基本逻辑与矛盾分析——基于历史制度主义的分析范式[J]. 教育发展研究，2017(Z1)：1-8.

史，并认为"联大精神"已成为"我国建设世界一流大学的理念根基与精神支撑"。① 学者蔡丽丽、黄容霞(2021)探讨了近 30 年来我国世界一流大学建设政策的历史演变。② 这些研究成果为深入探究当下的世界一流大学建设问题提供了历史思维，具有重要的价值。认识论研究成果还体现在学者们对当下我国建设世界一流大学的必要性的阐释上，这也是广大高教学界的共识。

2. 本体论层面的研究

在本体论方面，学者聚焦探究了"什么是世界一流大学"这个根本问题，涉及一流大学的概念、特征以及评价标准等学理性问题。

在世界一流大学概念内涵理解上，目前学界仍有不同的认识。如学者王大中(2003)认为世界一流大学是一个模糊的概念，是一个在比较中产生的概念，是过程性的、综合性的概念。③ 袁贵仁则认为世界一流大学是一个建设的、总体的、过程的概念。④ 还有学者认为世界一流大学应该是具有战略性质的大学，能够符合国家政治经济发展需要，并在经济社会发展中发挥上游知识创新作用。⑤ 显然，在何谓世界一流大学问题上，目前学界仍未达成共识。

在世界一流大学基本特征研究上，目前高教学界也有不同的理解。学者张杰(2016)持"三特质"说，从观念层面认为根植于中国价值观念、创新

① 刘赞英，李文文. 西南联大精神的历史沉淀及其对世界一流大学建设的当代价值[J]. 大学教育科学，2016(5)：89-93，126.
② 蔡丽丽，黄容霞. 我国世界一流大学建设政策 30 年：历史演变与分析[J]. 内蒙古社会科学，2021(6)：162-170.
③ 王大中. 建设世界一流大学的战略思考与实践[J]. 清华大学教育研究，2003(3)：2-7.
④ 袁贵仁. 建设社会主义高水平大学的动员令——学习江泽民同志关于建设一流大学的论述[J]. 求是，2002(7)：2-7.
⑤ 谢维和. 战略性大学与一流大学建设的新定位[J]. 清华大学教育研究，2003(3)：56-58.

与增值的质量观念、以人为本制度的激励发展观念是一流大学的三个特质。① 学者黄英杰(2016)持"核心特质说"，认为世界一流大学的核心特质只有一个，就是创新文明。② 学者张炜(2016)则将一流大学特征分为共性特征与个性特色两个方面，而学校规模、办学历史、学科设置、治理模式、学术自由等是一流大学的共性特征。③ 而学者王英杰(2001)则持"四性说"，认为国际性、公开性、批判性、包容性是一流大学的基本特征。④

在世界一流大学的评价标准上，目前学界仍有不同观点，代表性的观点有"五指标说""九标准说""相对标准说"。学者刘念才持"五指标说"，认为世界一流大学的评价标准有五个方面，即诺贝尔奖获得者的数量、学术论文发表数量、科研经费、博士教师占比、留学生比例。⑤ 学者丁学良持"九标准"说，认为评价世界一流大学应以教师素质、学生素质、课程、科研经费、师生比例、硬件设施、资源数量、毕业生成就、研究生学术声誉九个方面为观测标准。⑥ 还有学者对世界一流大学的评价标准持"相对标准"观点，认为世界一流大学没有绝对的评价标准。⑦ 虽然目前学界对世界一流大学的评价标准不统一，但都公认一流人才培养、一流科学研究、一流国际影响、一流办学声誉等指标是世界一流大学的共性标准，这是目前学界的基本共识。

① 张杰. 扎根中国——建设世界一流创新性大学[J]. 中国高等教育，2016(7)：22-25.
② 黄英杰. 创新文明是世界一流大学的核心特质[J]. 高校教育管理，2016(6)：32-37.
③ 张炜. 世界一流大学的共性特征与个性特色[J]. 中国高教研究，2016(1)：61-64.
④ 王英杰. 规律与启示——关于建设世界一流大学的若干问题[J]. 比较教育研究，2001(7)：1-8.
⑤ 刘念才，程莹. 我国名牌大学离世界一流大学有多远[J]. 高等教育研究，2002(2)：19-24.
⑥ 丁学良. 什么是世界一流大学[J]. 高等教育研究，2001(3)：4-9.
⑦ 张秋硕. 评价学视角下的我国高校"双一流"建设[J]. 重庆高教研究，2016(2)：126-127.

3. 实践论层面的研究

这方面的研究主要探讨世界一流大学的建设路径问题，既有宏观层面的路径研究，也有微观层面的路径研究。宏观层面的路径选择研究认为，世界一流大学建设要从坚持社会主义办学方向、坚持立德树人、继承弘扬优秀传统文化等方面彰显中国特色，这样才能建成世界一流大学。① 还有学者认为，建设世界一流大学要坚持改革创新，要以创新为动力，坚持中国独特的发展道路，遵循高等教育发展的规律，紧紧围绕人才培养，推动理论创新、制度创新、观念创新、文化创新、科技创新。② 微观层面的路径研究主要从某一方面、某一视角探究我国世界一流大学的建设路径。这方面的研究成果很多，有学者从文化自觉视角出发，主张建设世界一流大学要增强中华文化自觉，这是中国特色世界一流大学的旨归。③ 有学者从大学校长层面出发，主张建设世界一流大学首先要培养造就一批能够担当大学责任和使命的教育家型校长。④ 还有学者基于生态学理论视角，认为建设一流大学要综合考量大学教育、大学经济、大学社会、大学精神、大学文明等问题，注重世界一流大学建设的整体性、系统性，⑤等等。

通过上述学术梳理不难发现，世界一流大学建设的研究成果十分丰硕，很有启发价值，特别是有些研究成果涉及一流大学建设的重要支撑问题，如大学校长研究、大学改革研究等直接激发了笔者的研究兴趣，启发了本书的研究。笔者认为，大学校长、大学改革、大学师资建设等对一流

---

① 董洪亮. 建设世界一流大学要凸显中国特色[N]. 人民日报，2015-09-24.

② 李元元. 以创新发展理念推动中国特色世界一流大学建设[J]. 国家教育行政学院学报，2016(7)：3-7.

③ 沈梁燕. 中国特色世界一流大学文化建设的路径研究——基于文化自觉的理论视角[J]. 大学(研究版)，2016(5)：27-32.

④ 眭依凡. 世界一流大学建设：呼唤教育家型校长崛起[J]. 高校教育管理，2016(5)：6-11.

⑤ 耿有权. 生态学视野中的世界一流大学体系建设[J]. 现代大学教育，2009(2)：86-93.

大学建设具有重要支撑作用的基本问题仍有继续深入探究的必要，这正是本书的旨意所在。

（二）关于世界一流学科建设的研究

鉴于一流学科对于一流大学的重要意义，世界一流学科建设问题深受广大高教学界的重视和关注，研究热度不亚于世界一流大学建设研究。搜索文献发现，关于世界一流学科建设研究的发文量在 2016—2020 年一直呈现出持续上升趋势。有理由预测，随着第二轮"双一流"建设的深入实施，世界一流学科建设研究仍将是未来我国高教领域的研究热点。已有研究成果可归纳为以下几个层面。

1. 世界一流学科内涵的研究

这方面的研究成果集中体现于对"什么是世界一流学科"及其与世界一流大学有什么关系问题的阐释。最有代表性的研究成果是学者周光礼、武建鑫（2016）运用词频分析法构建了学科的概念分析图谱，认为"学科既是一套系统有序的知识体系，也是一套体现社会建构的学术制度。在大学组织中，学科主要表现为研究平台、教学科目、学术团队、规训制度、学科文化"，并基于内在合法性和外在合法性两个学科合法性维度，归纳出世界一流学科的四个标准，即一流学术队伍、一流科研成果、一流学生质量和一流学术声誉，[1] 研究观点对学界的影响很大。在世界一流学科与一流大学关系的阐释上，目前学界在一流大学与一流学科谁是基础和前提的问题上仍有两种截然相反的认识。学者钟秉林、王新凤（2020）认为，一流大学建设是一流学科建设的基础，一流学科建设是一流大学建设的支撑，[2]但笔者认为，一流学科是一流大学的前提和基础，没有世界一流学科就没有世界一流大学。今天看来，其实世界一流大学与世界一流学科是相辅相成的关系，二者互为条件。

---

① 周光礼，武建鑫. 什么是世界一流学科[J]. 中国高教研究，2016（1）：65-73.
② 钟秉林，王新凤. 我国"双一流"建设成效评价的若干思考[J]. 高校教育管理，2020（4）：1-6.

2. 世界一流学科发展研究

这方面，主要聚焦于学科布局、学术队伍、学科特色、学科评价四个方面的研究。在学科布局研究上，学者胡乐乐(2016)认为在学科建设中应当控制学科规模、加快学科转型升级、突出学科建设重点、打破学科壁垒界限、优化学科资源配置等。① 还有学者强调，在一流学科建设中，还要注重理工类学科与人文社会科学学科的平衡，主张要增加具有中国特色的人文学科比重。在学术队伍研究上，有学者认为，学科队伍应当是具有学术认同的、秉持共同学术理念、致力于学术事业的学者聚合体，② 只有这样的学术队伍才是一流的队伍。另有学者认为，学术队伍建设的关键是培养学科或学术带头人，建构创新团队，为此，高校要为培育学科学术带头人建立健全相应的激励机制。③ 在学科特色研究上，目前学界基本达成共识，那就是中国特色世界一流学科建设要走出自己的路，彰显中国特色，如学者龙宝新(2020)主张我国的学科建设要坚持自主化、本土化、世界化，才能走出一条扎根中国本土、面向世界的学科建设道路。④ 在学科评价研究方面，主要研究一流学科评价指标体系问题。有的学者基于知识转型和创新驱动视角，主张学科评价要从注重学术影响转向社会影响⑤；有的学者基于知识生产模式变革视角，主张建立健全多元评价、分类评价和综合评价制度体系，全面考量学科建设成效⑥。还有学者主张"应在彰显国家立场和民族精神的前提下，参照世界一流标准，建构体现大学理念、办

① 胡乐乐．论国家"双一流"建设下的大学学科布局调整［J］．研究生教育研究，2016(6)：1-7.

② 张铭，何振海．吉森大学李比希学派的历史贡献及其原因探析：基于一流学科培育的视角[J]．现代大学教育，2019(5)：50-55.

③ 贺丽励．推动一流学科建设，提升高校自主创新能力[J]．教书育人(高教论坛)，2018(3)：4-6.

④ 龙宝新．论中国特色一流学科建设[J]．高校教育管理，2020(3)：1-8，29.

⑤ 刘小强，杨雅欣．一流学科评价：从专注学术影响走向关注社会影响——知识转型、创新驱动发展的视角[J]．江苏高教，2020(9)：12-19.

⑥ 白强．大学知识生产模式变革与学科建设创新[J]．大学教育科学，2020(3)：31-38.

学特色和价值诉求的一流学科评价体系"①，等等。

3. 世界一流学科建设路径研究

如何建设世界一流学科？这是高教学界特别关注的问题。目前学界的研究成果大多基于一流建设问题发现提出相应的建设路径主张，但因问题发现的侧重点不同而提出的路径主张有异。如学者凌健(2016)基于高校学科建设的无边界、碎片化、难评价的问题提出学科建设"组织化"的路径主张，即要对高校学科组织建设和管理的高度有序化。② 有的学者以世界公认的几大学科评价体系(ESI、QS、US News)为分析框架和对学科建设实践中有"高原"、缺"高峰"、质量不高以及人文社科国际影响力不足的问题审视，提出要进一步健全学术体制、加强人文社科学科建设的主张。③ 还有学者立足大学科研评价视角，探究了科研评价的旨意、审视了科研评价背离旨意的问题、提出了回归科研评价旨意的路径建议。④ 这些研究成果为本书提供了有益参考。

(三)已有研究简评

通过上述学术梳理发现，"双一流"建设研究成果丰硕，学界从理论与实践方面回答了什么是世界一流大学和一流学科、世界一流大学和一流学科有什么特征、怎样建设世界一流大学和一流学科三个根本问题，很有启迪价值，但有两个方面需要进一步拓展和深入。

一是研究问题的范围边界有待进一步扩大。目前学界关注和研究的主要问题是世界一流大学、一流学科建设问题，这方面的研究成果极为丰

① 张涛，孙长青. 世界一流学科评价与中国一流学科建设路径——基于国际学科评价体系与建设经验[J]. 河南师范大学学报(哲学社会科学版)，2021(2)：135-142.

② 凌健. 学科"组织化"：介入世界一流学科建设的路径选择[J]. 中国高教研究，2016(5)：10-13.

③ 郭丛斌. 中国高水平大学学科发展现状与建设路径分析：从 ESI、QS 和 US News 排名的视角[J]. 教育研究，2016(12)：62-73.

④ 白强. 大学科研评价旨意：悖离与回归[J]. 大学教育科学，2018(6)：67-73.

富，也很有启发价值，但涉及支撑世界一流大学、一流学科建设的一些重要问题如一流师资队伍问题、大学校长问题、大学改革问题等少有涉及。从一定意义上讲，世界一流大学、一流学科只是"双一流"建设的目标和结果，而一流师资、一流校长、大学改革等重要议题对"双一流"建成具有直接支撑作用，是"双一流"能否建成的必要条件。显然，没有一流师资、没有一流大学校长、没有与时俱进的改革推动，就没有世界一流大学和一流学科。因此，这些问题也是"双一流"建设的基本问题，是"双一流"建设值得浓墨重彩研究的问题。

二是有些基本问题仍需进一步深研细研。"双一流"建设涉及很多问题，但有些基本问题是"双一流"建设研究不可或缺的问题，而且是非常有必要深入细研的问题。如中国特色世界一流大学建设的逻辑根据在哪？大学科研评价的旨意究竟是什么？研究生教育的本质究竟是什么？如何培育变革型大学校长以引领高校学科建设？建设世界一流大学、一流学科应当进行怎样的改革？走向世界一流的现代大学需要什么样的治理智慧？如何提升现代大学治理体系和治理能力现代化水平助力"双一流"建成？显然，这些问题均关乎"双一流"建设的成败，有必要深入探究、细细研磨，这也是深入推进"双一流"建设战略科学、有效实施的内在要求。

三、研究的问题、思路与方法

(一) 研究的问题

鉴于已有研究的不足，本书拟建构以世界一流大学、一流学科建设问题为中心，以一流人才培养、一流师资队伍、一流大学校长、走向一流的大学改革为支撑的问题框架体系，以期进一步推进"双一流"建设问题的整体性、系统性研究，增强人们对"双一流"建设的整体性认识，丰富"双一流"建设研究的问题体系。

1. 一流大学建设研究。主要研究中国特色世界一流大学建设的逻辑根据、路径选择、策略选择以及走向世界一流的现代大学治理智慧问题。

2. 一流学科建设研究。主要研究世界一流学科的生成逻辑、建设路径，探究知识生产模式变革下的一流学科建设以及高校优良学科生态的应然特质及建构路径等。

3. 一流人才培养研究。主要从本科生和研究生两个层面探究创新人才培养的理论与实践问题，辅以世界名校人才培养经验考察，深入探究研究生教育的本质、一流研究生教育的特征、一流创新人才的机制及路径选择等。

4. 一流师资队伍建设研究。主要探索研究生导师队伍全面履责问题、高校高层次人才队伍流动治理问题，辅以世界名校卓越教师队伍建设经验考察，以期为我国一流师资队伍建设提供经验参考。

5. 一流大学校长培育研究。主要探究教育家校长的共性特征和适应"双一流"建设需要的变革型大学校长的生成逻辑和培育路径。

6. 走向一流的大学改革研究。主要研究名校走向世界一流的大学改革特点、规律，进而探究促进我国"双一流"建设的大学灵动改革问题。

(二)研究的思路

本书以问题为导向，坚持理论与实践、历史与现实、现在与未来相结合的原则，从一流大学、一流学科建设两个中心问题的研究开始，逐步深入一流人才培养、一流师资建设、一流大学校长以及走向世界一流的大学改革等基本问题。研究过程中，既注重理论上的逻辑思维，又注重实践上的实证研究；既注重中外一流大学建设的历史考察，又注重当前一流大学建设的现状调研；既着眼于解决"双一流"建设现实问题，又面向未来的改革发展，从而形成较为系统、全面的研究思维框架，为我国"双一流"建设奉献学术智慧、提供实践方案。

(三)研究的方法

本书综合运用以下研究方法，力求通过多元研究方法的综合运用，增强研究结论的信度和效度。

1. 文献研究法。用于收集、整理和分析国内外有关世界一流大学建设和一流学科建设研究的相关文献资料，掌握"双一流"建设的研究现状，发现已有研究的不足，进而确定本书问题框架体系。

2. 历史研究法。用于对历史上走向世界一流的大学改革发展历程的考察，分析其改革的历史背景、演进历程，进而揭示其改革的特点和规律。同时，用于考察知识产生模式变革的演进历史和演进趋势，亦用于对历史上著名大学校长的共性特征分析。

3. 比较研究法。用于对国内外一流大学、一流学科建设进行横向比较研究，特别是在科技创新人才培养方面进行微观横向比较，进而找到异同点，探究创新人才培养的共性规律。

4. 案例研究法。研究大学改革时，选取哈佛、牛津、巴黎高师等世界名校，探究其走向世界一流的改革特点和规律、总结其人才培养和卓越教师队伍建设经验；研究学科建设时，选取清华大学生物学学科、芝加哥大学的社会学学科为案例，探究世界一流学科的生成逻辑和建设路径。

5. 思辨研究法。运用理性思维方法，对一些命题如一流大学建设的逻辑根据、一流学科的生成逻辑、大学科研评价的旨意、研究生教育的本质、变革型大学校长的生成逻辑、大学灵动改革等学术命题，展开演绎、归纳、推理，达到认识其本质特征的研究目的。

第一章　一流大学建设研究

第一节　一流大学建设的逻辑根据与路径选择*

实现中华民族伟大复兴的中国梦离不开建成中国特色一流大学。党的十九大报告把"加快世界一流大学建设、实现高等教育内涵式发展"①作为中国共产党保障和改善民生、创新社会治理的重大战略任务。国务院印发的《统筹推进世界一流大学和一流学科建设总体方案》(国发〔2015〕64 号)和教育部、财政部、国家发改委联合印发的《统筹推进世界一流大学和一流学科建设实施办法(暂行)》(教研〔2017〕2 号)均强调中国"双一流"大学建设要坚持中国特色、瞄准世界一流,为中国特色一流大学建设提供了总依据。但是,中国特色一流大学建设的逻辑根据,以及如何选择建设路径等学理问题急需学界研究,以便更好地为中国特色一流大学的建设实践提供学术智慧和实践方案。显然,解决这一问题既需要历史考察,也需要现实考量。因此,非常有必要在考察国外大学崛起成为世界一流大学经验的基础上,分析建设中国特色一流大学的逻辑根据,并基于此逻辑根据找到建设中国特色一流大学的有效路径,进而在理论与实践上对当下中国特色世界一流大学建设有所裨益。

---

* 本节根据作者发表于《重庆大学学报(社会科学版)》2018 年第 6 期的文章《中国特色"双一流"大学建设的逻辑根据与路径选择》整理而成。

① 习近平. 决胜全面建成小康社会　夺取新时代中国特色社会主义伟大胜利——在中国共产党第十九次全国代表大会上的报告[M]. 北京:人民出版社,2017.

一、一流大学建设研究学术史梳理

(一)国内研究

回顾中国高等教育政策发展历史不难发现，明确提出"建设世界一流大学"高等教育改革发展目标始于 1998 年的《面向 21 世纪教育振兴行动计划》，但明确提出"建设中国特色世界一流大学"的战略目标是在 2015 年 10 月国务院印发的《统筹推进世界一流大学和一流学科总体方案》(国发〔2015〕64 号)中，该方案把"坚持中国特色、瞄准世界一流"作为中国建设世界一流大学和一流学科的重要指导思想之一。自此，建设"中国特色世界一流大学和一流学科"(简称"双一流"建设)不仅是中国高等教育改革发展的总目标，也成为学界广泛关注的话题。近年来，国内学者的研究成果集中体现于对"中国特色世界一流大学"的内涵特征、基本原则以及建设路径阐释等方面。在"中国特色"的内涵阐释方面，目前学界有"政治论""多元论"和"功能论"三种理论观点。持"政治论"观点的学者认为"中国特色"的内涵在于"坚守社会主义的办学方向"①；持"多元论"观点的学者认为"中国特色"有三个来源，即"来源于社会主义本质要求，来源于中国优秀传统文化精神积淀，来源于中国历史、政治、经济、教育等有机结合"②；持"功能论"的学者认为"中国特色"的内涵就是"要面向国家重大目标和重大战略"③。笔者以为，"中国特色"的内涵主要体现在四个方面：一是独特的办学方向；二是独特的文化背景；三是独特的时代需求；四是独特的发展模式。就办学方向而言，要为社会主义现代化建设服务，必须坚持社会主义办学方向。就文化背景而言，中华民族优秀传统文化是中国大学的

---

① 蔡奇. 坚持社会主义办学方向 创建中国特色世界一流大学[N]. 北京日报，2017-11-16.

② 耿有权. 试论中国特色世界一流大学[J]. 研究生教育研究，2016(1)：1-6.

③ 许宁生. 把握"中国特色、世界一流"的核心要求[J]. 中国高等教育，2015(22)：11-12.

文化基因和精神血脉，中国特色"双一流"建设必须传承、弘扬和创新中华文化。就时代需求而言，要为新时代中国特色社会主义的国家发展战略服务，为实现中华民族伟大复兴服务。就发展方式而言，中国特色"双一流"大学建设处于高等教育大众化与精英化同时推进的特殊时期，其主题是内涵发展和质量提升。只有综合考虑上述四个方面的"独特性"，才能全面把握"中国特色"的科学内涵。在建设原则和路径研究方面，由于对"中国特色"内涵理解有异，因而主张各有侧重。在建设原则上，目前学界有"一元论"与"多元论"之说。持一元论观点的学者认为"创新发展理念是中国特色世界大学的战略选择"[1]。持"多元论"观点的学者认为建设中国特色世界一流大学的原则在于"以一流为目标，以学科为基础，以绩效为杠杆，以改革为动力"[2]。在建设路径上，代表性的观点较多，有的学者认为要协同发力推进中国特色世界一流大学建设，主张高校加快实施步伐、政府加快推进步伐、社会加快支持步伐[3]；还有学者主张"将大学文化建设纳入双一流建设的大格局，以社会主义核心价值观引领大学文化建设，增强文化自信、传承中华优秀传统文化，注重多元文化的理性交流"[4]等。显然，由于学者们的观察视角不同，因而在中国特色"双一流"大学的建设策略与路径的主张上各有侧重、观点各异，但为进一步深入研究中国特色世界一流大学的建设路径提供了有益的参考。

（二）国外研究

综观世界高等教育发展态势，建设世界一流大学是 20 世纪以来世界

---

[1] 李元元. 以创新发展理念推动中国特色世界一流大学建设[J]. 国家教育行政学院学报，2016(7)：3-7.

[2] 管春英. 世界一流大学建设的基本原则及其中国特色[J]. 江苏高教，2016(5)：20-23.

[3] 王建国. 加快中国特色世界一流大学建设的思考[J]. 中国高教研究，2018(2)：13-17.

[4] 蔡红生，杨琴. 大学文化："双一流"大学建设的灵魂[J]. 思想教育研究，2017(1)：80-84.

高等教育改革发展的历史潮流。中国作为世界上最大的发展中社会主义国家，特别是中国在日益走进世界舞台中心的过程中高等教育在后发赶超式发展模式下取得的巨大成就，引起了国外学者的广泛关注。美国波士顿学院国际高等教育研究中心创始人菲利普·G. 阿特巴赫教授在其《国际高等教育的前沿议题》一书中，在论述高等教育大众化和全球化背景下的国际高等教育面临的普遍问题的同时，专门就中国高等教育改革发展的成绩和面临的问题进行了较为系统的研究。他一方面认为中国高等教育改革取得了令世界瞩目的成就，但另一方面也认为，中国高等教育也出现了"玻璃天花板效应。① 言下之意，就是指中国高等教育体系发展不平衡，不利于中国特色"双一流"大学建设，中国要建成世界一流大学，中国大学要进入世界一流大学排行榜前列，必须解决高等教育发展不平衡问题。这一观点对中国特色世界"双一流"大学建设也是一个有益的参考。英国伦敦大学教育学院教授、ESRC /HEFCE 全球高等教育中心主任西蒙·马金森（Simon Marginson）在 2015 年 11 月举行的第六届世界一流大学国际研讨会上曾就中国建设世界一流大学问题发表了自己的观点，认为中国建设世界一流大学具有他国难以相比的优势，但中国具有庞大的高等教育体系，要真正建成像牛津、剑桥那样既具有深度又具有广度的世界一流大学还需要时间。同时还对中国建设世界一流大学的路径提出了自己的看法，即要注重长远发展，加大对大学人文学科的支持，加强与世界一流大学的合作，走国际化的发展道路等。他的这些看法和建议，对中国特色世界一流大学的建设路径选择具有积极的参考价值。

（三）现有研究成果评价

通过上述国内外学术史梳理可以发现，虽然研究成果丰硕，但仍有两个方面有待进一步的深入研究。一是现有研究成果总体上缺乏对世界一流

---

① 常文磊，仇鸿伟. 世界一流大学及一流学科建设：核心论域与路径突破[J]. 教育探索，2016(12)：47-50.

大学如何扎根本国办学而崛起规律的历史考察。显然，要扎根中国大地建设中国特色"双一流"大学，需要开拓视野，放眼世界，深入考察世界一流大学崛起的历史规律和成功经验，以达"他山之石攻玉"之效。二是缺乏对扎根中国大地建设中国特色"双一流"大学的逻辑根据的深入分析。中国特色"双一流"大学建设的逻辑根据在哪里？是基于社会发展需要的逻辑还是大学自身发展的内在逻辑，抑或二者兼而有之？显然，只有弄清这个基本的学理问题，才能真正找到建设中国特色"双一流"大学的有效路径，这正是本书研究的基本思路和目标所在。

二、世界一流大学崛起的历史考察

梳理"世界一流大学"学术史不难发现，直至今天，学术界对"世界一流大学"的概念界定、内涵解释和评价标准等仍有差异。但有一点是人们公认的，那就是"加快世界一流大学建设是世界强国崛起的普遍规律"[①]，世界一流大学在特定的历史时期代表着世界高等教育的发展趋势，并对世界高等教育发展走向具有引领性作用。事实上，谁拥有了具有世界影响力的大学，谁就会成为世界高等教育的中心，进而引领世界高等教育发展的潮流。综观世界高等教育中心从意大利—英国—法国—德国—美国的四次大"转移"[②]，均因世界一流大学诞生使然，而世界一流大学崛起的根本原因又在于扎根本国大地、传承本国文化基因、服务本国现实需求，这是世界一流大学崛起的基本经验。

（一）牛津大学、剑桥大学立足英国大地办学崛起成为世界一流大学

考察英国高等教育史，牛津、剑桥作为英国最为古老的大学，具有悠久的办学传统和历史积淀，但牛津大学和剑桥大学在长达近5个世纪的办

①　王建国. 加快中国特色世界一流大学建设的思考[J]. 中国高教研究，2018 (2)：13-17.

②　杜晓利. 世界教育研究中心的转移及其相关问题[J]. 全球教育展望，2004 (6)：56-59.

学过程中形成的自由教育传统基本上都是沿袭中世纪大学的办学经验，远离英国社会现实，致使其影响力远远落后于当时吸引着来自法国、西班牙、英国、波兰、匈牙利、德国的学子并引领着整个欧洲高等教育发展的意大利博洛尼亚大学。① 但到了16世纪，面对英国原始资本积累的完成和资本主义发展曙光的到来以及文艺复兴运动的兴起，牛津大学和剑桥大学才从沿袭中世纪大学办学传统的睡梦中苏醒，开始了积极主动融入英国社会现实需求、扎根英国大地、服务国家需要的办学进程，此时的牛津大学不再一味固守"Dominusillumination meal（主照亮我）"②的宗教教育传统，剑桥大学也不再一味坚守"造就绅士"的教育理念，而是在秉承英国自由主义文化传统的基础上，融入实用主义办学思想，立足于英国资本主义工业化发展的最大现实需要，增强科学研究的职能，增添自然科学教育内容，着力培养适应资本主义发展需要的社会精英，为英国最早完成工业革命并发展成为当时世界"头号"资本主义强国提供了重要的科技和人才支撑，进而于17世纪发展成为引领世界高等教育走向的世界一流大学。

(二)巴黎高师立足法国大地办学崛起成为世界一流大学

法国巴黎高师是同属于欧洲中世纪诞生最早的一批大学，具有极为浓郁的宗教教育传统色彩，在教会的严格控制下，其教学内容、组织状况和思想状态都显得封闭保守，对社会的急剧变化和新兴科学的发展反应冷淡，俨然成为守旧、闭塞的堡垒，③ 其声誉和影响远不及17世纪英国的牛津大学和剑桥大学。但到了18世纪，面对法国资产阶级大革命的彻底胜利和新兴资本主义国家对大学培养服务资本主义发展的精英人才的需求，巴黎高等师范学校也从中世纪大学宗教教育传统的睡梦中苏醒，开始了服务法国现实需要的办学进程，主动转变办学理念，积极响应法兰西第三共和

---

① 贺国庆. 德国和美国大学发达史[M]. 北京：人民教育出版社，1998：1.

② 裴克安. 牛津大学[M]. 长沙：湖南教育出版社，1986：54.

③ 贺国庆，王保星，朱文富，等. 外国高等教育史(第二版)[M]. 北京：人民教育出版社，2006：95.

国的号召，把为大革命后建立的新兴资产阶级国家培养精英人才作为自己的办学使命，把课程体系从"古典"转向"实用"，着力开设大批新型实用专业，为法兰西共和国和拿破仑帝国培养了一大批政治精英、科学大师和新型高级实用人才，"在知识体系的生产和人才培养方面成绩骄人，甚至达到富有传奇色彩的地步"①，取得了卓越的办学成就，赢得了极高的国际声誉，吸引了一大批来自欧洲和美洲的学者和学生前往讲学和求学，最终发展成为 18 世纪享誉世界的一流大学。

（三）柏林大学立足德国大地办学崛起成为世界一流大学

创办于 1809 年的柏林大学，与英国牛津大学、剑桥大学和法国巴黎高师办学历史相比，显得较为年轻，但却是后来居上的世界一流大学。究其原因在于其积极主动适应了 19 世纪德国"教育救国"的社会需求。19 世纪 70 年代，面对普鲁士对法战争惨败、割地赔款的耻辱和半数以上德国大学被迫关闭的严峻现实，在费希特、施马尔茨和洪堡等一批有志之士的倡导下，柏林大学掀起了一场"用脑力来补偿在物质方面遭受的损失"②的高等教育改革运动，开始高度重视学术自由、大力发展科学研究、积极倡导教学与研究相统一，使柏林大学"像一个燃烧点发出耀眼的光芒"③，迅速发展成为一所真正意义上的现代大学，给因普法战争失败而一度精神低迷的德国民众重新点燃了希望。更为重要的是，在柏林大学的带动下，德国大学的科学研究迅速赶超牛津大学、剑桥大学并走在了世界的前列，德国大学迅速成为世界高等教育的中心。据统计，"第一次世界大战前全部 42 名诺贝尔自然科学奖获得者中，有 14 人是德国学者，而同期的法国只有 10

---

① 吕一民. 巴黎高师：法兰西的"袖珍"顶级名校[N]. 光明日报，2016-08-06.

② DANIEL F. The german university：a heroic ideal in conflict with the modern world [D]. 2011：9.

③ 克劳利. 新编剑桥世界近代史[M]. 中国社会科学院世界历史研究所，译. 北京：中国社会科学出版社，1999：169.

人、英国只有 5 人、美国只有 2 人"①。而其中的 14 名德国学者中，绝大部分来自柏林大学。柏林大学也因卓越的办学成就吸引着大量的欧洲和美国学生前来求学深造，"在 19 世纪 60 年代到 1914 年，仅英、美就有成千上万的青年到德国上大学"②，而这些学生中的大部分进入了柏林大学。

（四）哈佛大学立足美国大地办学崛起成为世界一流大学

哈佛大学的前身为坎布里奇学院，建校之初其办学模式完全是大英帝国高等教育的移植，因此，其最初也叫"剑桥学院"，主要目的是培养宗教人才，"把基督教教义作为一切知识和学习的基石"③。这种直接移植英国古典高等教育的办学模式，使北美殖民地高等教育远远落后于同时期德国的高等教育。直到 1869 年，哈佛大学才真正开启了立足美国大地办学的进程，在艾略特校长"美国的大学必须是美国社会和政治习惯的产物"④理念的引领下，开始了长达 40 年的"美国本土化"改革进程，哈佛大学不再一味模仿欧洲大学，而是"在借鉴欧洲大学先进办学经验的基础上，通过对专业学院的改造、自由选修制的推行，以及课程结构和招生制度的改革，把大学深深扎根于美国的土壤，融入美国人的传统精神和民族特性"⑤，最终实现了从"古典大学"到"现代大学"的蜕变，成为体现美国历史和文化、服务美国现实需要的世界一流大学，不仅引领了美国 19 世纪后半期高等教育的走向，而且改变了世界高等教育中心的格局。正如学者所指出的那样，"如果说，德国在 19 世纪是世界高等教育学术的马首，19 世纪末到 20

①　裘克安. 牛津大学[M]. 长沙：湖南教育出版社，1986：54.
②　阿什比. 科技发达时代的大学教育[M]. 藤大春，等，译. 北京：人民教育出版社，1983：8.
③　CHRISTOPHER J. American higher education：a history［M］. new York：st. martin，s press，1994：103-104.
④　RICHARD N S. The harvard century[M]. Simon and Schuster，1986：27.
⑤　白强. 危机·转机·生机：哈佛大学改革轨迹探究[M]. 重庆：重庆大学出版社，2016：45.

世纪前半叶则逐渐由美国所取代了"①。

三、中国特色世界一流大学建设的逻辑根据

世界一流大学发展史告诉我们，离开本国大地的滋养，建设一流大学只能是无本之木。只有立足本国大地、服务国家需求、担当民族使命的大学才能最终成长为世界一流大学。中华民族是勤劳智慧的民族，中国大地是充满生机与活力的大地，蕴含着博大精深的文化滋养，承载着中华民族伟大复兴的神圣使命，饱含着国家和民族的殷切期盼，是中国大学赖以发展和壮大的深厚土壤，是建设中国特色世界一流大学的根基所在和力量之源。

（一）传承优秀民族文化是建设中国特色一流大学的深层基因

建设中国特色世界一流大学必须有文化自信。综观世界一流大学的崛起，本国民族文化是其最深层的基因。民族文化是大学生生不息的血脉，大学的发展离不开民族文化的滋养，离开了民族文化的滋养，建设中国特色世界一流大学将成为无源之水、无本之木。世界一流大学必须是流淌着本民族文化血液的大学。综观当今世界一流大学，无一不是本国民族文化的继承者和弘扬者。中国是四大文明古国之一，在漫长的历史发展过程中，勤劳智慧的中华民族创造了无比灿烂辉煌的文化，为世界文明的发展进步作出了独特的贡献。"天人合一"的人与自然关系观，"和而不同"的人际关系观，"天下为公"的报国理想观等至今仍是具有普遍指导意义的哲理真谛。尤其是"在明明德，在亲民，在止于至善"的大学之道，"传道、授业，解惑"的师德之魂，"修身、齐家、治国、平天下"的读书情怀，"先天下之忧而忧，后天下之乐而乐"的人生抱负，等等，这些教育思想具有永不褪色的时代价值，仍对今天办好现代大学具有特殊的启迪意义，仍是建设具有中国特色"双一流"大学的智慧之源。

---

①　韩震 . 扎根中国大学办世界一流大学［N］. 光明日报，2016-12-13.

(二)回应国家战略需求是建设中国特色一流大学的内在需求

纵观世界一流大学的发展历史,无一不是在积极主动回应国家的战略需求并作出卓越贡献的过程中崛起。16世纪牛津大学、剑桥大学在主动回应英国资本主义发展的过程中起;18世纪巴黎高师在主动回应法兰西第三共和国的需求中崛起;19世纪柏林大学在"教育救国"的觉醒中崛起;20世纪哈佛大学在回应自由资本主义发展的"本土化"改革中崛起。显然,大学只有积极主动融入国家发展的战略需求,才能最终发展壮大成为世界一流大学。国家的战略就是大学的旨归,国家的需求就是大学的追求。当前,中国正在前所未有地走近世界舞台中心,站在新的历史起点,党和国家作出了"四个全面"战略部署和"五位一体"总体布局,大学理当在协调推进"四个全面"战略布局和实现"五位一体"的总体布局中作出自己的贡献,为实现国家治理体系和治理能力的现代化培养具有中国情怀的世界一流的人才、创造世界一流的成果、提供世界一流的服务,这不仅是新时代中国大学改革发展的使命所在,也是新时代中国大学服务国家、造福社会、影响世界、成就一流的大好机遇,是中国特色"双一流"大学建设的逻辑根据。

(三)融入民族复兴"中国梦"是建设一流大学的神圣使命

大学与国家和民族的命运紧紧相连。纵观世界一流大学成长历史,无不与国家和民族命运息息相关。"德国洪堡倡导的研究型大学的出现,与德意志民族统一和德国的崛起密切相关;美国大学的异军突起,也与美国在20世纪的崛起及其世界霸权相辅相成"[1]。大学是民族精神的象征,当民族需要之时,大学当以振兴民族为办学兴校的精神追求。中国的大学自近代以来有过屈辱,也有过曲折,甚至有过挫折,但更多的是顽强抗争和苦苦求索,始终怀揣着振兴国家和复兴民族的百年梦想。从清末洋务运动

----

① 霍尔丹. 大学与国民生活[M]. 伦敦:伦敦出版社,1912:29.

时期的大学堂到民国时期的国立大学，从中国共产党领导下的根据地大学到中华人民共和国的社会主义大学，无不胸怀复兴民族大志，为民族的独立解放、为中华人民共和国的建立培养了大批优秀人才。当前，国家最大的战略需求就是实现"两个一百年"奋斗目标和中华民族伟大复兴的中国梦。放眼新时代，我们从来没有像今天这么自豪过，中国特色社会主义事业取得了伟大成就，实现中华民族伟大复兴的中国梦必然是中国"双一流"大学的责任担当。

（四）构建中国特色学科体系是建设一流大学的强力支撑

"学科是大学的细胞"①，是一流大学的支撑，没有一流学科，就没有一流大学。综观世界一流大学的发展轨迹，无不把适应国情、承接时运作为学科建设的深厚沃土，在回应国家和民族需要的机遇中发展学科，逐渐壮大为世界一流学科，进而成为其世界一流大学的支撑。当今世界一流大学都拥有世界一流学科，有的世界一流大学甚至拥有十几个世界一流学科，人们之所以公认其为世界一流大学，正是因为其拥有世界一流学科，而这些世界一流学科都是具有本国特色、适应本国需要的学科。因此，中国要建成世界一流大学，必须建成中国特色世界一流学科，那就是要立足中国当代国情，以中国现实问题为导向构建既符合国家战略现实紧迫需要，又面向中国走向世界未来需要的学科体系，才能彰显中国学科风格，展示中国学科建设智慧，进而真正建成中国特色的世界一流学科，建成中国特色世界一流大学。

四、建设中国特色世界一流大学的路径选择

照搬照抄国外经验、依样画葫芦，不可能建成中国特色的世界一流大学。习近平同志特别强调："越是民族的就越是世界的。世界上不会有第二个哈佛、牛津、斯坦福、麻省理工、剑桥，但会有第一个北大、清华、

---

① 周光礼，武建鑫. 什么是世界一流学科[J]. 中国高教研究，2016（1）：65-73.

浙大、复旦、南大等中国著名学府。"①可见，要建成中国特色世界一流的大学，必须从模仿西方大学的外形转向"打造中国大学的气质和灵魂"②，既要善于借鉴他国先进经验，更要扎根中国大地，勇于改革创新，才能真正走出一条体现中国特色、展示中国风格、凸显中国气派的世界一流大学建设之路。

(一)把"立德树人"作为大学改革发展的根本任务

综观巴黎高师、柏林大学及哈佛大学的崛起，都有明确的为资本主义发展服务的办学方向。扎根中国大地建设世界一流大学，首先要坚持社会主义办学方向。办学方向问题，是一个关乎"为谁培养人""培养什么样的人"以及"如何培养人"的根本问题。中国是社会主义国家，决定了中国大学是中国特色社会主义大学，办学方向必须是社会主义，是为社会主义国家培养人，培养具有社会主义道德修养和共产主义理想信念的人，必须把立德树人作为社会主义大学的立身之本和办学的根本任务，旗帜鲜明地坚持用马克思主义指导办学行动，坚持不懈地用马克思主义武装学生头脑，引导学生用马克思主义立场、观点和方法正确认识当代中国、认识中国特色社会主义、认识世界发展大势、认识人类社会发展规律，进而自觉融入新时代中国特色社会主义建设的伟大实践。树人先立德、立人先立心，高校必须树立全方位育人、全过程育人的教育理念，着力营造立德树人的教育生态，才能真正办好中国特色社会主义大学，也才能真正建成中国特色世界一流的大学。

---

① 习近平.青年要自觉践行社会主义核心价值观——在北京大学师生座谈会上的讲话[EB/OL].(2014-05-05).[2018-02-12].人民网.http://politics.people.com.cn/n/2014/0505/c1001-24973097.html.

② 史静寰."形"与"神"：兼谈中国特色世界一流大学建设之路[J].中国高教研究，2018(3)：8-12.

（二）把传承创新民族文化作为大学改革发展的精神内核

文化不仅是一个民族薪火相传的"根"，也是一所大学走向兴盛的"魂"。世界一流大学的生命力和影响力从根本上讲取决于其独特的民族文化。"考察世界一流大学的形成路径，根源在于体现了国家特色、民族特点和文化自信。"①例如，19世纪70年代，艾略特对哈佛大学进行"本土化"改造时，就旗帜鲜明地主张大学应该是国家历史和文化的"镜子"。民族文化是一个民族赖以生存发展的深层根基和精神纽带，显然，要建设中国特色世界一流大学，就必须始终坚持中华民族文化的根，做中华优秀传统文化的传承者、弘扬者和创新者，做传播中国价值理念和展示中华文化独特魅力的使者，在办学治校过程中，把中华优秀传统文化转化为办学治校的价值理念，转化为教书育人的精神动力，转化为引领学生发展进步的精神食粮，从而为中国特色社会主义文化事业大发展大繁荣作贡献，为提高国家文化软实力作贡献，为建设社会主义文化强国作贡献。

（三）把服务国家战略需求作为大学改革发展的根本追求

考察世界一流大学的发展历史，无一不是在既坚守大学之本又积极主动服务国家的重大战略需求中赢得机遇、创造生机、实现崛起。国家的需求就是大学的追求。只有把大学的命运与国家和民族的前途紧紧相连，与国家同心同向同行，才能最终成长为参天大树。国家有需求大学就有行动，民族有期盼大学就有回应。因此，必须把世界一流大学建设纳入实现"两个一百年"奋斗目标和中华民族伟大复兴中国梦的宏伟目标体系中统筹谋划，必须坚持走"为人民服务，为中国共产党治国理政服务，为巩固和发展中国特色社会主义制度服务，为改革开放和社会主义现代建设服务"②

① 陈骏.扎根中国大地积极推进世界一流大学建设[J].中国高等教育，2015（22）：9-10.
② 坚持走自己的高等教育发展道路——论学习贯彻习近平总书记高校思想政治工作会议讲话[N].人民日报，2016-12-09.

的中国特色高等教育发展道路，必须坚持以问题为导向、以贡献求发展的办学思路，通过创新办学机制，激发办学活力，聚焦开展国家急需的重大理论研究、前沿研究、原创研究和交叉研究，着力破解制约社会政治、经济、文化和生态发展中遇到的重大理论问题、现实问题和关键问题，在服务党的十九大报告提出的科教兴国战略、人才强国战略、创新驱动发展战略、乡村振兴战略、区域协调战略、可持续发展战略、军民融合战略"七大战略"过程中提供一流的人才支持和科技支撑，才能最终实现建成中国特色世界一流大学的梦想。

(四)把办好人民满意的教育作为大学改革发展的自觉目标

人民的满意度是衡量高等教育质量和水平的尺度。党的十九大报告指出，"我国社会主要矛盾已经转化为人民日益增长的美好生活需要和不平衡不充分的发展之间的矛盾"①，同理，中国高等教育的主要矛盾也已经转化为人民日益增长的对高质量高等教育的需要和高等教育质量不高的矛盾。中国高等教育经过几十年的建设，取得了举世瞩目的巨大成就，已经较好地解决了"有大学上"的问题，但离群众"上好大学"的愿望还有一定距离，这不仅是一个关乎建设高等教育强国的国计问题，也是一个关乎人民群众切身利益的民生问题。只有办好人民满意的高等教育，才能称得上拥有世界一流的大学。因此，大学应当牢固树立人民思想，认真倾听群众呼声，坚持以学生为本，坚持内涵式发展，改革教育体制机制、创新教育方式方法，着力培养学生创新思维、提高学生适应未来的能力，使高等教育走上更加符合人才成长规律的轨道，促进人的全面发展，培养出世界一流的人才，让广大人民群众真切感受到世界一流的教育，进而认可和支持中国特色"双一流"大学。

---

① 习近平．决胜全面建成小康社会 夺取新时代中国特色社会主义伟大胜利——在中国共产党第十九次全国代表大会上的报告[M]．北京：人民出版社，2017．

（五）把一流学科和一流师资建设作为大学改革发展的重要抓手

学科建设与师资队伍紧密相连，中国特色世界一流大学，必须有一流学科和一流师资。没有世界一流学科和一流师资，也就没有世界一流的中国特色"双一流"大学。纵观国外大学崛起成为世界一流大学的历史，学科建设和师资建设是其走向世界一流的重要支撑和根本保障。检视当今世界一流大学，无不拥有多个世界一流学科以及处于世界领先水平的师资队伍。因此，建设中国特色世界一流大学，必须牢固树立"学科兴校"战略和"人才强校"战略，加大学科结构调整力度，优化重点学科体系的结构和布局，使更多的学科达到国际先进水平。同时，要深入实施人才强校战略，强化高层次人才的支撑引领作用，加快培养和引进一批活跃在国际学术前沿、满足国家重大战略需求的一流科学家、学科领军人物和创新团队，聚集世界优秀人才，培养和造就一支有理想信念、有道德情操、有扎实学识、有仁爱之心的优秀教师队伍。

第二节　一流大学建设的策略选择

2015年12月，国务院印发《统筹推进世界一流大学和一流学科建设总体方案》，为我国大学进一步改革发展指明了方向，振奋人心，催人奋进。但在国际高等教育竞争异常激烈的今天，在强手如云的当下，中国高校如何迎头赶上、尽快建设世界一流大学，实现从高等教育大国向高等教育强国的转变，值得人们深思。本书认为，应当在充分遵循大学改革基本规律的基础上，采取"超常规、接地气"的改革策略，方能实现跨越式发展，又好又快地建成有中国特色的世界一流大学。

一、一流大学建设的战略面向策略

一流大学建设要切入国家重大战略需求。纵观哈佛大学百年改革发展轨迹，其之所以能够从一所地方传统小学院发展成为事实上的现代国家大学乃至世界一流大学，一个重要原因在于其始终坚持为国家重大战略服务的改革方向。"二战"时期，哈佛大学正是利用参与原子弹核心技术研究的大好时机，赢得了发展机遇。当前，我国正处于大改革、大发展的机遇期，改革进入攻坚克难阶段，环境保护问题、资源利用问题、经济发展问题、国家安全与国际竞争等问题已成为国家重点关注和急需解决的重大战略需求。国家的需要，就是大学发展的机遇。因此，对于一些办学历史较为悠久、综合实力较强、研究基础较为雄厚的大学来说，必须抢占先机，直奔主题，尽快组织科研力量，积极主动介入国家重大基础研究、前沿研究以及关键技术研究等国家重大战略领域需求，充分利用国家政策和资金投入优势，不断增强自主创新能力，才能开创新局面，实现跨越式、高质量发展。

二、一流大学建设的组织创新策略

一流大学建设要大胆改造老式传统学院。在我国，有许多大学是20世纪90年代以来经过"高校合并"组建而成的巨型大学，进而形成一批新兴综合性大学。这些大学往往规模大、学科全、基础厚，但大学中的一些老式传统学院经过长期发展仍然跟不上时代发展的步伐，师资力量薄弱、办学质量较低，因此"合并"后的大学虽然规模扩大了，但也背上了沉重的包袱。这部分大学必须轻装上阵，从师资、管理、投入等方面大胆改革老式学院，使之重新焕发生机活力，甚至停办老式学院，把学校主要人力、物力和财力集中到有发展潜力的学院建设上，使之"好上加好"，"优上更优"。改革发展中的大学应当"有所为有所不为"。

三、一流大学建设的学科建设策略

(一)着力发展优势潜力学科

学科是一所大学科学研究、人才培养和服务社会的依托，一流学科是世界一流大学的标志。建设世界一流大学，必须建设一流学科。哈佛大学之所以是世界一流大学，是因为其拥有如法学、商学、医学、生命科学和社会学等在世界上具有一流学术影响力的学科，但其化学、计算机科学、天文学却远不如麻省理工学院，其历史学也赶不上剑桥大学。这说明，一所大学要成为世界一流大学，并不是其所有学科都要成为世界一流。我国一批已具一定实力的综合性研究型大学，经过"211 工程"和"985 工程"建设，已有部分学科接近世界一流水平，虽然学科门类齐全，但与世界一流大学相比，却普遍存在着顶尖学科少、国际竞争力较弱的问题。鉴于此，我国这类大学应当坚持"重点突围"的策略，进一步调整学科结构，淘汰落后学科，汇聚优质资源，集中精力重点建设已经具有雄厚实力和展现发展潜力的优势学科，使之锦上添花，才能跻身国际一流学科行列。

（二）瞄准国际前沿打造异峰

要建设世界一流大学，必须以开放的胸怀，瞄准国际前沿开展面向未来国际重大战略问题的科学研究。哈佛大学之所以能够成为世界一流大学，一个重要原因在于其具有科学研究的国际战略眼光。审视哈佛大学走向国际化大学的改革，博克和陆登庭校长均紧扣世界热点问题，均是通过建立跨学科研究中心、实施全球研究计划，组织大规模国际合作研究，发挥哈佛大学在国际事务、经济发展、人权、文化以及环境、卫生等方面的"高端智库"作用，进而得以不断提升自身国际影响力。根据2015 年"QS 世界大学排名"，我国已有北京大学、清华大学等部分大学进入世界大学百强，这类大学应当充分利用自身综合实力优势，在服务国家重大战略需求的同时，采取超常规手段，突破学科壁垒，整合科研力量，以国际重大战略问题为导向，聚力国际前沿科学研究，发挥国家战略决策"智库"重大作用，才能在国际学术竞争中抢占先机，赢得国际声誉。

四、一流大学学科建设的发展重点策略

(一)精益求精问鼎世界一流

哈佛大学自建校以来,并不盲目跟风急于发展时髦学科,而是长期着力打造传统特色学科,终于成就了一批世界顶尖学科,巩固了一流地位。这种精益求精的建设模式值得借鉴。2015 年"QS 世界大学学科排名"显示,在全球前 20 名学科排名中,我国已有部分学科榜上有名,如清华大学的土木工程、材料科学、化学工程,北京大学的现代语言学、化学、法学以及同济大学的建筑学等,另有 58 所高校的 35 个学科也已达国际先进水平。但在前 20 名学科排名中,除北京大学现代语言学排名第 5 外,其余学科均未进入全球前五。这说明,与世界一流大学相比,我国学科整体竞争力仍有相当差距。鉴此,这类大学应当采取"以质图强"的策略,对这些学科的建设要精益求精,通过进一步凝练学科方向、强化学科基地建设、优化学术梯队结构、打通国际合作通道、营造浓厚学术环境等途径,打造卓越的学术高峰,实现"你有我优""你优我精"的一流目标。

(二)聚力彰显自身办学特色

无论是综合性大学,还是单科性大学,都有自己的发展历史,均有自己的传统优势。这些大学在建设世界一流大学的改革过程中,切忌盲目跟风,贪大求全,而必须立足校情,认清自己的长处与短处,优势与劣势,科学定位自己的发展目标,光大自己的办学传统,彰显自身的办学特色,方能真正走向世界一流。当然,一所大学的特色是多方面的,既可以体现在其科学研究上,也可以体现在其人才培养上,还可以体现在其服务社会上,甚至体现在其人文精神等方面,问题的关键在于大学要精准分析,找准自身特色,发扬传统优势,坚持以"传统立校"、以"特色强校",才能问鼎世界一流。这方面,我国综合性大学可以学习借鉴哈佛大学的办学经验,单科性大学可以借鉴麻省理工学院的经验,坚守各自

的优良办学传统，突出自身的特色优势，才能成为别具一格的世界一流大学。

第三节 走向一流的大学治理智慧

党的十八届三中全会提出了"推进国家治理体系和治理能力现代化"改革目标，从顶层设计为现代大学治理体系和治理能力的现代化指明了方向。推进现代大学治理体系和治理能力的现代化，既是社会发展对大学的外在要求，亦是大学自身发展的内在需要。然而，在现代大学与社会发展水乳交融的今天，对于任何人来说，要管理好、建设好、发展好一所大学，实为一项极其严峻的挑战。现代大学治理需要高超的智慧，才能高效推进现代大学治理体系和治理能力的现代化，化外在压力为内在动力，激活办学活力，最终实现大学发展与社会进步的互动双赢，进而走向世界一流。

一、走向一流的大学为何需要治理智慧

社会在发展，时代在进步。与中世纪大学相比，现代大学办学的规模、承载的使命、面临的环境早已不是曾经的"学者行会"时代所能比拟。当代著名高等教育家克拉克·克尔早在 20 世纪 70 年代就已告诉世人，现代大学已经发展成为名副其实的"多元化巨型大学"。大学已不再是仅由学生和教师组成的"行会"，不再是以"传授知识"为唯一职能的机构，也不再是超然世外的"象牙塔"，而是一个多种成分的集合体、多元化使命的承载体和引领社会发展进步的"动力站"。因此，对于大学的"掌舵人"来说，如何驾驭这首巨型的"航母"在历史前进的波涛中永不迷失方向？如何使这个复杂"集合体"中的多元成分相处和谐并各尽其能？如何在错综复杂的利益诉求中找到最佳"结合点"满足各方相关者的合理需要？如何引领一所大学在与社会的紧密交往中实现互动双赢？诸如此类问题无不与大学治理体系和治理能力密切相关。而能否成功破解并巧妙地处理这

些难题，直接关乎大学的运行状态，体现大学的治理能力，决定大学的前途命运。

事实上，任何"单向主义"的思想或行动只会顾此失彼最终无益于这些问题的根本解决，唯有高超的治理智慧方是破解这些难题、有效推进大学治理体系和治理能力现代化的有效良方。高超的大学治理智慧并不局限于一物一事，也不拘泥于一草一木，亦不仅见于一丘一池，而是着眼于事物的全局、综观于无垠的森林，仰望于浩瀚的宇宙，能够把大学纳入历史与社会现实坐标去反思大学的过去、审视大学的现在、指引大学的未来。在现代大学已经成为多种成分的集合体、多元使命的承载体和社会发展进步"动力站"的今天，大学与其内部每一个群体已经息息相关，与外部各方利益相关者休戚相关，与社会的进步、国家的前途和民族的未来同呼吸、共命运，唯有"万物并育而不相害，道并行而不相悖"的包容胸怀，亦有"有所为而有所不为"的行动策略，还有"因时而变、因势而动"的应变能力，更有"孰轻孰重、孰先孰后"的践行睿智，才能有效化解错综复杂的矛盾，巧妙处理学术与行政的冲突，妥善协调大学与社会的关系，进而既能确保大学永不迷失方向，又能激发大学内部的办学活力，最终实现大学发展与社会进步的互动双赢，才能真正走向一流。

二、走向一流的大学需要何种治理智慧

那么，现代大学治理需要何种高超治理智慧呢？现代大学治理首先要具有深谙教育规律与大学使命的治理智慧。这是因为，大学首先是有别于行政机关、军事组织、企业单位的"特殊"组织，是以"知识"为基点的高度"专业化"机构，是以人才培养为根本使命、以"高深学问"探究为原点、以服务社会为不可推卸责任、以传承优秀文化为神圣职责的"共同体"。大学"共同体"存在的前提是大学组织"本质的存在"。因此，大学治理者首先必须深谙教育的规律即教育活动的运行逻辑，坚守大学的神圣使命，才能使"学生像学生""学者像学者""大学像大学"。这是现代大学治理

者必须具备的最基本、最起码的智慧，是保证大学本质得以长存不蔽、精神得以发扬光大的前提条件。要不然，我们很难想象一个"学生不像学生""学者不像学者""大学不像大学"的存在还是"真正大学共同体的存在"。

其次，现代大学治理要具有深谙学术与行政兼容的治理智慧。长期以来，人们一谈到"学术"与"行政"两个字眼，便情不自禁地将二者对立起来，甚至有人呐喊"大学去行政化"，认为唯有"学术至上"才是大学治理的逻辑。殊不知，现代大学规模的"巨型化"、使命的"多元化"以及面临环境的"复杂化"均不是单由"学者"所能胜任解决的。现代大学的学术权力与行政权力应当是兼容的，既不能简单断言"大学以学术逻辑为主"，也不能简单断言"大学以行政逻辑为主"，而是要保持二者的"动态平衡"，即有时行政权力要让位学术权力，而有时学术权力要让位行政权力。至于何时以学术为主、何时以行政为主，得依特定时期、特定情况、特定任务以及特定人事而定，没有死的"教条"。如此，方能使"学术"与"行政"相生共融、相辅相成、相得益彰，从而确保大学的和谐发展。

再次，现代大学治理要具备深谙大学与社会互促共进的治理智慧。服务社会是现代大学不可推卸的责任，社会有为大学发展提供良好环境的义务。我们向来提倡大学要坚守"本真"，倡导大学要保持"学术的心性"，坚持对真理的追求，永葆大学的"纯真"，但并不是说大学要与世隔绝，恰恰相反，大学必须主动关注社会的现实需求，特别是要积极参与关系国计民生的重大现实战略需求研究，为国家的发展、社会的进步提供科技支撑和智力支持，走"服务中作贡献""以贡献求支持"的互动双赢发展道路，方是现代大学的生存发展之道。另一方面，社会也必须充分考虑并尊重大学自身运行的特殊规律，应当以符合"大学逻辑"的方式合理引导大学为社会服务，特别是要引导大学为国家和社会的长远利益和根本利益服务。如此看来，现代大学与社会并不是完全分割的，而是水乳交融的默契。据此，现代大学治理者必须具有深谙大学与社会互促共进的智慧，才能保证大学在历史前进的河流中既保持大学的"天然纯真"，又能在"服务社会"中赢得社会的广泛认同与大力支持。

三、走向一流的大学何以修成治理智慧

其实，大学治理智慧，就是大学治理之道，就是大学治理的规律。作为"道"，它是无形的，看不见，摸不着，正所谓"大道无形"。但是，作为一种思维观念形态的存在，它又是可感知的，而且是可以指导我们的行动并发挥巨大作用的。从这个意义上讲，现代大学治理的高超智慧，就是要按大学的逻辑去办学治校。那么，现代大学治理的高超智慧何以修成？是人之"顿悟得道"，抑或是"智者传授"？是先天"慧根所具"，还是后天"践习而来"？依笔者看来，现代大学治理之道，应当是学习的成果、思考的结晶、实践的产物。

现代大学治理高超智慧是学习的成果。智慧不是与生俱来的，而是后天学习得来的。古人讲"玉不琢，不成器。人不学，不知义"。要修成现代大学治理高超智慧，首先必须静下来学，敞开胸怀去学。要静下心来学习高等教育规律，掌握现代大学特征，懂得了现代大学运行逻辑，还要以开眼看世界的胸怀，学习外国大学治理的成功经验和失败教训。这是现代大学治理高超智慧生成的前提和基础。如此，"人有知学，则有力矣"。

现代大学治理高超智慧是思考的结晶。古人亦云，"学而不思则罔"，即只学习不思考也会变得茫然无知。知识是"僵化"的，而智慧是"灵活"的，即使学习了高等教育规律、掌握了现代大学特征、懂得了现代大学运行逻辑、知晓了外国大学治理的经验教训，如果不加去粗取精、去伪存真的思考，甚至不加取舍地照搬照抄，结果就会变成"死的知识"和"死的教条"，反而阻碍、束缚现代大学的科学治理。因此，"学是为变而学"，"变乃为通为变"。唯此，学则通也。

现代大学治理高超智慧是实践的产物。有道是，"纸上得来终觉浅，绝知此事要躬行"。学到的知识、思考的观念仅仅是一种思维形态的存在。而要把这种看不见、摸不着的思维形态的存在转化为现实的推动力量，还

必须付诸鲜活的现代大学治理实践，并在治理实践中自觉检验、不断修正和完善原有的知识和观念体系，才能真正把知识转化为推动大学治理体系和治理能力现代化的高超智慧。

第二章　一流学科建设研究

第一节　世界一流学科的生成逻辑与建设路径[*]

建设世界一流大学和一流学科是实现高等教育强国之梦的重大战略抉择。综观当今世界一流大学，皆因先拥有世界一流学科，而后才成世界一流大学。显然，学科是大学竞争力的核心所在，是大学之所以成为一流的前提，没有世界一流的学科，就没有世界一流的大学。随着国家"双一流"建设方案的出台，世界一流学科建设成为近年高教领域的研究热点，学界就学科对于大学的重要性认识日益深化，强调"学科是大学的基石"①"是大学的细胞"②"是大学发展的核心"③，等等，这些认识无不强调学科建设对于大学建设的重要性。但是，世界一流学科的生成逻辑是什么？只有在理清世界一流学科生成逻辑的基础上，遵循学科发展规律，才能真正找到建设世界一流学科的有效路径，进而真正建成世界一流学科，成就世界一流大学。

＊ 本节根据作者发表于《大学教育科学》2019 年第 4 期的文章《世界一流学科的生成逻辑与建设路径——基于中外两所大学两个一流学科生长史的考察》整理而成。

① 张德祥. 高校一流学科建设的关系审视[J]. 教育研究，2016(8)：33-46.

② 周光礼，武建鑫. 什么是世界一流学科[J]. 中国高教研究，2016(1)：65-73.

③ 马陆亭. 一流学科建设的逻辑思考[J]. 高等工程教育研究，2017(1)：62-68.

一、世界一流学科的生成逻辑分析

逻辑是事物演进发展的客观规律，具有普遍性和必然性。中外不同学科的发展演进历史证明：任何一门学科，由小到大、由弱到强，都有共同的生成逻辑。深入洞察芝加哥大学社会学和清华大学生物学两个一文一理学科的发展演进历史，可以发现，虽然二者学科属性不同、生长土壤和文化背景有异，但都内隐着世界一流学科的生成逻辑，那就是以"知识生产"为逻辑起点，以"人才培养"为逻辑主线，以"组织创新"为逻辑支点，以"社会服务"为逻辑归宿。

（一）知识生产：学科生成的逻辑起点

蔡元培曾讲，"大学者，研究高深学问者也"①。高等教育哲学家约翰・S. 布鲁贝克也认为"高深学问"是大学合法存在的基础和理由。而学科是大学发展的基石，因此，"办大学就是办学科"②。高深学问以知识的形态表现为学科，因而学科就是知识形态的存在。既然学科是知识形态的存在，那么它就必须遵循"知识生产"的逻辑，这个逻辑主要表现为学术共同体聚集在一起探究"高深学问"，通过发现未知、创造新知，推动人类认识进步。学术共同体越是能够增长知识学问，学科就越来越有生机与活力，就越能赢得发展的先机。相反，当学术共同体的成员们不能发现和创造新知识时，学科就失去了生命力，也就失去了存在的理由。

芝加哥大学社会学学科正是在不断发现和创造新知识的过程中成长为一棵世界一流学科大树的。面对19世纪下半期芝加哥城市化带来的诸多社会新问题，其1892年应运而生的社会学系的学者们聚焦城市化中的社会问题开展了卓有成效的田野实证研究，产出了"符号互动论"、《欧洲和美国的波兰农民》、《城市》等开拓性的研究成果，这些研究成果开辟了新的研

---

① 蔡元培. 大学精神［M］. 长春：吉林出版集团有限责任公司，2016：19.

② 刘献君. 大学之思与大学之治［M］. 武汉：华中科技大学出版社，2000：17-37.

究领域，生产了新知识，表现出卓越的知识生产能力，进而形成了"芝加哥学派"，其社会学学科也随之成为当时首屈一指的世界一流学科。相反，20世纪30年代中期之后，其社会学学科的知识生产能力却在耶鲁大学、哈佛大学、哥伦比亚大学等大学的新兴社会学学科强劲的知识生产能力面前显得相形见绌了，知识生产能力的显著下降宣告了芝加哥社会学学科独领风骚时代的终结。考察清华大学生物学学科生长史，我们也发现，1926年成立的生物系就已成为近代我国首批生物学科研的基地之一，其后，虽然由于历史的原因经历了长达32年的停办期，但在20世纪90年代后又异军突起，在国际科学前沿产出了一大批重要研究成果。可见，学科因"知识生产需要"而建，也因卓越的"知识生产能力"而兴。这表明，知识生产能力是衡量学科水平的第一标准，只有具备世界一流的知识生产能力，才能成长为世界一流的学科。显然，追求新知、生产知识是世界一流学科生成的逻辑起点，也是学科发展的原初使命。

(二)人才培养：学科生成的逻辑主线

"任何学科的发展都是科学研究与人才培养的结合"[①]。学科正是通过学问的探究和知识的生产培养出一代代探索真理、传播文明的使者。从这个意义上讲，学科的生成过程也是"人的再生产"过程。事实上，直到今天，尽管学科功能随着大学功能的日益拓展而多元化，但培养人才始终是其永恒不变的主题。人是一切实践活动中最活跃的因素，社会实践因人的创造而精彩，离开了人才培养，探究学问、传承文明、服务社会就不可持续，人类社会就不能永续发展。

芝加哥大学社会学学科正是因为培养了大批一流的人才而成为世界一流的学科。据有关统计，1895—1915年间，美国大学共授予98人社会学博士学位，而芝加哥社会学系就有36人(见表2-1)，数量显著领先于同期

---

① 屈廖健，刘宝存.芝加哥大学社会学的学科建设史考察：兴起、路径及困境[J].清华大学教育研究，2017(4)：48-56.

其他著名大学,展现出其卓越的人才培养能力。更重要的是,芝加哥大学社会学系培养的博士研究生中,有的成长为社会学学术大师和芝加哥社会学派的代表人物,如文森特、托马斯、伯吉斯等,还有多名博士后来担任了美国其他大学社会学系的系主任,有的还担任了美国社会学会主席,成为芝加哥大学社会学学科宝贵的社会资本①。

表 2-1 　　1898—1915 年美国大学授予社会学博士学位人数分布情况

授位学校	授位人数	所占比例(%)
芝加哥大学	36	36.73
哥伦比亚大学	24	24.48
宾夕法尼亚大学	13	13.26
耶鲁大学	10	10.20
纽约大学	8	8.16
威斯康星大学	6	6.12
密歇根大学	1	1.02

数据来源:柯泽.论社会学芝加哥学派的历史分期以及理论贡献[J].晋阳学刊,2013(2):92-100.

同样,清华大学生物学学科也是因为卓越的人才培养成就闻名于世。从 1926 年建系,到 1952 年撤系,再到 1984 年恢复建系至今,尽管经历了抗战期间的西迁和因院系大调整 32 年(1952—1984 年)停办的空白期,但在不到 60 年的时间里,迅速发展成为我国生物学学科领域培养高层次人才的重要基地,为国家培养了一大批优秀人才,成为活跃在世界生物学学科领域的一支有生力量,特别是进入 20 世纪以来,一批卓越人才还取得了世

① Robert E. L. Faris, Chicago Sociology:1920-1932(San Francisco:Chandler Publishing Compang,1967),135-140.

界领先的科研成就，成为国际瞩目的著名生物学家(见表2-2)。

表2-2　　20世纪90年代以来清华大学生物科学学科领域涌现的卓越人才

姓名	本科毕业生届别	年度	颁奖单位及获奖名称	备注
施一公	1989	2003	全球生命蛋白研究学会颁发的鄂文西格青年研究家奖(Lrving Sigal Young Investigator Award)	是该奖项成立17年来首位获奖的华裔学者
刘湘军	1990	2003	100名世界顶尖青年创新者(The 2003 World's 100 Top Young Innovators)	
王帆	1993	2004	美国斯隆基金会(Alfred P. Sloan Foundation)颁发的斯隆科学奖(Research Award Winners of 2004)	历史上有26位诺贝尔得主曾获该奖，李政道、李远哲、邱成桐等均曾获该奖
时松海	1996	2001	全球唯一的最佳青年科学家奖(2001 Grand Prize Winner)	应邀到瑞典斯德哥尔摩出席百年诺贝尔奖颁奖仪式
颜宁	2000	2005	Science杂志(北美)青年科学家奖	现系曾林斯顿大学分子生物学系雪莉·蒂尔曼终身讲席教授、2019年5月入选美国科学院外籍院士
		2015	国际蛋白质学会"青年科学家奖"、赛克勒国际生物物理奖	

数据来源：清华大学生命科学学院网站，[EB/OL].(2019-03-24). http://life. tsinghua.edu.cn/publish/smkx/11132/index.html.

(三)组织创新：学科生成的逻辑支点

学科既是"知识形态"的存在，也是"组织形态"的存在。建设世界一流学科，不但要有世界一流的成果产出(包括知识、人才等)，还要以世界一流的学科组织为依托。学科组织是知识生产的创造者、人才培养和社会服务的执行者。一个学科组织就是一个生命有机体，要想在同类学科组织中脱颖而出，需要通过组织变革使之迅速适应外部环境和内部条件的变化，才能建成具有创造活力与发展潜力的学术共同体，从而为整个学科大厦的建设提供坚实的逻辑支点。

1935 年前，芝加哥大学正是通过构建学科交叉师资队伍、营造自由宽松的学术氛围等途径，实现了学术组织创新，形成了富有创造力的学术共同体，支撑其社会学学科走向世界一流。首先，芝加哥大学创建了全美第一个有志于城市社会问题研究的学术共同体——社会学系，顺应了当时美国社会对城市社会问题关注的需求，为社会学学科的发展提供了"组织化"的动力保障，成为其社会学学科生成的动力性逻辑支点。其次，芝加哥大学社会学系突破了学科的限制，以"去学科化"的思维招募具有历史学、心理学、人类学以及哲学等不同学术背景的专家学者，社会学系成为一个学科交叉的学术共同体，为学科的生成奠定了发展性逻辑支点。最后，这个学术共同体没有"科层组织"的行政束缚，有利于学术思想的交流碰撞，形成了自由宽松的学术生态，为学科的生成提供了自由保障。相反，1935 年后，芝加哥大学社会学系却因研究范式的保守、学科队伍的"近亲繁殖"以及人才队伍的青黄不接而失去了组织创新的逻辑支点，与同期的哈佛、哥伦比亚等大学强劲的社会学学科发展之势相比显得相对陈旧老化，失去往日的辉煌也就在所难免了。

回顾清华大学生物学学科组织的发展轨迹，可以发现，无论是 20 世纪 20 年代建立的生物系，还是后来恢复建立的生物科学与技术系，再到今天的生命科学学院，也是一个学科组织不断创新的典范。以 20 世纪 90 年代清华大学生物物理研究室的成立为例，时任系主任赵南明教授认为，要在强手如云(如早在 1958 年科学院就建立了强大的生物生理研究所，复旦、北大等重点大学也已有生物物理研究室)的生物学界占有一席之地，必须有自身特色，为此，他决定从近代物理学、近代工程学与生物学的结合与渗透入手，从这三个学科领域选择专家，组建了不到10人的相关领域专家团队，并基于学科未来发展，结合自身理工科优势和国家重大现实需求，确定了"膜生物物理及膜生物工程"为重点攻关方向。在这个来自不同学科领域的专家组成的学术团队里，他们围绕"膜生物"前沿问题不断进行着学术碰撞和交流，研究成果迅速步入国内国际先进行列。这充分表明，作为学术组织的共同体，只要给予其碰撞的空间和自由的氛围，就能凝聚团队成员力量，为其永续发展提供强有力的动力支撑。这正是一个学科走向卓越的逻辑支点。

(四)社会服务：学科生成的逻辑归宿

学科因社会需要而产生，因社会需要而存在，因社会发展而发展。从诞生的那一天起，学科就与社会环境互动，不断调整组织结构和发展战略以不断适应变化着的社会需求，为社会发展和人类文明进步作出贡献，从而获得生存发展和延续壮大的合法性。因此，关照现实、服务社会既是学科诞生的初衷，也是学科发展的归宿。

芝加哥大学社会学系的建立，顺应了19世纪90年代美国关注和解决城市社会问题的社会需求，并通过学术组织的创建、学科大师的汇集、研究范式的创新以及杰出人才的培养，对芝加哥城市的人口、种族、犯罪、健康等社会问题进行卓有成效的研究，诞生了诸如"符号互动论"、《波兰农民在欧洲和美国》、《城市》等卓越的研究成果，从理论与实证上及时回应了社会普遍关切的现实问题，推动了芝加哥城市社会问题的解决，也成就了一流的芝加哥社会学学科。但到了20世纪30年代中期之后，它的社会服务能力显著下降，无论是在社会环境的适应性，还是在人才培养及学术贡献上已大不如从前，致使其社会学学科一枝独秀的局面一去不复返，存在的合法性大大降低。芝加哥社会学学科兴衰史表明：学科的社会服务质量决定着学科的生存发展状态，失去一流的社会服务能力，必将失去一流的学科地位。

清华大学生物学学科，同样因社会需要而建立，因社会需要而存在，因服务社会而发展。清华大学生物学学科生成发展的曲折历史，渗透着对社会期盼生物学发展的回应，折射出老一辈专家教授振兴生物科学学科的担当。自1926年生物系建立以来，尽管其间经历了重创和曲折，但却始终与国家同呼吸、共命运，培养了大批优秀人才，奉献了一流科研成果，为中国生物科技事业的发展作出了卓越的贡献，赢得了自身发展的机遇，铸就了生物学学科的辉煌。

二、世界一流学科建设的问题反思

回顾我国高等教育发展史不难发现，我国世界一流学科建设与世界一流大学建设紧密相关，发端于20世纪50年代的"重点学科"建设，改革开放以来，从"211工程"建设到"985工程"建设，再到如今的"双一流"建设，经过40多年的不懈努力，我国世界一流学科建设取得了"重大突破和骄人成绩"[1]，诞生了一批重要成果，特别是有些关键科学技术指标已进入世界前列，一些学科已经进入全球排名1‰，建设整体水平大幅提升[2]，但也存在着一些问题需要引起高等教育理论界和实务界的重视与反思。

(一)学科组织异化

近年我国高校学科建设在国家"择优扶强""重点资助"的政策牵引下，取得了显著成绩，但在学科建设实践中也出现了一定程度的"组织异化"，偏离了学科组织的使命本真。为了跻身"一流学科"行列、争取更多经费支持而采取"临时拼凑""嫁接组合"等方式组建"碎片化"的缺乏向心力和凝聚力学科团队的高校并不是个案。这种学科团队即使获得国家"重点支持"，在实际建设过程中也仅仅是为了完成考核"硬性指标"，甚至会因此带来一定程度的"学术浮躁"，背离了学科组织追求真理、崇尚学术的原初

① 邱均平，王菲菲.中国高校建设世界一流大学与学科进展[J].重庆大学学报（社会科学版），2014（1）：97-103.
② 崔楠.我国学科建设取得一批重要成果 整体水平大幅度提升[N]光明日报，2017-12-16.

使命，也背离了国家学科建设的根本目的，造成了国家科研资源的浪费。因此，"学科组织化建设已经成为双一流建设中具有战略性、基础性的工作"①。围绕学科组织的原初使命，从体制机制上改革学科组织的建构模式，通过科学有效的配套制度安排，汇聚起真正有共同价值追求和学术使命担当的学术共同体，当是教育改革设计者应当考虑的首要问题。

(二)软实力建设缺位

反思 20 世纪 80 年代以来的我国学科建设实践，一个普遍的倾向是"重学科硬实力发展，轻学科软实力培育"②。特别是最近 20 年，在国家"高密度""高强度""高投入"的高等教育改革重大战略举措的支持下，不少高校在"211 工程""985 工程"建设过程中，关注得更多的是"硬环境"的改善，而不是"软实力"的打造，很大部分建设经费投向了资源设备的购置、高层次人才的引进等有形的建设，而学科制度创新、理念创新、文化创新等"精神建设"却显得相对乏力，甚至流于形式。高校学科建设的"硬环境"得到极大的改善，物质条件赶上甚至超过了一些国外世界一流大学，但学科的内在精神品质并没有得到相应提高。因此，如何在硬件条件改善的基础上有效加强学科内涵建设特别是学科制度、文化品质的建设应是当下我国世界一流学科建设需要重点考虑的问题。

(三)开放程度不高

最近 20 年来，在"高等教育强国"战略的引领下，我国高校在学科建设过程中，开放意识日益增强，开放化进程日益加快。但与世界一流学科相比，总体上仍处于"半封闭"状态。从学科运行模式看，无论科学研究、人才培养，还是社会服务，"自我循环"的封闭式发展现象并不是个案。从学科间关系看，学科"壁垒"难以打破，跨学科交叉较为困难，很难形成

① 李志锋，梁言. 文化浸入与要素耦合：世界一流学科组织化建设策略[J]. 江苏高教，2019(3)：113-118.
② 张鹏. 一流学科需要打造一流的软实力[J]. 中国高教研究，2016(5)：14-16.

44

"集群效应"和"共振效应"的学科生态。① 从学科国际化程度上看，趋势明显，但形式交流多，实质合作、深度协作少；被动"走出去"多，主动"走出去"少。另外，有的学科发展战略规划也显得较为迟钝保守，适应环境变化、跟踪学科前沿的灵活性不强。因此，建设能够顺应学科发展趋势的更加开放包容的学科生态，也是我国高校学科建设应当着重考虑的问题。

（四）社会关切不够

学科因社会需要而生，因服务社会而兴。一个学科要在激烈的发展竞争中赢得机遇、形成优势，从组织建构、目标设计、研究领域和研究方向的确定都必须对社会的现实需要保持高度的关切。有学者研究了香港大学教育学学科的组织要素后发现，其学科平台的建立和研究中心的划分都基于重大理论问题和现实问题，有针对性地对社会领域产生影响是其成为世界一流学科的重要原因。② 反思我国高校学科建设实践，从学科的设置、运行到考核到评价，"知识逻辑"似乎过多地占据主导地位，一些学科建设发展战略目标与环境变化脱节，显得陈旧过时，不能迅速适应和满足经济社会发展要求。此外，学科建设的关注点过于追求"形式"一流，有的高校在各种"大学排行榜"的压力下，关注得更多的是论文的数量、学科的排名、项目的级别以及经费的多少，而对学科与社会需求的适切度、人才培养质量、推动经济社会发展的贡献率未有足够重视，这些往往成为被"遗忘的角落"，这在一定程度上背离了学科生成的逻辑旨归。因此，如何做到学科建设的"知识生产"逻辑与"服务社会"逻辑的有机统一，也是当下我国建设世界一流学科应当考虑的重点问题。

三、建设世界一流学科的路径选择

通过对世界一流学科生成逻辑的分析，结合当下我国世界一流学科建

---

① 潘静."双一流"建设的内涵与行动框架[J].江苏高教，2016(5)：24-27.

② 全守杰.世界一流学科的组织要素及互动关系研究——基于香港大学教育学学科的案例[J].大学教育科学，2019(2)：107-113.

设实际，笔者认为，我国要建成世界一流学科，关键是要遵循学科生成逻辑，从学科组织建设、学科文化培育、学科生态打造、服务社会提质四个方面加大改革力度，突出创新驱动，回归学科使命本真。

(一)从"他组织"转向"自组织"：建设追求真理的学科团队

芝加哥大学社会学学科和清华大学生物学学科发展演进史均表明，"只有卓越的学术才有一流的学科"①。学科是一个有着高度使命指向的"自组织"，它的生命力和创造力来源于学术共同体一致的知识目标和学术使命。这种探求知识、发展学术、追求真理的目标和使命决定了学科组织形态的特殊性——一种具有高度自觉性的"自组织"。实际上，学科组织自从诞生的那一天起，就是基于对某一知识领域的探求而自发汇集形成的学术共同体。因此，作为学科组织存在和运行载体的学科团队应该是高度自觉的"自组织"，而不是被动盲从的"他组织"。建设世界一流学科，非常有必要优化学科组织制度设计，首先从体制机制上改革学科组织的建构模式，围绕学科组织的使命，通过科学的制度设计实现学科组织创新，汇聚一支有共同价值追求的学术队伍，才能回归学科组织追求真理的使命本真，进而增强学科组织的凝聚力和向心力，提高学科的知识生产创造力，焕发持续发展活力，助推学科走向世界一流。

(二)从"硬投入"转向"软培育"：建设自由宽松的学科文化

如果说"大学是社会的公共文化教育机构"②，那么，学科就是学者的精神文化激扬之地。如果说大学是有"灵性"的③，那么学科也是有"灵性"的，学科的"灵性"在于其内隐的"文化"。因此，学科不仅是组织形态的存在，从深层次讲，更是文化的存在和精神的彰显。学科文化是一个学科组

---

① 芦艳，庞青山. 世界一流学科形成的影响要素研究[J]. 大学教育科学，2018 (2)：89-94.

② 蒋凯. 声誉追录下的大学迷思[J]. 大学教育科学，2018(6)：4-12，119.

③ 侯长林，张新婷. 论大学之灵性[J]. 教育研究，2016(7)：100-104.

织在长期的历史发展过程中沉淀下来的维系学科持续发展的深层基因，是学科的灵魂所在，是维系学科组织、凝聚团队力量、激发学科生命活力的深层动力，它表现为坚持真理的秉性、学术自由的精神、宽松和谐的氛围、求真务实的作风以及严谨治学的态度，学科文化正在是在潜移默化中塑造着学科组织的价值观念、思维方式和行为方式。芝加哥大学社会学学科与清华大学生物学学科的发展演进史告诉我们，文化兴则学科兴，文化衰则学科衰。针对我国当前学科建设重"硬建设"、轻"软培育"的现状，学科建设应当从单一的资源要素投入驱动转向内在文化建设驱动，通过学科发展理念的凝练、学科使命的明晰、学科特色的打造以及优秀传统的传承等路径提升学科的"内在品质"①，才是建设世界一流学科的根本所在。

（三）从"半封闭"转向"全开放"：打造开放包容的学科生态

从生态学意义上讲，任何一门学科都是一个有机体，它不是孤立的存在，而是与周围的环境要素无时无刻发生着物质、能量和信息交换的共生存在。因此，学科不是固步自封的，而应当是开放包容的。另一方面，当今人类面临的诸如环境恶化、资源枯竭、生态失衡等全球性共同问题的解决呼唤学科有新担当、新作为，那就是要以更加开放的姿态和包容的胸怀，通过不同学科组织的深度合作以及不同学科的交叉共生，凝聚学科力量，发扬协作精神，攻克复杂问题，造福人类社会。芝加哥大学社会学学科正是因其开放包容而走向兴盛，也正是因其固步自封而走向衰弱。我国清华大学生物科学学科也是因开放办学而成就一流。在这里，不仅有与国内国际高校本科生合作培养项目，还有国外知名学者讲席教授讲座，诺贝尔奖得主与本科生当面交流不是新鲜事。因此，针对我国一流学科建设的"半封闭"现状，突破学科壁垒、开展深度跨界合作、国际协作，不失为建设世界一流学科的有效路径选择。

---

① 何玉海. 世界一流大学建设重在提升内在品质[J]. 教育研究，2018（1）：59-63.

(四)从"象牙塔"转向"社会场"：弘扬服务社会的神圣使命

服务社会是学科生成的逻辑旨归。学科的发展必须与社会的变化相适应，主动回应国家的战略需求，解决经济社会发展中的重大理论问题、实践问题、关键问题和前沿问题，才能促进社会的发展和人类文明的进步，助推走向世界一流。在高等教育日益走进社会中心的现代社会，学科与大学一样"必须对各种机会做出迅速反应，并随时准备适应变化的情况"①。学科发展史的无数事例反复证明，学科建设只有承接时运、深度融入国家和社会发展需求，构建"国家战略服务的大科学、大成果研究模式"②才能推动学科走向世界一流。芝加哥大学社会学学科正是因其积极关切和主动回应城市社会现实问题而成长为世界一流学科。同样，清华大学生物学学科也是因为关切国家重大科技攻关需求并作出突出贡献而走向卓越。因此，我国的世界一流学科建设，也应当在遵循学科"知识生产"逻辑的同时，还要牢固树立"供给侧"结构性改革思维，关切社会现实需求，履行社会服务使命，进一步从"象牙塔"转向"社会场"，在服务国家发展重大战略和社会现实需求中敢担当、善作为，才能真正建成具有中国特色和中国气派的世界一流学科。

第二节　知识生产模式变革与一流学科建设 *

当今时代是一个高级知识经济时代，以创意和创新能力为核心的知识生产模式已成为驱动知识经济转型发展和赢得国际竞争优势的关键因素。在多重逻辑作用下，大学作为推动现代社会发展的"智力城"，正在经历着

---

① 克拉克·科尔. 大学的功用[M]. 南昌：江西教育出版社，2001：67.

② 张凤娟. 有效管理成就科研卓越：建设世界一流学科的美国经验[J]. 中国高教研究，2016(5)：17-20.

* 本节根据作者发表于《大学教育科学》2020 年第 3 期的文章《大学知识生产模式变革与学科建设创新》整理而成。

一场深刻的知识生产模式变革，而学科作为大学知识生产的场域和载体，也面临着从观念到组织、从制度到文化等全面转型的新挑战。因此，系统梳理知识生产模式的变革轨迹与特征，剖析其对学科发展逻辑与存在样态的深刻影响，进而找到顺应知识生产模式变革趋势的学科建设创新之道，对于增强学科活力、提升大学知识生产能力和促进经济社会创新发展具有非常重要的理论价值和现实意义。

一、知识生产模式变革的演进历史及特征

大学是知识生产的发源地，自中世纪大学诞生以来，大学在从社会边缘逐步走进社会中心的过程中，不仅其规模和类型发生了改变，而且其知识生产模式也发生了重大变革，经历了从追求学术卓越的知识生产模式Ⅰ到注重问题解决的知识生产模式Ⅱ，再向突出协同创新的知识生产模式Ⅲ转型的演进轨迹，每一种知识生产模式都有其独特之处，反映了不同时代对知识生产的不同要求。

(一)追求学术卓越的知识生产模式Ⅰ及特征

大学知识生产模式的第一次重大变革发端于19世纪初德国柏林大学的诞生。在柏林大学诞生之前，知识生产是一件"闲逸而好奇"的事情，完全凭教师个人的兴趣和爱好。因此，知识生产与市场等外在需求无关，知识产品掌握在教师个人手中，知识的作用也限于"认识世界"，而不是"改变世界"。这种"小作坊"式的知识生产模式显得"自由"而"散漫"，一直持续了7个多世纪。柏林大学的诞生彻底改变了这种知识生产模式，演绎了高等教育学术史上的第一次"学术革命"。柏林大学问世后，在洪堡"学校当局的最高原则是在使整个民族保持个性差异的情况下，将他们尽可能地引导到通向科学的道路上"①的办学理念引领下，大学的知识生产步入了一个"组织制度化"的轨道，科学家们开始走出知识生产"小作坊"，结成了共同

---

①　瞿葆奎．教学文集·联邦德国教育改革[M]．北京：人民出版社，1991：7-8.

追求学问的学术团体。为了达到学术研究的极致，学术团体开始制定学术规则以约束学者的研究行动，于是形成了以学科建制为组织依托、以学术规训为行动规则和以学术信仰为共同追求的大学知识生产模式，这种模式被英国学者迈克尔·吉本斯（Michael Gibbons）总结为"知识生产模式Ⅰ"。

知识生产模式Ⅰ有几个显著特征。一是知识生产目的的"超功利化"，学者们从事知识生产的目的是通过"纯科学"研究通往"理性"境界和实现道德训练，除了知识本身，知识再无其他目的，即所谓"为知识而知识"或"为科学而科学"，具有"超功利"的科学理想主义色彩①。二是知识生产主体的"组织化"，科学家们已经不在"小作坊"自娱自乐，而是结成一定规模的学术团体从事有组织的知识生产活动，形成了以讲座教授为核心的讲座组织，后来又发展成以院—系—科为组织特征的科层组织。三是知识生产活动的"制度化"，从理论体系到技术体系再到话语体系，每一个学术团体都有各自的规训法则，从知识生产活动到知识生产产品，都"受到若干程序的控制、筛选、组织和再分配"②。四是知识生产场域的"孤岛化"，知识生产模式Ⅰ不仅把大学与社会隔离开来，而且还将大学内部的各个学术组织分隔开来，使大学成为超然于社会现实的"孤岛"，学术团体则是大学内部的一个个"小岛"，大学与社会之间以及各个学术团体之间形成一道道天然的围墙，从而"形成知识'孤岛现象'"③。但这种知识生产模曾因促进了科学研究的深化和细化，创造了卓越的学术成就而辉煌了近一个世纪，一度成为英、法、美学习借鉴的榜样。

（二）注重问题解决的知识生产模式Ⅱ及特征

人类历史进入20世纪中后期以来，随着信息技术革命的到来，国家和

---

① 欧阳锋. 从"科学为科学"到科学为人类[J]. 自然辩证法通讯，2005（3）：16-17.

② Michel Foucault. The Archaeology of Knowledge and Discourse on Language[M]. New York：Pantheon. 1972：224.

③ 黄文武，王建华. 高校创新社区的构建：生态系统的视角[J]. 大学教育科学，2020（1）：107-115.

社会对知识创新的渴求越来越强烈，而知识生产模式Ⅰ由于其严重的自我封闭性难以解释和解决日益复杂的社会问题，由此催生了又一场学术革命，其标志便是知识生产模式Ⅱ的诞生，并对全球高等教育转向产生深刻的影响。一个突出的变化是大学的知识生产开始突破界限森严的学科壁垒，从"孤立"走向"联合"，不同的学科组织与政府及企业携手知识生产，共同解决国家和社会经济发展中的重大基础理论与应用问题。斯坦福大学就是典型的一例，它在大学的知识生产与国家的战略需求和市场的发展需求之间架起了桥梁。一是把科学与工程有机联系起来，鼓励基础研究与应用研究有机结合，构建基础研究与应用研究联合实验室。二是将大学与社会有机联系起来，组成由大学的院、系、实验室专家、企业家、工程师和风险资本家共同组成的联合体。三是以极具"创意性"的思维将企业引入大学校园，创建了大学与市场有机融合的"斯坦福—硅谷园"。通过上述知识生产模式的重大改革，斯坦福不仅创造了"不是哈佛又胜似哈佛"的神话，而且一举闯入美国乃至世界顶尖大学的行列。

一管而窥全豹，透过斯坦福大学知识生产的变革史，不难发现知识生产模式Ⅱ的显著特点。一是知识生产目的"市场化"，大学的知识生产目的不再是单纯的"为科学而科学"，而是带有显著的适应市场需求的以解决问题为目标的应用价值取向。二是知识生产主体的"多元化"，科学家、企业家、工程师和风险资本家结成了知识生产联盟，促成了大学与政府及市场的有机联合体，构建了大学—政府—产业"三重螺旋"知识生产组织结构。三是知识生产成果的"创造性"，知识生产模式Ⅱ下的知识生产成果不是不同学科知识的简单相加，而是跨学科的有机整合①，具有理论、方法与技术上的融合性，是经过加工、创造后的新知识、新理论、新技术和新方法。四是知识生产场域的"社会化"，大学与社会的距离开始拉近，不再是知识生产的"孤岛"，大学的院、系、所、室与企业产业之间发生了"直接

---

① 刘小强．学科研究方法与高等教育学科建设[J]．江苏高教，2006(3)：12-14.

的、无处不在的关系"①。知识生产模式Ⅱ的诞生，对世界高等教育产生了深刻的影响。在其影响下，20世纪80到90年代诞生了一大批新型大学，除前述的斯坦福大学之外，诸如美国麻省理工学院、英国沃克大学、澳大利亚莫纳什大学、印度理工学院以及新加坡南洋理工大学等均成长为典型的"创业型大学"，成为伯顿·克拉克研究"创业型大学"的成功案例。②

(三)突出协同创新的知识生产模式Ⅲ及特征

21世纪以来，随着经济全球化、信息网络化趋势的不断加强、人类面临问题的日益复杂化以及社会公众在知识生产过程中地位的日益凸显，呼唤知识生产模式更多主体的深度融合、更大效率上的优化整合、更大程度上的集成创新，以适应日益激烈的国际科技竞争的需要。于是，一种"超学科"的知识生产模式应运而生，被美国学者伊莱亚斯·卡拉扬尼斯(Elias G. Carayannis)等称为"知识生产模式Ⅲ"。这种知识生产模式站在国家和经济社会发展的整体高度，整合多元主体、回应多元诉求、着眼协同创新，解决国家和人类社会面临的重大理论与实践问题，从而催生了一大批"超学科组织"的诞生，引领了大学知识生产范式的又一次变革。仍以斯坦福大学为例，其超学科组织中心已经成为大学知识生产任务的主要承担者和完成者。据其官网统计，科研机构承担了斯坦福大学科研总量的20%，其学科组织多达122个，除院系实验室外，还有大学与工业合作研究中心、政府直接设立在大学内的研究中心和12个相对独立的超学科科研机构，包括全球气候与能源项目研究中心、卡福里粒子天体物理学与宇宙论研究所等。这些研究中心都是超学科知识生产主体，例如，2003年成立的卡福里粒子天体物理学与宇宙论研究所，其研究领域涵盖重力透镜化、银河星系

---

① 王成军. 官产学：三重螺旋研究[M]. 北京：社会科学文献出版社，2005：5.
② 伯顿·克拉克. 建立创业型大学：组织上转型的途径[M]. 王承绪，译. 北京：人民教育出版社，2003.

群、盖然性数据分析、一般相对论、宇宙 Brane 世界模式、黑洞物理学等。在其影响下，这一超学科、集成式和协同化的学科组织形态在其他国家的大学里纷纷诞生，英国的牛津、剑桥等大学以及台湾国立交通大学都建立了多个超学科研究中心。例如，台湾国立交通大学也建立了前瞻纳米电子与系统研究中心、智慧通讯研究中心、前瞻光电研究中心、生医电子转译研究中心、前瞻跨领域基础科学中心、生物资讯研究中心以及脑科学研究中心等 7 个创新平台①。

透过大学知识生产方式的新一轮变革，不难发现知识生产模式Ⅲ的显著特征。一是知识生产主体的"聚合性"，形成了由"大学—产业—政府—公众"结成的"四重螺旋"知识创新综合体，更加注重知识集群网络的建构和知识资源的整合，尤其是社会公众作为主体参与知识生产的决策和传播，从而使知识生产走向更加广阔的社会领域，知识创新的社会文化氛围更加浓厚。二是知识生产活动的"非线性"，与知识生产模式Ⅰ、模式Ⅱ相比，知识生产模式Ⅲ更加注重知识生产过程中资源的优化、主体的协同、跨界的协作，是一个更加开放和包容的知识生产生态系统，突破了传统的"线性"知识生产模式。三是大学与社会关系的"无界性"，在知识生产模式Ⅲ情景下，由于不同主体的高度聚合使各主体间的界限十分模糊，尤其是大学与社会关系变得"亲如一家"，不分你我。比如，在斯坦福大学，既有政府设立在大学内的研究中心，还有企业在大学内设立的合作研究中心，除地理边界外，大学与社会已再无围墙。

二、知识生产模式变革对学科发展的影响

学科是知识生产的载体，知识生产是学科建设的使命，知识生产模式的变革必然导致学科存在与发展的深刻变革。透过知识生产模式变革的演进轨迹，可以清晰地发现知识生产模式的变革已对学科产生了两个方面的

---

① Richard Goering. A Word- changing view of engineering[N]. EE Times, 2004-01-26.

深刻影响：一是衍生了学科存在发展的多重逻辑；二是改变了学科存在的样态，使学科呈现出新的特征。

（一）知识生产模式的变革衍生学科发展的多重逻辑

1. 国家和社会需求的政治逻辑

在大学知识生产模式变革的背后，一股强大的外在驱动力改变了大学发展的方向，那就是国家和社会发展的战略需求。人类科技发展史表明，每一次科技革命都会对国家和社会产生革命性的影响。因为科技水平决定着一个国家的竞争实力和国际地位，决定着一个社会的发展水平，而作为知识生产重镇和科技创新地乃至孵化中心的大学，自然而然地被卷入国家和社会发展战略的需求轨道，而且越卷深越，其"象牙塔"特征日益淡化，而"社会性"特征和"工具性"价值日益凸显，大学的知识生产被赋予新的时代价值，成为国家赢得战略优势的关键因素，致使大学的知识生产从发展理念到组织形态，再到运行机制及管理模式等都发生了根本性变革。知识生产模式的变革清晰地体现了大学适应国家战略和社会需求的逻辑维度。比如，知识生产模式Ⅱ的诞生就是对全球信息技术革命不断加剧和国家与产业市场对知识创新的渴求的回应，斯坦福大学"硅谷园"的崛起就是一例。知识生产模式Ⅲ也不例外，均深深地打上了国家和社会发展需求逻辑的烙印。

2. 人类普遍利益需要的公共逻辑

随着社会的发展和时代的进步，人类面临的诸如能源、环境、卫生、气候、健康等重大公共问题变得日益复杂，解决这些公共问题的重要性和紧迫性不但上升为国家层面关注的重点，而且日益进入社会公众的视野，成为社会公众和舆论关注的焦点，他们的诉求也成为影响大学知识生产模式变革的重要牵引力量。但问题是，这些具有"普遍性"和"全球性"的公共问题绝不是某个国家、某个组织或某个学科所能解决的。于是跨界合作、资源集成和协同创新便成为知识经济时代对知识生产创新的强烈推动力量。根据熊彼特的经济发展理论，此时需要运用新技术、采用新材料、研究新产品、开辟新市场和建立新组织。① 这些需求已经清晰地体现在知识生产模式转型的演进轨迹中，无论是从知识生产模式Ⅰ向知识生产模式Ⅱ的转型，还是从知识生产模式Ⅱ向知识生产模式Ⅲ的转向，均表现出知识生产的多元整合、跨界协作、集成创新等显著特征，而其背后则是人类对共同解决国家和社会经济发展中的重大基础理论与应用问题紧迫需要的驱动，体现了外在利益需要对知识生产模式变革的诉求逻辑。

3. 大学自身生存发展的竞争逻辑

知识生产模式的转型，也是大学自身发展竞争的内在要求，尤其是在大学发展的外部环境发生急剧变化的形势下。埃里克·阿什比认为，大学要生存必须满足两个条件，一个是忠于大学诞生之日形成的理想，另一个是"它必须使自己适应所处的社会"②。不难发现，知识生产模式的每一次变革，除了大学对自己知识理想的追求外，还与大学面临的生存竞争环境紧密相关。生存环境的变化带来发展竞争压力的增大，使大学不得不重新考虑自己的存在理由和运行逻辑。大学发展史表明，作为知识生产中心的大学在日前卷入民族国家利益需求轨道的时候就是其抢占发展机遇和赢得发展先机的时候。因为大学清楚地意识到，只有与国家和社会采取合作的态度，才是大学的出路。在这一竞争逻辑的驱动下，大学迈出了走出象牙塔的步伐，且日益走进国家战略中心，加速了"学术市场化"进程，开始与企业产业结盟"联姻"。这一进程的结果是，不仅一些传统而经典的大学因此而获得新生，而且还催生出一大批新型"创业型大学"。比如，哈佛大学就因与国家"联姻"并在"曼哈顿工程"中作出卓越贡献而焕发出新的活力，斯坦福大学就因与产业"联姻"创造"硅谷园"神话奇迹而实现弯道超车，直逼哈佛、耶鲁等老牌大学。

由此可见，在知识生产模式转型的趋势下，学科存在发展的逻辑将日

---

① 约瑟夫·熊彼特. 经济发展理论——对于利润、资本、信贷、利息和经济周期的考察(中译本序言)[M]. 何畏，易家详，等译. 北京：商务印书馆，1991：3-4.

② 克拉克·克尔. 高等教育不能回避的历史——21世纪的问题[M]. 王承绪，译. 杭州：浙江教育出版社，2001：5.

益多元化，原初的"认识逻辑"日益淡化，而适应国家战略需求的"政治逻辑"、顺应企业产业发展的"市场逻辑"以及争取自身发展机遇的生存竞争逻辑日益加强，从而勾勒出一道清晰的知识生产价值转向轨迹。

(二)知识生产模式的变革使学科样态呈现出新的特征

1. 学科组织的综合性

从诞生的那一天起，学科就是学术组织形态的存在①，起初表现为一群有着共同的学术追求和研究领域的学者们结成学术共同体，开展自由的学问探究。这时的学科组织成员主要来自相同或相近的知识领域，他们以认识世界为目的，以共同兴趣爱好为纽带，以自由和自治为原则，从事着知识的保存、发现、理解和传播事业，并形成相对独立的围绕某一知识领域的理论体系、话语体系和方法体系，由此呈现出学科组织形态的"同质性"和"排他性"特征。这时，他们是知识的生产者、拥有者和传播者，并与国家和政府、企业与产业划出明确的界限。但知识生产模式的变革却打破了这种在某一知识领域里"自娱自乐"的学科组织形态，在内外逻辑的驱动下，除了政府外，还有企业产业界，后来还有公民社会也相继参与到知识生产活动中来，它们不仅成为学科组织的参与主体，甚至对知识生产的行动决策和价值取向起到决定性作用，致使学科组织形态从原先崇尚"纯科学"研究的单一性学术组织发展成为带有更多利益诉求的复杂的"综合体"，学者与政府官员、企业主、产业领袖甚至社会公众人物们聚在一起，共同从事着知识的生产、开发、传播和应用，学科组织形态呈现出显著的"综合性"特征。

2. 学科制度的开放性

作为从事知识生产的学科组织，也是一种制度形态的存在。从某种意义上讲，学科制度就是知识生产制度②，是"特定的科学研究行为准则和支

---

① 白强. 世界一流学科的生成逻辑与建设路径——基于中外两所大学两个一流学科生长史的考察[M]. 大学教育科学，2019(4)：47-52.

② 鲍嵘. 学科制度的源起及走向初探[J]. 高等教育研究，2002(7)：102-106.

撑学科发展和完善的基础结构体系"①，具体表现为围绕知识生产建立起来的一套学科"规范"或学术"规训"，学科规范有学科准入制度、学科划分制度、学科评价制度、学科奖惩制度、学科资助制度以及专业人才培养制度和学术成果表达规范等②，学术规训有学术训练规训、学术成果表达规训以及学术诚信规训等。在传统的学科制度下，这些规范和规训建构了知识生产的秩序，厘定了知识生产的模式，制约着知识生产的行为，具有极强的稳定性和封闭性。但在国家的、市场的和公民社会以及大学自身发展竞争需求的多重逻辑推动下，灵活而开放的学科制度形态应运而生，知识生产模式Ⅱ基于问题解决演绎出大学—企业—政府"三重螺旋"的知识生产系统；知识生产模式Ⅲ基于协同创新演绎出大学—企业—政府—公民"四重螺旋"的知识生产系统。可以预见，随着社会的不断发展和新问题的不断涌现，学科制度形态将变得更加灵活而开放，这些学科规范和学术规训将在不同利益主体间达成新的交互与平衡，从而衍生出崭新的学科制度形态，形成崭新的制度认知框架。

3. 学科知识的集成性

知识作为"被一定社会规范所认同和接受的认识"③，它的存在形态受特定社会规范和人们认识视野的制约。在传统的知识生产模式下，囿于学科围墙所构筑的知识话语体系和规则体系的限制，知识生产活动只是在同一学科内部进行，其知识产品表现为不断完善的学科理论体系，并从母学科分化出许多新的分支学科和新的知识领域。从根本上讲，这些知识产品仍属同一学科下的"同质化"产品，不具交互性，更不具有集成性。知识生产模式Ⅱ和知识生产模式Ⅲ的诞生，打破了这种"同质化"和"单一性"的知

①　方文. 社会心理学的演化：一种学科制度的视角[J]. 中国社会科学，2001（6）：126-136，207.

②　王建华. 学科、学科制度、学科建制与学科建设[J]. 江苏高教，2003（3）：54-56.

③　昌家立. 知识本质与知识形态探新——兼论几种知识的界定[J]. 求是学刊，1995（4）：9-14，207.

识形态。知识生产模式Ⅱ实现了跨学科间从组织到知识的合作、渗透与融合，包括不同学科在理论体系和研究方法上的相互借鉴与创新，从而催生出一些交叉学科。知识生产模Ⅲ则把大学、政府、市场、公众有机联系起来，集成一个全新的"四重螺旋"知识生产生态系统，无论是知识生产主体、场域、视野，还是知识成果类型、传播方式以及影响范围等都跳出了学科围城和知识边界，其知识产品不再是不同学科知识的"组合"，而是不同主体、不同学科、不同理论和方法技术等经过协同创新后高度集成的崭新成果，具有高度的创造性和"集成性"。

4. 学科文化的包容性

从精神层面讲，学科还是一种文化形态的存在，即学科文化，它是一个学科组织在长期的发展历史过程中沉淀下来的思想观念、价值取向及行为规范的总和，"是学科建设的思想基础"①，是为学科发展提供内生动力的"软实力"②。在传统的知识生产模式下，高高的学科围墙造成不同学科之间虽"鸡犬之声相闻"却"老死不相往来"，学科文化的作用仅限于对同一学科组织内部成员的规约，不同学科之间、不同学科组织成员之间几乎不存在文化交流。但随着学科发展逻辑的转向，特别是跨学科、超学科组织形态的出现，这种封闭的学科文化发展模式被打破，催生出以协同文化、创新文化为核心内涵的学科文化样态。这种新型学科文化样态，熔学术文化、政治文化、社会文化、企业文化、公众文化于一炉，不仅有不同学科理论体系、思维方式以及技术方法的碰撞与融合，还有不同学科主体思想观念、价值取向以及行为方式的协同与整合，显示出极强的融合性和包容性特征。可以预言，随着人类面临问题的日益复杂、国际科技竞争的日益激烈，学科文化的包容性特征将更加明显，以适应发展日益成熟的"创意

---

① 陆根书，胡文静．一流学科建设应重视培育学科文化［J］．江苏高教，2017
（3）：5-9.

② 张鹏．一流学科需要打造一流软实力［J］．中国高教研究，2016（5）：14-16，
20.

经济和创意社会"①。

三、适应知识生产模式变革的学科建设路径

很大程度上，办大学就是办学科，建学科就是办大学。在一流大学建设背景下，与其说"高等教育竞争是质量的较量"②，不如说是学科质量的较量。在知识生产模式发生深刻变革背景下，推进学科建设创新已是大势所趋。如何实现学科建设创新？有哪些创新之径？学界已从不同层面、不同视角提出了许多富有启发价值的建议。笔者以为，探究知识生产模式变革背景下的学科建设创新之径，需要立足顶层设计，树立系统思维，从国家宏观政策到学科内部子系统进行全方位的思考设计，才能顺应高级知识经济时代对提升学科知识生产能力的迫切需要。

（一）调整国家的宏观科技发展战略，实现国家政策创新

学科建设要创新，政策引领是动力。在知识对于实现国家战略和经济社会发展目标的价值至关重要的当下，国家宏观科技发展战略和政策保障是引领学科建设创新的发动机和"催化剂"。美国于 2004 年明确了专门针对学科创新发展的战略思路和系列举措，美国国家科学院协会（NAS）发表了《促进交叉学科研究》报告，提出了系列促进交叉学科研究的政策建议③，包括建立交叉学科教师聘任与评价体系、构建"革命性"的交叉学科结构以及完善交叉学科资助体系等。随后，美国国家科学基金委员会（NSF）和科学与技术中心（STC）又相继出台了系列促进交叉学科发展的资

---

① Igor N. Dubina, Elias G. Carayannis, David F. J. Campbell. Creativity Economy and a Crisis of the Economy? Coevolution of Knowledge, Innovation, and Creativity, and of the Knowledge Economy and Knowledge Society[J]. Journal of the Knowledge Economy, 2012, 3(1): 24.

② 刘信阳，长光锤. 一流大学建设背景下高等教育竞争的新样态及其反思[J]. 大学教育科学，2020(1): 22-28.

③ 赵文华，程莹，陈丽璘，刘念才. 美国促进交叉学科研究与人才培养的借鉴[J]. 中国高等教育，2007(1): 61-63.

助制度和专项计划，提升了学科知识生产能力，促进了知识成果的转化。因此，面对知识生产模式的深刻变革，国家要超前布局，统筹谋划，创新政策，为学科建设创新提供国家层面的战略支持、制度环境和资助政策。重点要在政策导向上鼓励多学科、跨学科、交叉学科甚至超学科研究；在管理体制上深化"放、管、服"改革、"管、办、评"分离，释放学科建设创新内生活力；在资助力度上实施专项计划、建设专门平台、投入专项资金，给予倾斜性支持，从而为学科建设创新提供良好的政策环境支持。

(二)改变传统的知识导向学科逻辑，实现学科观念创新

学科建设要创新，观念创新是前提。只有学科观念的创新，才有知识生产的创新。传统知识导向下的学科建设逻辑"为知识而知识"，停留于"认识世界"，缺乏对"改造世界"的现实关照，因而其知识生产主体单一、场域单一、视野单一、成果单一，难以诞生能够解决国家重大战略需求问题、经济社会发展关键技术问题和人类普遍关心的许多不确定性问题。知识生产模式的变革已经昭示：面对国家的、社会的、市场的以及公众的多重利益诉求，必须打破传统的学科思维定式，树立学科新思维，敢于迎接新挑战，才能建成卓越学科。一是要跳出学科看学科，立足于国家和经济社会发展需求的全局去考量学科知识生产的价值、目标和方向，系统谋划学科发展路径。二是要合作、共享、共赢建学科，摒弃学科之间"老死不相往来"的传统观念，树立学科协作观念，共享学科资源，促进共同发展。三是要坚持"学术导向"与"问题导向"相结合建学科，要把学术问题与现实问题紧密联系起来，即把学科知识生产与国家重大战略需求问题、经济社会发展中面临的重大理论与实践问题、关键问题、前沿问题紧密联系起来，在承接时运中构建服务国家和社会的"大科学、大成果研究模式"①。

---

① 张凤娟. 有效管理成就科研卓越：建设世界一流学科的美国经验[J]. 中国高教研究，2016(5)：17-20.

(三)改革垂直式的科层化学科组织，实现学科组织创新

学科建设要创新，组织创新是关键。学科组织是知识生产的策划者和执行者，其组织结构和状态直接制约甚至决定了学科组织的知识生产能力。事实证明，长期以来在行政与学术双重权力主导下形成的以"校—院—系"为结构样态的科层管理模式和以学术权威为中心的学术发展组织模式，已经严重阻碍了知识生产的创新。知识生产模式的变革，呼唤学科组织的综合创新。实现学科组织综合创新，关键是要构建立体化、矩阵式的学科组织结构，以提升学科组织化水平，促进不同学科主体的互动、不同学科资源的共享和知识生产的协同创新。为此，一是要淡化学科组织界限，构建基于共同组织使命的多元化学科组织。树立多元主体协同创新意识，突破学科边界围墙，面向社会开放办学，基于解决重大理论与实践问题的共同目标，构建起"政府—学校—市场—公民"一体的多元化学科共同体，改变单一的"学者共同体"学科组织结构。二是要改革"校—院—系"直线式学科平台体系，构建基于学科交叉融合协同创新的矩阵式学科平台体系和相应的资源投入保障机制，提升学科组织化水平，促进学科交叉、渗透与融合。

(四)革新僵化固守的学科制度体系，实现学科制度创新

学科建设要创新，制度创新是核心。学科制度是学科在长期的发展过程中形成的规范和规训体系，是学科成员的行为准则，是学科建设走向的"指挥棒"，发挥着极其重要的导向作用。从组织行为学意义上讲，学科制度一旦形成就具有相对的稳定性和固守性。传统知识生产模式下的学科制度维系了学科组织的存在和延续，并在特定时期促进了学科的发展。但随着知识经济时代的到来，这种传统固守的学科制度体系急需来一场深刻的变革，那就是要构建灵活而开放的现代学科制度体系。当下的学科制度创新，重点要抓好两个方面的改革。一是改革学科划分制度，实行更加灵活的学科准入制度。学科种类划分要更加适应社会对知识生产的需求、学科

目录设置要更加符合交叉学科研究的需要、学科审批权限要进一步放权给基层学术组织，使学科设置和管理从传统的以学术导向为主的逻辑转向学术逻辑与市场兼顾的双重导向逻辑，从国家主导逻辑转向基层主导逻辑。二是改革学科评价制度，建立综合质量评价体系。突破单一的同行评价与学术评价限制，建立起多元学科主体参与、多维学科视角评议、多维成果质量评价的综合评价体系，使评价方法更加有效、评价程序更加公正、评价标准更加科学、评价结果更加客观。

(五)打破孤立封闭的学科文化生态，实现学科文化创新

学科建设要创新，文化创新是灵魂。学科文化作为学术共同体的价值观念和规范体系，具有凝聚、导向、规训和批判功能，是学科持续发展的深层动力。每一门学科、每一个学科组织都有其特定的文化。在传统的知识生产模式下，学科和学科组织几乎是"封闭化的科研场域"①，这种"内循环"式的知识生产文化促进了学科内部的统一和谐，加速了同一学科的深化和细化，但也造成了不同学科边界上的"文化围墙"和不同学科间乃至异质学科间心理上的"文化隔阂"。因此，在知识生产模式深刻变革的趋势下，打破孤立封闭的学科文化生态，建设共生相融的学科文化生态是学科建设创新的必然选择。一是要建设兼容并包的学科文化。知识生产主体的多元化、知识生产场域的情景化、知识生产价值取向的社会化以及知识生产产品的集成化要求学科文化建设广纳百家、兼收并蓄、博采众长，要从学科组织、学科制度、学术思想以及话语体系等方面构建合而不同、同而有异的新型学科共同体。二是要建设互鉴互促的学科文化。要处理好理论学科与应用学科、人文学科与自然学科的关系，不可厚此薄彼，不仅都要给予发展空间，而且要建立相互借鉴、互相促进的协作机制，从而促进异质学科文化的相通相融。三是要建设自由与规制适度平衡的学科文化。自

---

① 张洋磊，张应强. 大学跨学科学术组织发展的冲突及其治理[J]. 教育研究，2017(9)：55-60，131.

由是知识创新的必要条件，规制是知识生产的制度保障，无论跨学科、交叉学科还是超学科，既要在特定组织制度框架下运行，也需要在充分自由的学术环境里生长。因此，处理好自由与制约的关系，做到二者适当的平衡，也是学科建设文化创新的题中之义。

(六)突破专业单一的教育教学体系，实现人才培养模式创新

学科建设要创新，人才培养是基础。培养具有多专业背景和多学科视野的人才，是推动跨学科、交叉学科发展的人才支撑。无数事实证明，许多科学家都具有多学科知识或背景，甚至跨大类学科背景，许多重大科学发现均源于跨学科或交叉学科研究。例如，作为物理学家的爱因斯坦，他也酷爱音乐，常从演奏乐曲中获得"滋养"①；被誉为"近代科学始祖"的笛卡儿同时具有哲学、物理学和数学学科视野，成功地将当时完全分开的代数和几何学联系在一起而创立了解析几何；我国伟大科学家、诺贝尔物理学奖获得者李政道曾讲"我是学物理的，但我不专看物理书，还喜欢看杂七杂八的书"。有学者据诺贝尔官网数据资料统计，"1901—2016 年间诺贝尔自然科学奖跨学科研究成果获奖数共计 210 项，而具有不同学科背景的合作奖人数占比也从 1901 年的 35% 增长至 2016 年的87.6%"②。可见，只有培养一大批知识面宽、学科视野广的人才，才能使学科建设创新后继有人。笔者认为，当务之急是要突破专业单一的教育教学体系，消除院院之间、系系之间人才培养各自为阵的状态，从招生制度、培养过程、资源分配到学业评价等方面系统构建有利于促进跨学科、交叉学科人才培养的制度体系，才是推进学科创新发展、持续发展的长远之计。

---

① 艾丽斯·卡拉普赖斯. 新爱因斯坦语录[M]. 上海：上海科技教育出版社，2008：154.

② 刘献君. 学科交叉是建设世界一流学科的重要途径[J]. 高校教育管理，2020(1)：1-7, 28.

综上所述，面对高级知识经济时代发展的迅猛之势，适应外在诉求的知识生产模式变革已是大势所趋。但知识生产本质上仍是学术创造活动，有其特殊的内在发展规律。因此，在知识生产模式变革的大趋势下，既要因势而变，顺势而为，主动适应外部环境变化，回应诸多外在需求，又要充分尊重学科发展的内在学术逻辑，从国家政策调整到学科内部建设诸方面构建上下联动、各方协作的有利于促进多重逻辑适度平衡、并行不悖的体制机制，才是学科建设创新之道的正确选择。

第三节　高校优良学科生态的应然、实然与建构

建设世界一流大学以建设世界一流学科为前提，这是人们的共识。然而，世界一流学科生成于优良的学科生态土壤。因此，学科生态建设问题日益受到学界的关注。此前，有学者借用生态学理论，把世界一流学科建设的研究视野转向生态学视角，把人们的研究视域从某个具体学科的研究中解放出来，放眼到整个学科生态系统的研究，为进一步研究和建设高校学科生态提供了新的思路。目前，学界已围绕高校学科生态问题展开了较为广泛的研究，取得了丰硕研究成果，富有启发价值，但有些基本问题如高校优良学科生态的生成逻辑是什么、高校优良学科生态的应然特质是什么等仍众说纷纭。显然，只有在弄清这些基本理论问题的基础上，才能准确发现高校学生态存在的问题，进而找到构建更加和谐、健康、有序的高校学科生态建设路径。

一、高校学科生态研究学术史梳理

(一)国外相关研究

在西方，英国教育哲学家阿什比首次运用生态学理论系统研究高等教育问题。1966年，他从生态学视角研究了大学的生长规律，认为"任何类

型的大学都是遗传与环境的产物"①，像动物和植物一样地向前进化着，所谓"遗传"，就是高等教育应当坚守的信条，它是大学发展的"内在逻辑"。大学只有遗传"基因"，才能保持其体系特征。所谓"环境"，就是影响大学变革的社会体系和政治体系，它是大学发展的"外在逻辑"，大学只有不断适应社会环境变化，才能在竞争中生存。同时他还特别强调，大学只有在遗传与环境之间保持动态的平衡，才能更好地服务社会。这里，阿什比虽然没有直接研究高校学科生态问题，但为研究高校学科生态问题提供了崭新的理论和方法。

20世纪70年代以来，在西方高等教育面临一系列复杂问题并陷入"衰落"的大背景下，美国高等教育家伯顿·克拉克从文化、学科、历史和政治等多学科视角研究了高等教育系统问题，强调"高等教育的研究者应该关注各学科的发展"②，高等教育内部各系统需要得到很好的调节。实际上，伯顿·克拉克提出的"关注多学科发展"与"内部系统调节"的观点已经蕴涵着学科生态系统思想。

美国著名高等教育哲学家布鲁贝克从哲学高度研究了高等教育系统运行问题。他明确提出了"政治论"与"认识论"两种高等教育哲学观。前者将高等教育系统视为社会大系统的子系统，主张大学要通过发展"高深学问"服务社会。后者认为大学应当恪守"闲逸好奇"精神，把发展学问和训练心智作为大学的追求。并且认为，政治论与认识论两种高等教育哲学观在大学发展过程中既是矛盾的，又是同时存在的，二者交替发挥作用。因此，大学要在相互矛盾与冲突中寻求二者的协调与互补。显然，布鲁贝克提出的"协调互补论"本质上已经蕴涵着大学学科生态系统观，只不过是对高等教育生态系统运行逻辑的哲学阐释而已。

---

① 阿什比. 科技发达时代的大学教育[M]. 滕大春，滕大生，译. 北京：人民教育出版社，1963：114.

② 伯顿·克拉克. 高等教育新论——多学科的研究[M]. 王承绪，译. 杭州：浙江教育出版社，1998：1.

(二)国内相关研究

国内学界关注高校学科生态建设问题始于 20 世纪 90 年代高校合并带来的现实问题而主张以生态学观点指导高校合校后学科建设的呼吁。① 此后,学界展开了较为全面的研究。在理论研究方面,提出了"平衡与适应、开放与优化、多样与综合、交叉与渗透"的学科发展观②、"适应性理论、平衡理论、生态位理论以及竞争与共生理论"③的等代表性学科建设观点。关于学科生态系统,有学者将其分为"学科的组织层次系统""学科生物圈系统"和"学科圈反馈系统"三个层次。④ 有学者却认为学科生态系统"不仅包括学科的组织生态子系统,还包括由知识共享、获取、内化、创新等活动构成的知识生态系统"。⑤ 关于学科生态特征,有学者认为"生长性、协同性、适应性"是学科生态基本特征,⑥ 还有学者认为学科生态系统具有"称缺性、竞争与互涉"特质。⑦ 实践研究主要指向学科生态问题及建设路径。有学者指出,我国高校学科生长逻辑长期受制于外力,并未真正步入生态化发展轨道,存在着"资源固化、模式单一、拼凑发展"⑧"利益上的

① 张龙革. 以生态学观点透视合并院校的学科建设[J]. 现代教育科学,2002(1):74.

② 李枭鹰. 生态学视野中的大学学科发展观[J]. 学位与研究生教育,2005(7):33-36.

③ 翟亚军,王战军. 基于生态学观点的大学学科建设应然研究[J]. 科学学与科学技术管理,2005(7):33-36.

④ 秦明,赵伯飞,龙建成. 学科生态系统模型的建构和解读[J]. 西安电子科技大学学报(社会科学版),2007(4):153-158.

⑤ 武建鑫. 超越概念隐喻的学科生态系统研究——兼论世界一流学科的生成机理[J]. 学位与研究生教育,2017(9):8-13.

⑥ 王梅,安蓉. 学科建设:一个生态学视角的研究框架[J]. 中国地质大学学报(社会科学版),2007(4):89-93.

⑦ 向东春. 基于生态学的现代大学学科发展特质与路径分析[J]. 中国高教研究,2013(10):71-75.

⑧ 董云川,张琪仁. 动态、多样、共生:"一流学科"的生态逻辑与生存法则[J]. 江苏高教,2017(1):7-10.

割据、建设上的割裂及松散"①"组织特性固化、生态规律破坏、关联聚集不足及动态平衡缺失"等问题，进而提出"固本培元、系统协同、道法自然"②治理逻辑主张，建议从建立"群落化"的学科组织模式入手，通过促进学科间的相互关联、支撑和交叉建设高校学科生态③。

自国家颁布"双一流"建设方案以来，国内学界开始关注国外高校学科建设经验。有研究发现，世界一流大学的学科表现出明显的聚集与分散特征。④ 还有学者研究了德国"卓越大学"的"卓越集群"建设经验，提出了"超学科"的学科建设策略主张。⑤ 这些成果，为研究"一流学科"建设背景下我国高校学科生态问题提供了有益的参考借鉴。

（三）研究的不足

通过国内外学术史梳理发现，虽然西方学界研究较早，但大多是关于整个高等教育系统哲学层面的研究，侧重于高等教育系统运行逻辑的整体性阐释，罕见直接研究高校学科生态的理论成果。而国内学界虽然研究成果很丰硕，但大多聚焦于学科生态"内生逻辑"阐释而极少涉及学科生态"外生逻辑"研究，因而提出的学科生态建设路径依然值得商榷。事实上，高校优良学科生态的形成，不仅是学科物竞天择"内生力"作用过程，也是人们科学建构"外推力"作用过程，是双重力量交互作用的结果。因此，有必要进一步深入探究高校优良学科生态的生成逻辑这个基本的理论问题，

---

①　殷忠勇. 基于学科，重建大学：一流学科建设高校的建设方略[J]. 江苏高教，2017(12)：31-34.

②　宋亚峰，王世斌，潘海生. 一流大学建设高校的学科生态与治理逻辑[J]. 高等教育研究，2019(12)：26-34.

③　陈良雨，汤志伟. 群落生态视角下一流学科组织模式研究[J]. 高校教育管理，2020(1)：8-15.

④　武建鑫. 聚集与分散：世界一流学科的分布特征研究[J]. 研究生教育研究，2019(3)：78-84.

⑤　陈洪捷，巫锐."集群"还是"学科"：德国卓越大学建设的启示[J]. 江苏高教，2020(2)：1-8.

并在此基础上，深入探究高校学科生态的应然特质，进而审视和针对我国高校学科生态存在的问题，找到更加科学的学科生态建构路径，无疑对于推进世界一流学科建设具有极其重要的理论意义和实践价值。

二、高校优良学科生态的生成逻辑

（一）内生逻辑

内生逻辑是指事物基于内在的自我需要而实现自身发展的规律。这种生成逻辑下的生长方式不是依靠外在力量的推动，而是通过自身力量的增长实现自我发展，通常表现为事物出于自我生长需要在特定环境下与其他事物的竞争中获得更多资源、赢得生长优势。以原始丛林为例，有的树木参天，有的树木低矮，与它们获得的阳光与水分多少具有直接的关系，从而形成高低有序的植物群落组织。这种群落是一个自然形成的过程，是没有人为外力作用的结果，完全取决于植物自身的"生长基因"和迫于生存环境的竞争所使然，相对于外力作用而言，是一个自然生长的过程和结果。值得强调的是，虽然它是一种自然生态环境，但在这个生态环境中的各种事物之间具有相互依存的关系。

高校学科生态与生物群落一样具有内生逻辑，是学科自身内在发展需要的结果。学科尤其是一流学科的形成是一个历史过程，首先要经历研究团队的组建、研究平台的建设、学科发展目标和长远定位，这是一个打基础的漫长过程。在这个过程中，学科更多依靠自身的不断努力内生学科文化传统，从而形成学科建设的历史传统基点。① 在学科初创期，学科内生逻辑表现为学者们基于共同的学术信念、学术理想、学术追求，创造公认的学术规训和文化观念，形成具有向心力、凝聚力的学科共同体。学术信念、理想、价值和文化是学科共同体的精神内核，是其持续发展、走向一

---

① 孟艳，刘志军.“双一流”背景下一流学科建设的三重逻辑[J]. 研究生教育研究，2017（4）：67-71.

流的深层动力。中外世界一流学科建设发展史表明，任何世界一流学科的形成都是一个内生逻辑作用的过程。仅以清华大学的生物学学科生长史为例，从 1926 年生物系成立，虽然其间经历了 32 年的停办期，但后来又实现异军突起，到如今取得"剪接体的三维结构和 RNA 剪接的分子结构基础"重大成果、一举攻克 20 余年来全球生物界没有攻破的世界级难题①，其发展的深层动力源于生物学学科共同体的学术理想信念和科研创新追求。

(二)外生逻辑

外生逻辑是指事物基于外在力量的强力推动实现自身发展的规律。外生逻辑作用过程本质上是一个借助外力获得学科资源、赢得发展优势的过程。事实上，许多世界一流学科的形成是外生逻辑作用的结果，是学科从知识生产逻辑转向服务社会需求逻辑的结果。②

例如，世界公认的在短短 30 年就建成世界一流大学的香港科技大学就具有强大的学科实力，其计算机科学、土木工程、电子电气、材料科学、机械航空及制造等学科多年来一直位居全球前 30 名。为何这些只有短短几十年发展历史的学科一举发展成为世界一流学科？其奥秘就在于强有力的政策推动和雄厚的资金保障。香港政府于 1996 年启动了旨在带动世界一流大学建设的"卓越学科领域计划"，该"计划"最显著的特征就是政府的战略规划引导、严格的审核监督等质量保障机制③以及政府在建设资金上的绝对支持④，迅速促成了世界一流学科的诞生。没有这些强大的外力推动，就没有香港科技大学的世界一流学科，也就没有世界一流的香港科技

---

① 普浩天．施一公团队重大研究成果发表解答基础生命科学核心问题[N]．光明日报，2015-8-22.

② 白强．世界一流学科的生成逻辑与建设路径——基于中外两所大学两个一流学科生长史的考察[J]．大学教育科学，2019(4)：47-52，65.

③ 包水梅，常乔丽．从政府战略规划到院校行动：香港世界一流学科建设的经验及启示[J]．高等工程教育研究，2017(3)：95-99.

④ 楼艳，顾建民．香港科技大学崛起的成功之道[J]．高等农业教育，2006(11)：83-85.

大学。

同样,"二战"后美国崛起的一些世界一流学科也是外生逻辑作用的产物。适应和诞生于"二战"期间的一批国家实验室在"二战"后迅速建成了一批世界一流学科,其重要原因除了美国政府的大笔国防资金投入外,还在于政府采用合同管理方式明确了政府与科研组织的权利和义务以及政府通过多元主体的参与直接加强对科研组织的有效监管。①

需要说明的是,内生逻辑与外生逻辑在形成世界一流学科的历史过程中并不是截然分开的,二者在促进高校优良学科生态生成和一流学科诞生过程中,时而某种生成逻辑占主导,时而二者同时发挥作用。但二者作用特点和效果有所区别。内生逻辑是学科初创和持续发展的内动力,为学科初创和持续发展提供持久的内驱力;外生逻辑是促进学科迅速发展的"催化剂",为学科的快速崛起和"高峰"学科诞生提供强大的外驱力,但发挥作用的持续时间相对前者较短,力度往往随国家战略需求的变化而变化。

三、高校学科优良生态的应然特质

(一)多样而互补的共生性

德国物理学家普朗克指出,科学是内在的统一体,它被分解为单独的部门不是由于事物的本质,而是由于人类认识能力的局限性。因此,不同学科是一个具有内在联系的整体认知体系,不同的学科具有本质上的内在联系,具有多样而互补的生态特征。

高校学科生态生成逻辑表明,一个物种丰富的生物群落的生命力一定比一个物种单一生物群落的生命力旺盛,因为物种单一的生物群落的结构过于简单,同一物种之间很难产生物质流、信息流和能量流的交换,一旦遭受自然灾害很容易"全军覆没"。相反,一个物种丰富多样的生物群落即

---

①　张凤娟.有效管理成就科研卓越:建设世界一流学科的美国经验[J].中国高教研究,2016(5):17-20.

使遇到自然灾害也可以避免"灭顶之灾",因为不同物种之间具有物质、信息和能量的交换互补关系,其内部结构更加复杂,系统更加稳定。可见,一个平衡稳定的学科生态系统,不但要有多个学科的存在,而且不同学科之间还要有互补关系。学科之间的互补性越强,学科生态系统就越稳定。综观当今世界一流大学,其学科布局多为理工结合、文理渗透,就是这个道理。

(二)独立而开放的适应性

学科发展史表明,每一个学科都有各自的组织体系、研究对象、研究范式以及学术话语等,从而形成相对独立的知识边界。学科的相对独立存在,有其合理性和必要性,正是因为相对独立的学科存在,才深化了人们对世界的认识,进而形成"各美其美、美美与共"的学科生态。学科生态外生逻辑表明,随着人类面临问题的日益复杂,许多重大问题已不是某个或几个学科所能解决的事情,从而要求不同的学科从封闭走向开放,从独立的知识生产走向联合的问题攻关,以适应外部环境变化的需要。因此,在学科相对独立的条件下,通过学科观念、学科组织、研究范式的更加开放以增强学科对外部环境变化的适应力也就成为现代学科生态的显著特征。它要求打破学科传统思维定式,以开放的眼光和接纳的胸怀,建构跨学科、跨文化的学术共同体,进而通过学科范式及方法的集成与综合,在相互交流、碰撞、批判和借鉴过程中实现自我革新,这是增强高校学科适应性、提升学科竞争力的必然要求。

(三)竞争而合作的生长性

"物竞天择,适者生存"不仅是自然界的生存法则,也是学科生态系统的运行法则。高校学科的彼此消长也是一个"自然"的进化过程。在一定时期内,同一高校学科资源的有限性决定了学科竞争的必然性。而正是由于学科之间的竞争性催生出学科"高峰"。因此,学科的竞争促进了学科的生长。综观当今世界一流学科,无一不在竞争中赢得优势、走向世界一流。

学科生态内生逻辑决定了学科之间的关系并不都是竞争关系。生态学研究表明，一个生态系统的稳定离不开系统中各组成部分的互补关系。高校学科生态也不例外，同一高校学科生态系统中的不同学科之间也存在着紧密的互利共生关系。比如，理工结合、文理渗透，就是学科间的互补共生。因此，没有学科间的互补互利，也没有学科的和谐生长。正如博耶所讲："所有学术都必须通过有效交流，变成共同财富。"①事实证明，许多新兴学科的诞生正是学科合作的结果，许多重大发现也是跨学科合作研究的结果。可见，竞争与合作不仅是自然生态的天然属性，也是高校学科生态的应然属性，增强学科生长活力的必然要求。

(四)分化而综合的交叉性

学科生态内生逻辑体现在生态系统的进化过程中，多个接近的物种会因避免相互竞争而朝着不同的方向发展，经过长期的进化后会分化出新的物种形态，进而实现新的生态平衡。同时，这些物种在各自进化、分化的同时，又通过彼此间物质流、能量流和信息流的交换实现着新的协调与共生，从而促成生态系统走向综合。因此，分化与综合是生态系统发展进化的两个方面。

分化与综合也是高校学科生态的自然属性。学科的分化是学科综合的基础，没有学科的分化就没有学科的综合。学科的综合是学科发展的条件，没有学科的综合就没有学科的发展，学科正是在高度综合中补充新能量、产生新思想、增长新知识的。② 因此，学科的分化与综合有利于促进学科的交叉。今天社会面临许多重大而复杂的公共问题，学科的交叉性趋势更加凸显，更加强调学科的高度集成、融合创新、协同攻坚。因此，在学科分化的基础上走向学科综合，进而促进学科交叉也是"双一流"建设背景下一流学科生态建设的必然要求。

---

① 欧内斯特·E. L. 博耶. 学术评价[J]. 董小燕，译. 国外高等教育资料，1996 (1)：3-4.

② 张勉. 社会科学概论[M]. 北京：北京师范大学出版社，1996：121.

（五）输入与输出的平衡性

学科生态系统的平衡不仅取决于学科生态的内部平衡，也取决于学科生态系统与其周围环境的外部平衡。生态学表明，包括人在内的任何生物体都不是孤立的存在，而是与周围环境相互作用的产物。生物体与环境之间物质、能量和信息交换的"输入"与"输出"应当相对平衡，才能保持生态系统的相对稳定。

学科生态外生逻辑决定了学科不是远离社会现实的产物，它要求学科必须与其周围环境即经济社会发展需求相一致，必须与现实的社会政治、经济和文化保持紧密联系，时刻关注社会实际生活的需求，并从中获取物质、能量和信息的补充和更新，从而优化自身结构，完善服务功能，增强学科的生命力。比如，社会发展变化对人才培养的新要求，必然引起人才培养目标、人才培养方式的变化；对科学研究的新要求，必然引起学科组织形态、知识生产方式的变化。学科正是在适应社会需求中保持与环境之间物质、能量和信息交换的"输入"与"输出"的相对平衡，维持与周围社会环境关系的和谐、保持学科生态的稳定。

四、高校学科生态建设的实然检视

（一）多而不补，学科生态共生性不强

共生性是学科生态内生逻辑的必然要求，即处于同一学科群落中的各个学科之间应当是相互依赖、相互支撑、互为补充的关系，如同生物群落之间的协调与互动一样①，一个学科群落中各学科之间的相互依赖性、互利性、互补性越强，则学科生态系统的稳定性越强。这种依赖关系主要体现在两个方面：一是互利，二是互补。互利，即不同学科之间能够相互获益、实现共赢；互补，即不同学科间能够在观念、范式及方法等方面相互

---

① 郝道猛.生态学概论[M].台北：徐氏基金会，1978：402.

补充。

目前我国高校学科生态问题不是学科"数量问题"，而是学科"关系问题"。盲目追求学科"大而全"的传统思维仍未得到根本改观，突出表现为工科大学要新办文科、农科大学要新办工科、文理大学要新办医科，有些师范院校也要新办医科。实际上，这些做法迎合了外在"排名"，却丢了传统、失了优势，且客观上加剧了校内学科资源争夺，打破了学科生态平衡，导致学科"生态位"错位，甚至会引发新旧学科之间的尖锐对立，反而不利于学科生态的长远发展。

(二)独而不开，学科生态开放性不强

生态系统内不同种类的生物，为了适应环境变化而吸收其他学科之所长进而改变自身形态、结构和生理生化特性，以适应环境变化、赢得发展，这种属性称为生态开放性。高校内的不同学科也应当具有生态开放性，这是学科生态外生逻辑使然。

就我国高校学科生态而言，学科间的彼此孤立甚至隔阂的问题仍然不同程度地存在着。本来，保持学科的"独立性"是学科之所以存在的前提，是"学科之所为学科"的根本。但学科的"独立"并不等于学科的"保守"，更不等于学科的"封闭"，一个具有持续竞争力的学科一定是既坚守学科本真又善于吐故纳新的学科。而现实中关起门来"自娱自乐"的学科建设现象并不鲜见，"一流"学科与"非一流"学科、"优势"学科与"弱势"学科之间，虽"鸡犬之声相闻"而"老死不相往来"，加之高校长期对优势学科、强势学科、主流学科的倾斜性投入，致使学科"孤峰"不少，但学科"高原"不厚，学科整体竞争力大打折扣。

(三)争而不合，学科生态生长性不强

学生生态内生与外生两种逻辑均表明，一个优良学科生态的形成很大程度上是各学科之间既竞争又合作的结果。一流学科发展史表明，一流学科既是在长期竞争中经过优胜劣汰脱颖而出的，也是在与其他学科的合作中形成优势的。学科之间的竞争与合作，能够促进学科生态结构的优化，增强学科生态的生长性和生命力。

但现实中高校内部学科之间"竞争有余"而"合作不足"，"一流"学科与"非一流"学科、"强势"学科与"弱势"学科、"传统"学科与"新兴"学科之间在资源配置、利益分配等方面的矛盾较为突出，学科团队互不相让，产生学科心理隔阂，导致学科壁垒加剧。在此情形下，学校通常采取两种处理方式：一是息事宁人、"均衡"分配，致使应该得到重点投入、优先发展的学科不能实现充分发展，难以产生学科"高峰"。二是择优扶强、重点投入，但又导致强者更强、弱者更弱。显然，这两种处理方式均不但不利于和谐共生学科生态的形成，反而打破了原有学科生态平衡，增加了学科间"内耗"，抑制了学科生态的良性生长。

(四)分而不综，学科生态交叉性不强

分化与综合都是学科发展的演进逻辑，分化与综合都将催生新的学科。前者催生分门别类的知识、技术或方法系统的"新学科"，后者促成集成的整体知识、技术系统和方法体系的"新学科"。[1] 事实证明，学科的综合有利于促进学科的交叉，往往是科学研究取得重大突破的重要途径。有学者统计，在1901—2008年颁发的物理、化学、生理学或医学奖诺贝尔奖中，学科交叉的研究成果占获奖总数的52%。[2]

从我国高校学科建设实践看，在国家科技体制和高等教育体制改革的双重外力推动下，推进学科交叉已成蔚然之势，许多高校面向国家和地方重大理论与实践前沿问题、尖端问题、复杂问题，整合学科资源，组建了许多学科创新平台。但由于深受传统学科组织结构、文化特性、管理方式以及评价机制等方面的影响，实际上与学科生态外生逻辑相矛盾，主要表现为"形式交叉多"而"实质交叉少"，交叉研究浮于表面，很难真正实现学

---

① 郝文武. 学科和课程分化与整合的辩证法[J]. 教育学报，2006(6)：3-8.

② 陈其荣. 诺贝尔自然科学奖与跨学科研究[J]. 上海大学学报(社会科学版)，2009(5)：48-62.

科组织的深度融合、研究范式的有效整合、结构功能的真正互补，因而难以诞生重大研究成果。

（五）供需失衡，学科生态平衡性不强

学科时刻与社会政治、经济、科技、文化等进行着物质、信息和能量的交换。一方面，学科从社会环境中获取资金支持以及公众信任等各种有形或无形资源，即学科资源的"输入"；另一方面，学科通过人才培养、科学研究以及技术创新等服务社会，即学科成果的"输出"。而学科"供给"与社会"需求"的平衡，在很大程度上影响甚至决定着学科生态系统的平衡。

但高校学科建设实践中仍因不同程度地存在着"知识生产逻辑"与"社会服务逻辑"的顾此失彼而影响和制约着学科生态系统的平衡，实则为学科生态内生与外生两种逻辑的矛盾冲突。主要表现为：有的学科建设过于固守"知识理性"，"为学科而学科"，研究成果虽可"仰望蓝天"，但没有把研究成果写在大地上，与社会现实需求脱节，难以转化为现实生产力。而有的学科又过于迎合外在需求，"为需求而需求"，研究成果缺乏原始重大创新，社会服务质量大打折扣。显然，这两种学科建设逻辑都将导致学科"供给"与社会"需求"的错位与失衡，不利于高校学科生态的良性发展。

五、高校优良学科生态的建设路径

（一）科学规划重构互利型学科群落，增强学科生态共生力

互利共生关系是维系学科生态系统存在和发展的纽带，互利共生关系越强，则学科生态共生力越强，结构越牢固、系统越稳定。学科互利共生关系的形成，不仅需要学科的自然竞争，还需要人为的科学建构，即学科规划。而学科规划的关键是"科学规划"，科学规划注重战略性布局，设计合理的学科结构，促成学科间功能互补、结构再造，进而达到整体最佳状态。

高校要充分发挥学科规划的战略引领作用，特别是要结合高校自身发

展定位、现有基础以及经济社会发展需求，通盘考虑、统筹规划。可从"两个转向"入手提高学科规划的科学性、增强学科生态的共生力。一是从处延建设转向内涵建设。要力戒贪大求全、盲目跟风的浮躁心态，坚持有所为有所不为，集中精力、物力和财力打造特色学科、优势学科、潜力学科。二是从"学科"建设转向"学科体系"建设。高校学科生态建设不能"只见树木，不见森林"，要统筹兼顾重点与非重点、优势与弱势、基础学科与应用学科的协调、互利发展，才能夯实学科"高原"、支撑学科"高峰"，形成学科"高峰"带动学科"高原"的良性学科生态。

(二)打破围墙重构学科生态文化观，增强学科生态适应力

学科生态文化是学者普遍认同的内隐于学科组织成员的价值观念、思维方式、行为规训以及学术生活方式等，是学术共同体从事学术创造的精神纽带。学科也是一种文化的存在。学科的生存状态和发展前景很大程度上取决于学科的适应力，而学科的适应力在很大程度上取决于学科文化开放化程度。因此，学科建设既要坚守学科"本真"，又要开放包容。

随着社会问题的日益复杂，研究领域的更加前沿尖端，迫切要求重构学科生态文化观，打破学科围城，从封闭走向开放，从分散走向联合，从孤立走向聚合。因此，高校学科生态建设应当以"信任文化"维系科学研究活动，[1] 从文化观念上确立灵活而开放的学科生态思维，引领学科从思想观念到制度规训、从研究范式到方法体系走向开放，打破传统知识生产模式的"孤岛化"，[2] 走向知识生产协同创新的"开放化"，为不同学科的交互、批判、借鉴与融合打开大门。

---

① 刁益虎，吴刚. 大学信任文化的隐匿及其根源——基于社会学视角的阐释[J]. 大学教育科学，2019(4)：23-29.
② 白强. 大学知识生产模式变革与学科建设创新[J]. 大学教育科学，2020(3)：31-38.

(三)强化合作重构学科命运共同体,增强学科生态生命力

学科系统是一种"生命有机体"。① 在共同体中,虽然不同学科所处的地位和发挥的作用有所不同,但彼此间具有不可分割的内在联系。比如,没有学科"高原",虽有学科"高峰",也只是学科"孤峰",难以持续发展。因此,弱势学科在学科生态丛林中也是不能缺位的②,它是支撑优势学科的重要基础。当然,高校学科生态充满着竞争,但"一流学科的产生是学科生态系统良性竞争的结果"③,良性竞争是高校学科生态健康发展的内在要求。

针对高校学科建设实践中竞争有余、合作不足的问题,高校应当着力从观念引导、管理体制、评价机制、投入政策等方面深化理念与制度创新,在引导不同学科合理竞争、正当竞争、有序竞争的同时,着重引导不同学科立足学术命运共同体的高度,去思考、去定位、去谋划学科的未来,从而推动协作创新,实现互利共赢,形成休戚与共的学科命运共同体,真正增强学科生态的生机与活力。

(四)打通渠道重构科研创新大模式,增强学科生态聚合力

现实问题是真实的、活泼的、不确定的,④ 它将随着社会的发展而时时更新,也将更加复杂,以至于任何单一学科在这些问题面前都无能为

---

① 苏林琴.学科生态系统:综合性大学教育学科发展的生态学考察[J].教育研究,2020(2):101-109.
② 周统建."双一流"建设高校如何协调发展弱势学科[J].中国高校科技,2018(10):4-8.
③ 刘永.一流学科评价探析:基于教育生态学的视角[J].江苏高教,2020(5):29-34.
④ 孙向晨.破除学科壁垒与人文学科生态的重构[J].探索与争鸣,2019(4):20-22.

力，由此促成了"源于社会复杂问题驱动下的跨学科研究"。① 科学发展史表明，但凡重大科学技术成果的诞生，都是学科高度集成的结果，美国硅谷就是一例。与其说硅谷科技创新的成功源于科技产业园的科技产业集群效应和风险投资基金运行机制，还不如说是源于不同学科背景科技人员的交互综合。这里集结了来自世界各地具有不同学科与文化背景的 100 多万名科技人员，不但有不同文化的交流与碰撞，也有不同学科思维的交互与融合，由此促成了科学技术的重大创新。

但硅谷并不是自发形成的，而是政府、高校和企业合作推动的结果。由此可见，学科从单一走向综合，不仅取决于基于解决问题的学科知识生产的应然诉求，在很大程度上还取决于外部力量的有力推动。针对我国高校学科建设实践中形式交叉多、实质交叉少的现实问题，笔者认为，需要从学科组织、学科文化、管理体制以及评价机制等方面破除学科壁垒，构建能够真正促进学科观念交融、结构功能互补、研究方法互鉴的学科生态模式，而重构科研创新大模式当是这种应然诉求的有效选择。

（五）双重导向重构服务社会新思维，增强学科生态平衡力

学科是"知识生产逻辑"与"社会需求逻辑"共同作用的产物，两种逻辑相辅相成，不可或缺。因而在处理两种学科建设逻辑的相互关系时，不可顾此失彼，而应统筹兼顾。但有的高校学科建设实践过于注重学科的知识逻辑而缺乏对社会现实需求的关照，有的高校学科建设又过于强调学科的社会需求逻辑，"为服务而服务"，创新"供给"乏力。显然，这两种单向的学科建设逻辑都不利于高校学科生态的良性发展。

因此，非常有必要坚持"知识"与"问题"双重导向的新思维，强化学科生态与社会需求的良性互动，促进学科"供给侧"与社会"需求侧"的平衡。一是要以"知识导向"服务"问题导向"，即通过提升知识原始创新能力为经

---

① 马永红，刘润泽．我国高校学科布局生态研究[J]．中国高教研究，2020(2)：9-15.

济社会发展提供智力、科技、人才支撑，使学科知识转化为现实生产力。二是要以"问题导向"反哺"知识导向"，即通过高质量的社会服务为学科的知识创新提供物质资源和社会环境条件支持，从而增强学科发展动力，夯实学科发展根基。

总之，高校优良学科生态的形成，不仅是物竞天择、适者生存的"内生逻辑"作用过程，也是人们科学规划、人为建构的"外生逻辑"作用的结果。因此，高校优良学科生态应当兼具"内生"与"外生"双重生态属性。显然，在建设世界一流学科的背景下，高校既要尊重学科生态的"内生逻辑"，又要彰显学科生态的"外生逻辑"，才能真正建成和谐、健康、有序的高校学科生态，进而夯实学科"高原"、孕育学科"高峰"，催生更多世界一流学科。

第四节　大学科研评价的旨意、悖离与回归[*]

党的十九大报告明确提出要"加快一流大学和一流学科建设，实现高等教育内涵式发展"，为我国"双一流"建设指明了方向。众所周知，高等教育内涵式发展，核心是提高办学质量。这里的质量不仅包括人才培养质量、社会服务质量，也包括科学研究质量。而大学科研评价作为大学履行科研管理职能、促进科技创新的重要管理手段，是"大学科技创新活动的风向标"[①]，其科学性、合理性如何，将直接决定大学科学研究的状态和质量。从世界史范围看，"健全的科研评价体系是发达国家科技创新能力快速发展的重要原因"[②]。毫无疑问，我国要建成世界一流大学和一流学科，

---

[*] 本节根据作者发表于《大学教育科学》2018年第6期的文章《大学科研评价旨意：悖离与回归》整理而成。

[①] 吴扬，乔楠，施永孝.大学科研评价的国际经验与启示[J].科学管理研究，2018（1）：96-99.

[②] 黄小平，陈洋子."双一流"大学科技创新能力评价：国际经验及启示——基于对英、法、美、澳科研评价体系的考察[J].江苏高教，2011（1）：93-98.

必须建立世界一流水平的大学科研评价机制。因此，在"双一流"建设背景下，深入探究当下大学科研评价问题具有十分重要的现实意义。

近年来，我国高校在科技创新方面取得的显著成绩有目共睹，但频频发生的"学术不端"事件一直广受诟病。尤其是 2015 年以来，我国高校多篇论文被国际著名学术期刊"撤回"，再度把人们对大学教师科研道德的质疑推向社会舆论的风口浪尖。针对这一现象，学界展开了较为系统的研究，且不乏相关研究成果，但鲜有学者从"大学科研评价旨意"的视角深入探究有效治理大学"学术不端"、提高大学科研质量的良策。显然，只有科学回答"大学科研评价的旨意是什么"这一原初命题，进而深入分析大学科研评价存在问题的深层原因，才能找到有效的治本之策，促进大学科学研究的健康发展，助推"双一流"建设目标的实现。

一、大学科研评价的旨意分析

什么是科研评价？顾名思义，就是科学研究评价。通常而言，科研评价专指对科学研究活动及其成果的评价，如评价科研成果的工作质量、学术水平、经济效用及社会影响等。其目标指向就是对评价的对象即科研成果作出客观、具体、恰当的评判。科研评价不是目的，而是手段，但却是一项政策性和技术性非常强的工作，在很大程度上决定着科研事业的发展方向和科研工作者的积极性，事关国家科技事业发展大局，其重要性不言而喻。那么，如何才能保证科研评价的客观、公正和恰当？事实上，这是一个世界性难题，目前世界各国政府、科研评价机构以及大学都在不断改革探索中，没有形成一个统一的、世界通用的评价模式和评判标准。这就有必要探究科研评价的旨意这一"元问题"。

（一）培育学者崇尚科学的秉性

大学是由有着共同学术信仰和追求的学者组成的学术共同体。正是有了这个崇尚科学的学术共同体的存在，才使大学充满科技创新的生机与活力。而创新的生机与活力来源于学者崇尚科学、追求真理的秉性，这种秉性表现为学者发自心灵深处的"对真理的向往、敬畏、热爱与追求"①。大学一旦失去拥有这种学术秉性的学者，将变得黯然失色。因此，一所大学要保持旺盛的生机与活力，必须清楚地意识到保护学者崇尚科学秉性的重要意义，并在制度设计上不遗余力地激发学者不断探索未知、追求真理、增长知识的热情，让学者们潜心问道、自由探索。早在 20 世纪 30 年代，著名高等教育思想家、改革家亚伯拉罕·弗莱克斯纳（Abraharn Flexner）就曾告诫大学"必须保护和培养思想家、实验室、发明家、教师和学生，让他们在不承担行动责任的情况下，对社会生活的现象进行探究从而努力理解这些现象"②。探索未知的科学研究只有在自由空灵的状态下进行才能真正开花结果。一旦科学研究者处在某种外在压力之下并怀有对行动负责的高度担忧时，探索未知的欲望就会蒙上一层心理阴影，就会心神不定地担忧科研的结果将对自己意味着什么。这种被迫和担忧状态下的科学研究者也必将滋生出科学本身之外的利益追求。而"一旦在学术追求中掺杂个人利益，贪婪或者虚伪，就会严重威胁到人们对学术价值的信任"③，科学研究的天然本真必将被工具主义的利益所取代，不但不能激发学者对科学的热爱、执着与忠诚，反而会催生学者的"学术浮躁"，有的学者甚至走向"学术腐败"。因此，从旨意上讲，大学科研评价的根本目的不是学者"研究出了什么"，也不是学者"一定要研究出什么"，更不是要学者"承担研究不出什么的后果"，而是要培育学者"凭什么去研究"的那份宝贵的科学兴趣与热情，即潜藏于心灵深处的那份崇尚科学的天然秉性，使他们永远行进在攀登科学高峰的道路上。这才是大学科研评价的旨意所在。

① 唐松林，魏婷婷.学术共同体的契约精神：本质、背离与回归[J].教育发展研究，2015（7）：70-75.

② 亚伯拉罕·弗莱克斯纳.现代大学论——英、美、德大学研究[M].徐辉，陈晓菲，译.杭州：浙江教育出版社，2001：7.

③ 唐纳德·肯尼迪.学术责任[M].阎凤桥，译.北京：新华出版社，2002：257.

（二）保护学者甘于奉献的精神

大学不同于工厂，不是批量制造产品，它是研究"高深学问"之所。正如民国时期北京大学校长蔡元培所讲，"大学者，研究高深学问者也"①。而以研究"高深学问"为志业的学者所从事的科学研究是一项复杂而艰巨的知识生产活动，是一种"前途未卜"、探索未知、发现真理的人类特有创造性活动，具有艰巨性、复杂性、创新性和不确定性特征。科学研究的这些本质特征决定了科研工作者必须具有宁静致远的超然心态、甘于寂寞的坚韧意志和为科学献身的探索精神，才能不断推进知识的更新和科技的进步。如果说，"作为学术，就是真诚地献身于知识的进步"②，那么，作为学者，就是要义无反顾地为知识进步而献身。在人类科学发展史上，一个伟大思想的诞生、一个发明创造的问世、一个科学真理的发现，往往需要探索者付出常人难以想象的艰辛甚至生命的代价。还有许多默默无闻的科学探索者即使穷其一生也没有找到科学的最终答案，但他们探索未知的实践却为后来研究者的成功奠定了基石，他们在探索未知的过程中所表现出的为追求科学真理而百折不挠的精神更是后继者攀登科学高峰的宝贵精神财富。科研评价是外在的，而科学精神才是内在的③。科学研究精神远比科学研究结果重要，因为它才是打开知识宝库的"金钥匙"，才是发现未知的"催化剂"，才是推进知识更新的不竭动力。因此，科研评价贵在激励和保护学者对科学真理孜孜不倦的探求与奉献精神，而不在于评价学者最终"研究出了什么"，更不在于研究结果给大学带来了什么利益。一所大学要保持知识创新的生机与活力，必须给予科学探索者更多的人文关怀与精神支持，让他们永远保持作为科学探索者应有的那份淡泊名利、甘于寂寞、

---

① 蔡元培. 大学精神[M]. 长春：吉林出版集团有限责任公司，2012：19.

② 罗伯特·M. 赫钦斯. 美国高等教育[M]. 汪利兵，译. 杭州：浙江教育出版社，2001：19.

③ 欧阳志远. 内在的科研精神与外在的科研评价[J]. 光明日报，2008-05-11(10).

献身科学的奉献精神。为此，大学在设计和制定科研评价制度体系时，必须审慎地思考科研评价的真正旨意是什么，并作出符合科学研究规律的制度设计，尽可能地"回归科研本质评价"①，着眼于保护学者奉献科学的精神。这才是大学科研评价的终极追求。

（三）评判学者发展科学的贡献

科学研究的出发点与最终目的都是探索未知、解释世界，进而提高人类认识世界和改造世界的能力，这也是大学科研工作者的使命和科学研究的价值所在。也正是因为科学研究者为人类科学发展作出了实质性的贡献而被世人所敬仰。而评价一名科学研究者是否对科学发展作出了实质性贡献，不是看他科学研究成果的数量和形式，是要看他的研究成果内容本身是否在现有基础上推进了科学的发展。换言之，就是要把科研评价的目的从形式评价转到实质评价，即对学者的研究成果内容本身作出客观、公正、恰当的价值判断。这就有必要理清科研成果数量和形式与科研成果质量和水平的关系。数量是质量的基础，形式是内容的载体。科研成果的数量并不等于科学研究的质量，科研成果的形式更不等于科学研究的水平，只有那些蕴含于科研成果数量和形式之中的属于发现新事物或新规律、增进人类认知的内容才是科研成果中最本质、最核心的部分，才是学者对科学发展作出的新贡献。如果科研评价者不能认识到这一点，简单地把科研成果的数量等同于质量、形式等同于水平，必然导致大学学术生态的异化，必将严重伤害"宁静致远的学者人生"②，科学研究将会变质为获取功名利禄的工具，学者本应具有超凡脱俗的学术品性必将退化，追求真理的脚步就会停止，大学也将因此而变得暗淡和枯萎。显然，大学的科研评价只有充分考虑评价"目的与方法的适切性"③，使科研评价的方式方法回归

---

① 石光明. 回归科研本质评价[J]. 中国高等教育，2016(2)：8-9.
② 徐玖平. 学者人生：意存高尚 宁静致远[J]. 中国高等教育，2014(7)：53.
③ 朱军文，刘念才. 科研评价：目的与方法的适切性研究[J]. 北京大学教育评论，2012(3)：47-56.

到科学研究的真正目的上来，把是否促进了科学发展进步作为评价学者学术贡献的标尺，才能真正营造出优良的大学科研生态，进而引领学者在探索未知、追求真理的道路上久久为功，出精品、上水平、成大器。这才是大学科研评价的真正旨归。

二、大学科研评价的问题检视

显然，无论是建成世界一流大学还是建成世界一流学科，必须有与之相适应的大学科研评价机制，而这种科研评价机制应当是建立在遵循科学研究规律、符合科研评价旨意基础上的一种科研管理制度体系设计。但令人担忧的是，我们在"双一流"建设实践中，也许是出于尽快建成世界一流大学和一流学科的良好愿望而走上了急功近利的道路。这突出表现在过于注重科研成果数量和形式，评价目的与评价旨意相悖，违背了科研活动的客观规律，导致大量的"学术垃圾"充斥着大学的学术殿堂，"学术造假"屡禁不止，"学术腐败"时有发生，而重大原创性科研成果却难以真正涌现，浪费了宝贵稀缺的科研资源，失去了科学研究的本真。这不但不能促进"双一流"建设，反而有损于"双一流"建设。

（一）大学科研评价的问题审视

评价标准"数量化"。纵观国内各大高校，无论是教育部直属大学，还是地方院校乃至高职院校，都有"规范化"的科研评价规则。深入考究这些规则的内容，都有非常明确具体的"量化指标体系"，科研成果的"数量"成为大学评判学者科学研究的贡献、能力和水平的主要标尺。如果一名学者发表的论文篇数越多、拿到的科研项目级别越高、科研经费越多就视为科研贡献越大、能力越强、水平越高。而对于科研论文本身是否发展科学、科研项目是否顺利结项产出有价值科研成果等本质内容的评价却鲜有明确规定，使其成为大学科研评价体系中"被遗忘的角落"。实际上，这些"被遗忘的角落"才是科学研究的真正旨意所在，才是学者对科学发展的贡献所在，才是大学科研评价应该重点关注的核心指标。然而，实践中"数量至上"的科研评价规则，实则把学者的科学研究成果等同于工厂的"计件产品"，严重违背了科研评价的根本旨意，导致学者们把大量精力花在了寻求更快发表论文、争取更多项目上，科学研究的真正目的却被抛在九霄云外，不但不能产出"十年磨一剑"的重大原创性研究成果，反而导致"学术垃圾"泛滥成灾，科技创新成为华而不实的漂亮口号，从而引发社会对高校科研诚信的诟病和质疑。

评价导向"功利化"。"闲逸好奇"是科学研究的原初本性。科学研究行为自诞生以来，就是作为一种"闲逸的、好奇的"精神而存在的，是学者个人的自发行为，不存在任何利益目的诉求。科学研究一旦掺入某种外在利益的需要或私欲的追求而把科学研究当作获取功名利禄的工具，必然导致学者忠诚真理的学术品格荡然无存，失去科学研究的天然本真。事实上，不少高校的现行科研评价制度在很大程度上无时无刻不把学者的科学研究目的导向功利诉求，大学普遍把获得什么级别的科研项目、发表多少篇何种档次的期刊论文、获得什么行政级别的科研奖项与教师的职称晋升、岗位聘用、津贴发放、绩效奖励以及各种学术头衔评定直接挂钩。有的高校规定，自然科学研究者只要在 Science、Nature 或 Cell 期刊上发表一篇学术论文，就能获得上百万元的高额奖金，人文社会科学研究者在国内外权威学术期刊上发表一篇论文也可得到高达几十万元的"重赏"，"大学教师的精神劳动被过分'货币化'"①。更令人费解的是，即使原本办学经费相对紧张的地方高校也表现出对高水平论文和高级别项目更加强烈的渴求，其设置的奖励力度显著高于甚至十几倍于直属高校。在现实经济利益的驱使下，"一切向钱看"成为部分学者从事科学研究的精神动力，大学科研生态的极端功利化也就在所难免了，下至普通教师，上至院士、校长也不惜铤而走险，通过"学术造假"甚至"学术腐败"等不当手段获取金钱利益。

---

① 沈红，刘盛. 大学教师评价制度的物化逻辑及其二重性[J]. 教育研究，2016（3）：46-54.

评价周期"短视化"。大学科研评价的浮躁，还表现在评价周期过短过频。一年一度的教师科研考核仍是当前各大高校通行的考核办法，对教师发表论文的数量、申报专利的数量以及获准项目的级别等几乎都有年度性的明确要求，把教师在一年内发表的论文、获得的专利、拿到的项目作为评定教师年度工作业绩的主要依据，并与教师的年度考核等次和奖励分配直接挂钩。在各种"硬性指标"要求的驱使下，科研工作者从事科学研究的目标发生"漂移"，忽视科学研究"探索未知、追求真理"的原初使命，耐不住科学研究的寂寞而成天忙于报项目、拿奖项、发论文，"速度"成为学者们的最高追求，"数量"成为科研的终极目标，哪能把时间和精力放在科学研究原创性和创新性的艰辛探索上？对此，一位曾与笔者多年共事的著名"长江学者"也倒出了自己一肚子的苦水，"没办法呀，我不尽快发论文就不能按期结题，那我今年的奖励和明年的课题申报就泡汤了！"一语道出了大学科研工作者的苦衷与无奈。

评价主体"行政化"。从大学科研评价的实施主体看，大学内部的科技处、社科处等科研管理职能部门主要承担了对二级学院、科研团队、专家学者的科研评价工作，而这些部门的组成人员并不是所有学科领域的行家，更不是所有二级学科领域的专家。他们在评价单位、团队和个人的科研贡献时，往往简单地"一刀切"，把发表论文的数量、刊物的级别、立项课题的多少以及到账经费的金额作为评判科研质量和水平的依据，把这些"数量指标"直接与单位、团队和个人的科研绩效奖励挂钩。这种评价方法实际上是一些负有科研管理职责的行政人员充当了本应由学术共同体承担的学术评价事务，实则外行评价内行，是高校科研评价"行政化"的典型体现，必然导致大学科研评价本质的悖离。虽然各大高校都设立了学术委员会机构，名义上负有学术评价之责，但一则委员会组成人员大多为来自学校内部各机构的"行政官员"，二则委员会的评价机制多以"投票表决"的简单方式进行，因而其科研评价结果很难客观、公正地反映单位、团队和个人对科学的实质贡献，显然悖离了大学科研评价的旨意。

(二)大学科研评价问题的原因分析

导致大学科研评价旨意悖离的原因是多方面的，现实的社会舆论环境、行政部门的评价导向以及大学自身认识与管理水平等都是影响和制约大学科研评价的重要因素。因此，大学科研评价问题不是单纯的"大学问题"，从根本上讲，它是一个社会问题，应当引起各级科研主管部门和科研评价者的深刻反思。

一是社会转型带来的负面影响。随着社会的发展，"高等教育比过去更加是社会的一部分"①，现代大学再也不是远离世俗的象牙塔，社会的发展变化必然深刻影响大学的方方面面。我国正处于改革发展攻坚期和深水期，经济结构的重大调整和转型升级必然带来利益关系的深刻变化以及社会价值选择的偏差。这一深刻变化也必然映射到大学的科研管理领域，并诱发科研评价的功利化趋向，"抢占"更多科研资源取代了"探索未知"的科研使命，科学研究变质为抢夺利益的工具，背离了科学研究探索未知、追求真理的原初旨意，并由此滋生学术造假和学术腐败。正如学者指出的那样，"我国目前存在的学术诚信问题，不仅反映了学术界诚信意识和诚信机制的薄弱，而且折射出其背后的社会环境和浮夸文化土壤"②。因此，从深层次讲，转型期价值观念的扭曲正是导致大学科研评价旨意悖离的社会原因。

二是行政考评体系导向的偏差。纵观当下各级政府科研管理部门的科研考评制度体系，无论是教育部对直属高校的考核评价，还是省级政府对地方院校的考核评估，还是各级各类科技奖励的申报评定，乃至各级各类重点学科和重点基地申报以及各类高层次人才评选，多侧重于形式化的"数量考核"，论文、项目、专利、奖项的数量和级别成为科研评价体系中的核心内容。有的评优评奖项目甚至对学校或团队的"人均产出率"都有严

---

① 克拉克·克尔. 高等教育不能回避的历史——21 世纪的问题[M]. 王承绪，译. 杭州：浙江教育出版社，2001：273.

② 杨卫. 学术诚信是大学精神的根本[J]. 光明日报，2012-04-23(16).

格的要求，致使大学为了获得更多的经费投入、学者为了拿到更高的学术头衔而片面追求科研成果的数量和形式，牺牲了科学研究的天然本真，导致部分高校教师"学术造假"，走上"学术寻租"的道路，从而引发深受社会诟病的"学术腐败"。

三是大学排行榜引发大学的浮躁。在社会越来越关注高等教育质量的今天，铺天盖地而来的国内外各种大学排行榜，也是引发大学科研评价滋生浮躁的重要原因。综观当今世界几种主要大学排行榜，无论英国 QS 世界大学排名，还是美国 News 世界大学排名以及我国上海交通大学世界大学排名和武书连的世界大学排名，论文被引次数、科研经费数、获奖项目数以及重量级科学家人数等"数量化"指标仍居评价体系的主导地位。这种以"量化"为主导的大学排名在无形中紧紧牵住了大学科研评价的"牛鼻子"，部分大学因此而陷入"唯数量"的学术评价怪圈而难以自拔，"跻身排名榜前列就是世界一流大学的根本证据"①成为许多大学的"共识"。大学为了提升自己的社会声誉，争取更靠前的排名，层层传导科研压力，层层分解科研任务，搞论文、项目"数量摊派"，使学者们不得不拼命发论文、报专利、拿项目、争奖项，严重扭曲了大学学术生态。

四是大学认知错误加剧了悖离科研评价旨意。一些高校领导对科学研究活动的规律缺乏正确的认识是导致大学科研评价背离旨意的最直接原因。有的高校领导片面认为"抓质量首先要抓数量"，发论文、拿项目、报奖项、获头衔才是"硬道理"，因而片面追求科研统计报表上数字的"光鲜"，把"统计数字的增长"当作"科研实力的提升"，视为治校办学的"显著业绩"，从而误导全校上上下下都忙于为科研数量而"奋斗"。在此错误认识指导下，大学科研评价也变成高校科研管理部门一件"非常简单"的事情，只要统计出具体"增长"数字，能够识别刊物、奖项和项目的级别便万事大吉，大学学术委员会等学术共同体的参与便显得"多余"了，高校学术

---

① 约翰·奥伯雷·道格拉斯. 从排行到适切：论旗舰大学的范式转型[J]. 徐丹，熊艳青，译. 大学教育科学，2016(3)：4-22.

权力让位行政权力也就成为心照不宣的"正常"现象。

三、回归科研评价旨意的路径

从表面上看，大学科研评价问题似乎只是大学内部治理体系的一个简单问题，实则是一个牵涉方方面面的非常复杂的系统工程。大学是社会的一面镜子，大学校园就是社会的缩影。在现代大学日益走进社会中心、与社会的联系变得比以前任何时代更加紧密的今天，要使大学科研评价回归旨意绝不是一件仅凭单方主体努力就能一劳永逸的事情。因此，要实现"双一流"建设目标，要回归大学科研评价的旨意，需要社会、政府、高校、评价者等相关主体达成对科研旨意的共同认识，并在此基础上采取目标一致的协作联动，以加强社会文化建设、政府政策导向转轨、大学内部治理体系改革为着力点，构建相互衔接的协同化科研评价体系，这样才能真正收到"治本"之效，进而促进大学科研评价工作健康发展。

(一)加强社会文化建设，引导社会树立正确的科研价值观

社会文化特别是科研文化是影响和制约一个国家科技进步的深层因素，一个崇尚科学、尊重科学的社会一定是一个科技高度发达的社会。现代大学与社会环境的相互依存关系决定了优良的社会文化对于一所大学健康开展科学研究的重要意义。在大学更加成为社会重要组成部分的今天，现代大学更加离不开理解和尊重科学研究规律的优良社会文化土壤，它是一所大学能够远离浮躁、潜心问道、探索未知、发现真理的深厚根基。当前，我国社会正处于急剧变革期、转型换档期。一方面，日趋激烈的国际科技竞争形势更加凸显了国家通过科研评价提升大学科技创新能力的紧迫性和重要性；另一方面，社会转型过程中因利益关系的重新调整所带来的社会价值观念扭曲也强烈冲击着大学科研评价的价值取向。因此，各级政府应当系统设计，加强社会文化建设统筹规划，把科研文化建设纳入社会事业建设与发展规划，使社会主义核心价值观深入社会、深入民心。与此同时，负有科技文化宣传职责的社会组织应当把科研文化建设列入科技年

度工作计划内容，通过科学知识普及、科技创造事例宣传、科研规律解释等途径引导社会公众正确认识科学、理解科学，进而尊重科学研究活动规律，帮助他们树立正确的科研价值观，克服浮躁、功利的科研价值观，从而营造优良的社会科研文化生态，让大学科研回归宁静，使广大科研工作者潜心问道，真正"为天地立心，为生民立命，为往圣继绝学，为万世开太平"。这才是回归大学科研评价旨意的治本之策。

(二)转变政府管理职能，优化科研评价的宏观顶层设计

应当看到，随着科技创新对国家和社会发展进步作用的日益凸显，国家教育行政主管部门高度重视科技管理。早在1993年，我国就出台了《科学技术进步法》，把科技管理工作纳入了法制化轨道，对于促进科技事业的健康发展和保障科学研究服务社会主义现代化建设事业发挥了极其重要的作用。显然，政府作为大学科学研究的投资者和利益相关者，加强对大学科学研究的评价管理既是应当的，也是非常必要的，但也是有边界、有限度的，不宜管得过多、过细，而主要应通过法律规制和政策引导等宏观手段引领大学科研事业的健康发展、优质发展。因此，加强政府职能部门对大学科研管理的宏观统筹和顶层设计以保证正确的评价导向，应当是当下回归大学科研评价旨意的关键之举。发挥政府对大学科研评价的宏观统筹作用，要重点做好两项政策导向转变工作：一是要把政府管理目标从"数量考核"转变到"质量考核"的轨道上来。国家教育行政主管部门和各级政府职能部门应当充分尊重科学研究的成长规律，在科研考核、学科评估、基地评价、奖项评定、人才评选等方面淡化"数量指标"，突出"质量内涵"，注重实际贡献；二是要把政府管理方式从"主导评价"转变到"监督评价"的轨道上来。除特别要求和特殊情况外，要尽量减少国家教育行政主管部门和各级政府职能部门作为评价主体直接参与甚至主导科研评价活动的数量，要更多地通过宏观政策调控途径引导和指导大学加强内部科研评价体系建设，充分发挥学术共同体中同行专家在科研评价方面的学术主导作用，同时要积极引导和支持第三方社会独立评估机构参与大学的科研

评价，着力加强与科研评价配套的责任机制、制约机制和信息化平台建设，充分发挥政府对科研宏观管理的监督和保障作用。

(三)完善大学内部治理，健全科研评价的制度体系

大学科研评价虽然受社会文化环境特别是价值观念的深刻影响和国家科研评价政策制度的宏观制约，但大学内部治理体系的建设水平却是最直接的制约因素，是直接影响广大学者科研价值取向的"指挥棒"，直接决定着一所大学的科研评价生态。科研评价是大学内部治理结构体系的重要组成部分，与高校的教学工作、人才培养、社会服务和文化传承有着千丝万缕的联系，绝不是"头痛医头、脚痛医脚"的单一改革就能解决的问题。高校必须牢固树立"质量第一，内涵至上"的科研质量观，立足长远，站在学校协调发展、可持续发展和内涵发展的战略高度，把科研评价纳入学校事业发展全局中科学统筹谋划，即通过深化内部治理体系综合改革，建立健全符合科研成长规律的评价制度体系，才能激发学者科技创新的活力，回归大学科研评价的本真。大学科研评价制度体系建设是一个系统工程，要针对目前大学科研评价存在的突出问题，着力从评价主体、评价标准、职称评聘机制、容错机制四个方面构建公正、客观的科研评价体制机制。一是构建多元主体参与评价机制。要建立健全经费资助者、项目受益人、同行专家等科研利益相关者共同参与科研评价的多方评价机制，杜绝行政权力越位学术权力、"外行评价内行"、"一家说了算"的弊端。二是审慎构建科研评价的标准体系。评价理念决定评价标准，评价标准决定评价质量。评价标准的选择要在充分考虑不同学科和不同对象差异性的基础上，淡化数量和形式，突出质量和贡献，从而引导广大科研工作者克服浮躁心理，使其能够真正潜下心来问学求真，出大学问、真学问。比如，可以通过适当增强外审专家数量、增加代表作数量等方法进一步优化现有的"代表作"制度；还可以开展社会民意测评和公示等方式，进一步增强科研评价的社会透明度等。三是完善教师职称评聘机制。要认真贯彻中共中央、国务院《关于深化职称制度改革制度的意见》的精神，突出评价对象的业绩水平和

实际贡献，丰富职称评价方式，拓展职称评价人员范围，推进职称评审社会化，加强职称评审监督。四是建立宽容失败的容错机制。科学研究是探索未知的事业，不排除失败的风险。大学应当具有宽容失败的宽广胸怀，只有解除学者因科研失败承担后果的担忧，才能使更多的学者不畏艰险、勇于攀登科学高峰，从而培育出广大学者乐于创新、敢于冒险的科学探究精神。

(四)完善评价专家奖惩机制，大力营造诚信评价的文化氛围

营造优良的科研评价生态，既需要良好的社会文化环境、正确的评价导向，也需要诚信的评价职业道德。科研评价主体的职业道德素质也是直接影响和决定评价结果的重要因素。对于评价对象来讲，评价主体直接掌握着评价的"生杀大权"，甚至在很大程度上决定评价对象的"科研命运"，在科研评价体系中占有极其重要的地位。正是由于科研评价主体的这一特殊地位和重要作用，使得评价专家往往成为一些"学术钻营者"的"攻关对象"，这也是导致"学术权力寻租"进而滋生"学术腐败"的重要根源。要真正发挥科研评价作为激励广大学者崇尚科学、追求真理、甘于奉献的科学精神的"杠杆"作用，必须从机制上进一步加强学术评价权力的监督和制约，从而增强评价主体的责任意识、使命意识，避免科研评价的"人情怪圈"，使大学科研评价回归健康的学术生态。目前，我国上自国家教育行政主管部门、下至地方政府和各高校都已建立了较为系统的对于科学研究者的学术道德规范，但对于科研评价主体的责任追究、奖惩机制建设大多停留于口头上，缺乏制度化、规范化和长效化措施。鉴于此，各级科研管理部门应当根据科研评价的旨意制定科研评价主体的职业道德规范，明确评价主体的道德素质要求，使广大评价专家本着尊重科学、发展学术的高度使命感和对评价对象高度负责的责任感，忠实履行科研评价的职责，自觉拒绝"学术权力寻租"，对科研成果的价值作出独立、客观、公正的判断。

第三章　一流人才培养研究

第一节　我国创新人才培养"特区"实证研究 *

在科技时代，世界各国都把培养创新人才作为占领未来制高点的战略选择。作为人才培养体系最顶端的大学，高扬"服务社会"的神圣使命，纷纷把培养"拔尖创新人才"作为人才培养改革的主要目标，特别是许多教育部直属大学专设具有独立建制的"创新人才培养特区"（以下简称"特区"），配以一流师资、创造一流条件、营造一流氛围、实行一流管理，如北京大学元培学院、浙江大学竺可桢学院、上海交通大学致远学院、复旦大学复旦学院、武汉大学弘毅学堂、重庆大学弘深学院等，成为中国大学创新人才培养模式改革与创新的缩影和"国内高等教育改革的领头羊"①。据统计，在教育部直属 75 所大学中，有 34 所高校创办人才培养新型学院或各种创新实验班②。本节以北京大学元培学院、上海交通大学致远学院和重庆大学弘深学院为研究对象，系统收集三所大学相关学院对外网站宣传资料并进行分类整理，对三个本科创新人才培养"特区"近几年来关于创新人

＊　本节根据作者发表于《重庆大学学报（社会科学版）》2014 年第 2 期的文章《创新人才培养"特区"实证研究》整理而成。

　①　李雄鹰．我国重点大学创新人才培养实验班的实践与反思[J]．研究生教育研究，2012(6)：15-19.
　②　陈金江．中国大学本科精英学院运行模式研究——基于多案例的分析[D]．武汉：华中科技大学，2010：14.

才培养实施情况进行综合分析，辅之以部分学生的访谈交流，主要从人才培养目标、培养模式、学生课程和专业自由权、国际化教育等四个方面进行总结，同时与美国一流大学的先进经验相比较，总结成功的经验，发现存在的问题，提出改进的建议。

北京大学元培学院正式成立于2007年9月，其前身为北京大学元培计划实验班，是北京大学在创建世界一流大学过程中，为适应新时期发展需要，建立面向世界、面向未来、面向现代化的本科人才培养模式改革的探索。"元培"一词取自北大老校长蔡元培之名。2009年元培学院成为教育部首批国家创新人才培养之改革计划实验区，同年获得北京市优秀教学成果特等奖和国家级优秀教学成果一等奖。

上海交通大学致远学院正式成立于2010年1月，其前身为上海交大理科班，是上海交通大学为培养热爱科学研究，具有扎实数理基础、创新意识和批判性质疑精神以及强烈社会责任感的未来科学大师而成立的基础学科拔尖学生培养特区。2010年12月，以致远学院为依托的上海交通大学基础学科拔尖学生培养试验计划被正式纳入国家教育体制改革试点项目。

重庆大学弘深学院正式成立于2010年3月，其前身为重庆大学理工综合班，是重庆大学为了提高人才培养质量，专门培养拔尖创新人才而成立的创新实验学院。"弘深"一词取自1929年《重庆大学筹备会成立宣言》中"当有完备弘深之大学一所"之义。自2011级开始，弘深学院设有经管大类、机械大类、电子信息大类、电气大类和土建大类五个实验班。

一、我国创新人才培养的经验与突破

(一)人才培养目标

人才培养目标实质上是"培养什么样的人"的根本问题。实际上"是学校对受教育者身心发展所提出的具体标准和要求。它是教育目的在学校中的具体体现，同时是学校课程和教学目标的直接依据"①。三个"特区"总体上都明确了培养"创新人才"的目标(见表 3-1)，表明学校已经实现了人才培养观念的变革，说明大学对创新人才的内涵有了更加深入的理解与把握，对创新人才素质要求的认识更加清晰和具体。只是三者在人才培养目标的具体表述上稍有差异：元培学院表述为"高素质人才"、致远学院表述为"未来科学大师"、重庆大学直接表述为"拔尖创新人才"。但"宽厚基础""创新意识""动手能力"是三个"特区"创新人才培养目标的共同点。这些表述与三所大学以前的较为"模糊"的人才培养目标表述更明确。以重庆大学为例，2006 年重庆大学的本科招生简章表述为"全面贯彻党和国家的教育方针，把培养高素质创新型人才作为学校的根本任务，确立了厚基础、宽口径、强能力、高素质的本科人才培养目标"。这是大学在人才培养理念上的重大突破和思想认识上的深刻变革，从而改变了我国大学此前在人才培养目标上的"工具人"主义色彩。② 这就为创新人才的培养在实践中的真正落实提供了科学的思想基础和理论指南。

表 3-1   三个"特区"的人才培养目标

特区	人才培养目标
北京大学元培学院	培养基础知识宽厚、创新意识强烈、具有良好自学和动手能力的适应性强的高素质人才。
上海交大致远学院	培养热爱科学研究，具有扎实数理基础、创新意识和批判性质疑精神，以及强烈社会责任感的未来科学大师。
重庆大学弘深学院	培养"厚基础、宽口径、强能力、高素质、复合型、国际化"的拔尖创新人才。

---

① 柳海民. 教育学原理[M]. 北京：高等教育出版社，2011：132.
② 郭明顺. 大学理念视角下本科人才培养目标反思[J]. 高等教育研究，2008(12)：84-88.

（二）人才培养模式

在人才培养模式上，三个"特区"基本上均采用了国际上通行的人才培养模式，特别是美国一流大学的先进做法（见表3-2）。其共同点有四：第一，都采取"通识教育与专业教育相结合"的模式，即低年级实行通识教育，高年级开展专业教育，有利于学生知识结构的完善。第二，管理上实行全程式的单独招生和单独管理（弘深学院与其他两个学院略有差异），且三者都是学校独立建制的二级学院，有的学院院长还是校长亲自挂帅（如上海交大致远学院），这有利于宏观协调，配置优势资源，实现管理高效。第三，都强调对学生学业的指导。北大元培学院聘请资深教授为导师（校长聘任），并有明确的《导师制实施办法》，还邀请各学科领域的佼佼者担任课外导师，通过讲座、座谈等形式开阔学生知识视野，为同学们指点人生、启迪智慧；上海交大致远学院请邀请国际国内著名专家教授授课并担任导师，学生可以直接与国际一流学者对话。重庆大学弘深学院还给学生分别配备了学业导师和学术导师，分别负责对学生进行学业和学术指导。第四，均注重学生参与导师科研。无论是北大元培学院，还是上海交大致远学院和重庆大学弘深学院，在实行导师制的同时，利用导师的科研资源和学术优势，鼓励学生参与导师科研活动，如致远学院明确要求学生参与指导教师的研究课题；元培学院设立专项基金支持学生的学术科研活动，对学生科研进行全程全方位指导。可见，三个创新人才培养"特区"基本上改变了过去相对单一的人才培养模式，不仅在人才培养理念上取得了突破，而且从配备一流师资、创造一流条件、实行一流管理等各方面给予有力保障，较好地克服了过去"人才培养目标与人才培养其他要素之间的矛盾"①，使本科生创新人才培养初步走上了以通识教育为基础、以个性发展为导向、以创新能力培养为重点的通识教育与专业教育相结合的轨道，表

① 刘英，高广君.高校人才培养模式的改革及其策略[J].黑龙江高教研究，2010(1)：127-129.

明中国大学创新人才培养已经迈出了实质性的步伐。

表 3-2　　　　　　　　　三个"特区"的人才培养模式

特区	人才培养模式
北京大学元培学院	"通识教育 + 专业教育"：低年级(一般为 1~1.5 年) 实行通识教育，高年级宽口径专业教育，自主选择课程与专业，同时实行弹性学制和导师制。鼓励和支持学生参与科研。本科阶段皆由元培学院单独招生和单独集中管理。
上海交大致远学院	"主修 + 辅修"：学生从大一开始在必修数学分析、线性代数、物理学引论等数理课程基础上，在数学、物理学、生命科学和计算机科学领域内跨专业选修课程。明确要求学生参与指导教师的研究课题。本科阶段皆由致远学院单独管理。学生入学时可立即确定专业方向，也可一年或两年后确定专业方向。
重庆大学弘深学院	"2+X"或"2+2"模式：一、二年级弘深学院单独集中管理，实行通识教育，后两年(或以后读硕、博) 进入专业学院学习(管理方式转变为专业学院个性管理为主，弘深学院管理为辅)。鼓励支持学生在导师指导下开展科研活动，并制定相应的科研(含各类科技竞赛) 成果的激励措施。

(三)学生课程和专业选择自由

20 世纪西班牙著名的思想家和社会活动家、马德里大学前教授奥尔特加·加塞特在其名著《大学的使命》中说道："人类如果没有热情，那么生活将会很贫困。"①同样，如果学生学习没有热情，将会认为学习是一件痛

---

① 　奥尔特加·加塞特. 大学的使命[M]. 杭州：浙江教育出版社，2001：33.

苦的事情，他就会"把读书阶段看作是职业生涯开始前的痛苦煎熬"①。培养创新人才，首先必须尊重学生"学习的自由"②。在这方面，三个"特区"都赋予学生很大的课程和专业自由选择权，一是学生可以自由选修课程；二是学生可以自由选择和决定专业(见表3-3)。在课程选择方面，三个"特区"虽然有所差异，但都明确了一定的自由选择度：实行在教学计划和导师指导下自由选课为基础的学分制，即学生在导师指导下和教学计划允许条件下学生可以自由选择学习课程。在专业选择权方面，学生有充分的自由选择权，三个"特区"都给予学生一定的专业思考"缓冲区"，等学生们对大学学习有了一定的认识后，再确定自己的专业。原则上，"缓冲期"后学生均可以自由选择和确定自己的专业。赋予学生课程和专业自由选择权，表明中国大学已经把"人的主体性"摆到了应有的高度，尊重学生的个性差异、尊重学生的兴趣需要、尊重学生的创造热情，这使学生们"觉得他们是在真正地进行学习，而不只是在演奏智力的小步舞曲"③。体现了中国高等教育"本质的回归"，体现了以人为本的人才培养理念，为充分发挥学生学习的积极性、主动性和创造性插上了腾飞的翅膀。

表3-3　　　　　　　　三个"特区"的学生课程和专业选择权

特区	学生课程与专业选择权
北京大学元培学院	自由选择课程：低年级阶段(通常为1~1.5年)，学生根据自身特点和兴趣在教学计划和导师指导下自由选择通识教育课和平台课；自由选择专业：高年级阶段，学生在导师指导下自由选择和确定学习的专业领域。

① 卡尔·雅斯贝尔斯.大学之理念[M].邱立波，译.北京：人民出版社，2007：66.

② 约翰·S.布鲁贝克.高等教育哲学[M].王承绪，译.杭州：浙江教育出版社，1987：58.

③ 怀特海.教育的目的[M].庄莲平，译.上海：文汇出版社，2012：13.

续表

特区	学生课程与专业选择权
上海交大致远学院	鼓励学生选择一个主修方向和一个辅修方向;学生从大一开始在必修数学分析、线性代数、物理学引论等数理课程基础上,至少选修一门生物或计算机等方向的导论性课程。学生入学时可确定专业方向,也可一年或两年后确定专业方向。
重庆大学弘深学院	前两年在弘深学院学习规定的通识教育必修课程,第四学期结束时,根据自身特点和已选修的学科专业模块,在导师指导下提出拟进入专业申请。原则上学生可以自主选择专业。

(四)国际化教育

重视国际化教育也是三个"特区"创新人才培养的一个亮点,三者都高度重视"高等教育国际化的特殊作用",意识到中国"高等教育不能在闭门造车中寻求发展,而是要主动应对全球化对教育提出的重大挑战"[①],都设有促进国际交流的国际合作项目,与国际一流大学建立了合作关系(见表3-4)。以元培学院和致远学院为例,元培学院与美国耶鲁大学等多所国内外大学建立了合作关系,开设和举办英文课程、国际交换项目、国际交流论坛等多项活动和项目。据其网站公布,在2011届毕业生中,去海外大学读研的有81人,占毕业生总人数的47.9%。致远学院除有与国际一流学府短期交流等项目外,还聘请了一批国际一流大学知名教授担任主讲教师,1/3左右课程由国际著名教授亲自授课。据其网站公布,截至2012年6月9日,94名教师给致远学院学子开设了101门专业课程,其中包括39名海外学者。

---

① 陈昌贵,翁丽霞.高等教育国际化与创新人才培养[J].高等教育研究,2008(6):77-82.

表 3-4 三个"特区"的国际化教育

特区	国际化教育
北京大学元培学院	与耶鲁大学等多所国内外大学建立了合作关系,开设有英文课程,国际交换项目、国际论坛。
上海交大致远学院	国际一流的学府的短期交流项目、中国留学基金委—耶鲁生物医学世界学者项目、微软亚洲研究院拔尖学生联合培养项目。
重庆大学弘深学院	邀请海外著名大学学者来院讲学、选派学生到海外著名大学短期交流项目、联合培养项目。

二、我国创新人才培养的问题分析

(一)目标有待细化

如果把三个"特区"的人才培养目标与美国哈佛大学的人才培养目标相比,就会发现,哈佛大学的人才培养目标非常明确、具体和务实,表述中甚至还举出了实现"自由教育"目标的途径要求。而三个"特区"人才培养目标的表述则显得相对宏观而空泛,类似"创新意识强烈""厚基础""高素质""复合型"之类的表述较为模糊(见表 3-5)。客观反映出我们对创新人才培养目标的把握还不够清晰,还停留于宏观的理解和认识。当然,这也无可厚非,因为西方已有自 19 世纪 50 年代以来英国纽曼倡导的"自由教育"思想传统和近两百年的自由教育实践,而中国还处于创新人才培养的起步和探索之中。

表 3-5   三个"特区"的人才培养目标表述

特区	人才培养目标表述
哈佛大学	自由教育。自由教育的目的是动摇陈见,是使熟悉的变成不熟悉的,揭示隐藏在表面之下与之后的东西,摒弃原来方向并帮助他们找到确定新方向的方法。通过教会学生质疑陈规,促进自我反思,训练批判性的、分析性的思考,让他们体验一种由于接触极其不同的历史事件与文化现象而产生的疏离感,这种事件与文化是超越他们甚至是我们教师自己理解能力的东西,自由教育由此达到目的。①
普林斯顿大学	12 项创新人才培养目标:清楚的思维、表达和写作能力;批评的方式、系统的推理能力;形成概念和解决问题的能力;独立思考能力;敢于创新和独立工作能力;与他人合作能力;判断什么意味着彻底理解某种东西的能力;辨识主要的东西与琐碎的东西、持久的东西与短暂的东西的能力;熟悉不同的思维方式;具有某一领域知识的深度;观察不同学科、文化、理念相关之处的能力;一生求学不止的能力。②
北京大学元培学院	培养基础知识宽厚、创新意识强烈、具有良好自学和动手能力的适应性强的高素质人才。
上海交大致远学院	培养热爱科学研究,具有扎实数理基础、创新意识和批判性质疑精神,以及强烈社会责任感的未来科学大师。
重庆大学弘深学院	培养"厚基础、宽口径、强能力、高素质、复合型、国际化"的拔尖创新人才。

---

① 徐高明,张红霞. 我国一流大学创新人才培养模式的新突破与老问题[J]. 复旦教育论坛,2010(6):61-66.

② 普林斯顿表述[DB/OL]. [2013-02-01]. http://www.doc88.com/P-778453461119. html.

（二）通专有待衔接

三个"特区"的创新人才培养模式都注重通识教育与专业教育相贯通的理念（见表3-2），但与美国一流大学的人才培养模式相比较，在实践中如何处理好通识教育与专业教育的衔接、实现通识教育与专业教育的平稳过渡的问题上仍存在较大差异。笔者在与已经从弘深学院"分流"到专业学院的部分大三学生的访谈中了解到，他们在低年级所修的通识课程"有些课程与我现在所学的专业好像没有多少联系"。学者甘阳认为，"我国大学对通识教育的普遍误解在于，不是把通识课程看成本科的主要课程和基础学术训练，而是把它看成仅仅是主课以外扩大一点学生的知识面"①。有学者把美国一流大学的通识教育模式归纳为哥伦比亚模式、芝加哥模式、斯坦福模式、哈佛模式四大类。② 尽管四种模式各有特点，但均重视通识教育与专业教育的有机整合。值得注意的是，美国大学并不是机械地两年通识、两年专业的二分法，而是通过处理好通识课程与专业课程的内在衔接性，将两者有机地整合起来，使二者既能有机衔接，又能并行不悖。美国高校协会（AAC）出版的《高校课程的整体性》和《通识教育的新活力》两书均非常强调课程之间的连贯性和知识的整体性。③ 中外大学在这方面的差异，并非偶然。美国大学在处理通识教育与专业教育问题上的成功也非一蹴而就，它成熟于美国大学将西欧的自由教育思想与美国的本土化改革相结合而产生的长期教育实践。因此，中国大学在这方面必然有一段探索的过程。

（三）师资有待提高

通识教育不是简单的"知识面"教育，必然要求具备一支高素质的真正

---

① 甘阳.大学通识教育的两个中心环节[J].读书，2006（4）：3-12.

② 徐绍华.美国大学通识教育经验的借鉴与启示[J].昆明理工大学学报：社会科学版，2009（6）：82-87.

③ 徐高明，张红霞.我国一流大学创新人才培养模式的新突破与老问题[J].复旦教育论坛，2010（6）：61-66.

能够胜任通识课程的教师队伍。正如学者所言"通识教育的理念，必然要求通识课程教师具有多学科的研究功底，并能以合理的方式进行多学科的融合，从而达到育人的目的"①，"通识教育的根本在于思想和精神的引领，通过通识教育，要让学生在思想上、心灵上有所滋养和充实，尤其在理想信念上有所建构和提振"②。哈佛大学 2007 年颁布的《通识教育工作组报告》(Report of the Task Force on General Education)将通识教育的使命表述为"哈佛的教育是一种自由教育，是让学生自由学习、探索和反思的教育，是培养人的理智和心灵的教育"，"帮助学生用抽象的概念或已有知识去理解和解决具体问题，使学生意识到，他们现在的学习对他们将来的人生及离开学院后的生活有重要影响"③。哈佛大学对通识课程和通识课程教师都有严格的审查制度，其通识教育的核心课程委员会要对通识课程和承担通识课程教学的教师进行严格的审查。前哈佛学院院长刘易斯说："通过核心课程委员会对课程的逐一审查，那些昔日混迹于通识教育课程的不良科目、不合格教师被清除出去了。"④可见，以高素质的通识教育课程教师队伍作保障，是一流大学通识教育的成功经验。这方面，在与三个"特区"部分教师的交流中了解到，尽管聘请了部分海外一流大学专家学者主讲课程(如上海交大致远学院)，但承担通识教育课程的主体仍然是校内教师，总体上，大师级领军人才和高水平的教学科研团队承担通识教育核心课程的主讲并不占多数，显然教师的水平有待提高。

---

① 任伟伟. 通识教育的现状审思与路径探寻[J]. 教育发展研究，2011(Z1)：113-117.
② 刘承功. 通识教育的根本在于思想和精神的引领[J]. 上海教育，2010(10)：30.
③ 李桂红. 哈佛大学通识教育课程改革研究[J]. 高教发展与评估，2012(2)：81-85.
④ 李桂红. 哈佛大学通识教育课程改革研究[J]. 高教发展与评估，2012(2)：81-85.

（四）特色有待提炼

与美国一流大学相比，不能充分展示各自人才培养目标的个性和特色。哈佛大学、耶鲁大学虽然都强调培养"领导""领袖"人才，但它们的人才培养目标具有各自的鲜明特色和独特个性：哈佛强调"个性魅力"、耶鲁强调"世界公民"。考察中国三个"特区"的创新人才培养的总体情况，宏观上并无多大差异（表3-1—表3-4）。以"人才培养目标"为例，三个"特区"的表述在精神实质上并无多大区别，表现出中国大学在创新人才培养目标上理解与认识的普遍雷同，这也反映出"我国许多高校人才培养目标表述上含糊趋同，似有千校一面之嫌，没有体现各自在高等教育体系中应有的类型特点和层次特征。这种定位缺乏清晰度，规格上缺乏区分度，是高校人才培养同质化在总体上的表现"①。人才培养目标是大学办学理念的直接体现，是展示大学办学特色的重要方面，如何结合国情校情，科学确定各具个性的培养目标（包括办学特色）是值得深入思考的问题。

三、我国创新人才培养的改进对策

自20世纪80年代中国科大成立"少年班"以来直到21世纪初的今天，中国大学一直没有放弃过"创新人才"培养改革发展道路的探索。虽然在改革实践过程中出现了一些需要反思和改进的问题，但这些问题毕竟是前进中的问题，又岂能阻拦改革创新的决心和前进的步伐？以中国教育部直属高校为主体掀起的这场"创新人才"培养改革与实践高潮，虽然总体上仍处于探索实践之中而远未全面铺开，但这些改革实践适应了中国社会经济、科技发展对创新人才需求的变化，代表了中国大学未来改革发展的希望。在这个意义上讲，三个"特区"的办学理念是正确的，其实践在总体上是成功的。只要我们锐意改革，勇于创新，按人才成长规律办学，按教育的规

---

① 欧飞兵．国内外人才培养目标探究［J］．吉林广播电视大学学报，2009(4)：68-70.

律办事，中国的创新人才一定会不断涌现。

第一，进一步明确创新人才培养目标。要根据各自的办学层次、办学类型、社会需要等因素综合确定切合学校实际的创新人才培养目标，并将培养目标细化为可操作、可评估、可检验的具体目标，避免模糊的、空洞的、概念式的口号目标。普林斯顿将创新人才培养目标细化为12项分目标就值得我们学习借鉴。

第二，强化通识与专业教育的贯通。通识教育与专业教育的有机结合，融会贯通，是世界一流大学创新人才培养的重要经验。中国大学界已经形成共识，其关键在于实践操作上真正贯彻落实：要从培养全面发展的人的总体要求出发，理清通识教育与专业教育的逻辑关系，科学规划和设计通识课程和专业课程的体系，配套以相应的教学内容、教学方法和管理措施，才能防止出现"两张皮"现象而促进二者相得益彰。

第三，切实加强教师队伍建设。通识教育强调文理贯通、古今贯通、中外贯通，因此，承担通识教育的教师的知识宽广度相对来说要求更高。这就要求大学要结合各自学校师资的实际情况，采取相应措施，加强教师队伍素质建设，努力提高教师队伍整体水平，才能把通识教育落到实处。

第四，进一步凝练办学特色。办学特色是一所大学在发展历程中形成的持久稳定的发展方式和被社会公认的、独特的、优良的办学特征。[1] 大学办学特色的灵魂是培养出与众不同的人才。[2] 大学的办学特色是历史的积淀，其形成需要一个过程。但是，一所大学要形成自己的特色，除了要有长期的办学实践外，笔者认为应当重点考虑两个方面：一要处理好继承与创新的关系；二要着力培育自己的优势。既要继承自己的办学传统，又要根据社会发展要求和教育规律办学，同时还要注重培育和打造"人无我有、人有我优"的优势。

---

① 储召生. 办学特色：大学的必然选择[N]. 中国教育报，2003-07-27.
② 章兢. 人才特色是高校办学特色的集中体现——兼论湖南大学的人才培养特色[J]. 中国高教研究，2005(10)：12-14.

第二节　世界名校科技创新人才培养的经验及启示 *

科学技术是第一生产力，科技创新永远是人类社会发展进步的核心推动力量。回顾人类发展史，其实就是一部科技创新史。党和国家历来高度重视科技创新人才的培养，江泽民同志讲"创新是一个民族进步的灵魂，是国家兴旺发达的不竭动力"。《国家中长期科学和技术发展规划纲要》(2006—2020)与《国家中长期教育改革和发展规划纲要》(2010—2020)都十分强调科技创新人才的培养。高校承担着为国家和社会培养高级专门人才的神圣使命，在高等教育正处于"大发展大变革大调整"的时期，高校应当以改革开放的博大胸怀，科学借鉴国外一流大学科技创新能力培养的成功经验，进一步建立健全适应中国经济社会发展和民族进步要求的大学生科技创新能力培养长效机制。鉴此，本节以世界名校哈佛大学为例，聚焦分析其科技创新人才培养的成功经验，以期获得一些有益启示。

一、世界名校大学生科技创新人才的培养机制

始建立于 1636 年的哈佛大学，是美国最古老的高等学府，也是全球最为著名的一流高校，被誉为世界一流大学的"王中之王"。哈佛大学成名成功，是因为它培养出了一流杰出人才，而培养一流杰出人才的关键在于其系统的学生科技创新能力培养机制。为全面了解哈佛大学学生科技创新能力培养机制，课题组中的部分教师在哈佛大学做访问学者期间实地考察并亲身感受了这所世界一流大学学生科技创新能力培养机制的做法，其经验可归纳为"一种理念，一套体系，一支队伍，一种文化"。

＊ 本节根据作者发表于《重庆大学学报(社会科学版)》2012 年第 6 期的文章《大学科技创新能力培养机制研究——哈佛大学的经验与启示》整理而成。

（一）一种理念——持续稳定的创新教育理念引领科技创新能力培养机制的构建

思想是行动的指南。哈佛大学之所以能够成为美国高校的成功典范，培养出一大批具有远见卓识和开拓精神的科技创新人才，根本原因在于它持续稳定的创新教育理念和与之相适应的配套机制。考察哈佛大学的创新教育思想史可以发现，哈佛大学以"独立思想为第一教育原则"[①]，这是哈佛大学科技创新人才培养指导思想的灵魂。这一点也可以从哈佛大学历任校长的教育理念中得到完美的体现。前校长陆登庭认为，大学主要努力的方向就是使学生能够成为参与发现、解释和创造新知识或形成新思想的人；第23任校长科南特总结哈佛大学办学方针时说："大学的荣誉，不在它的校舍和人数，而在于它一代又一代人的质量。"第24任校长普西对开发学生创造力意义的理解是"一个人是否具有创造力，是一流人才和三流人才的分岭"。在长期的办学历史中，哈佛大学沉淀了"卓越与特色、开放与交流、以人为本、可持续发展"为核心的创新教育理念，非常强调主动性学习、解决问题能力、独立思考能力、联想创造能力、持续钻研和终身学习能力、合作能力和社交能力。在创新教育理念的引领下，哈佛大学先后养出了30多位诺贝尔奖得主和30多名普利策奖获得者。

（二）一套体系——配套的人才培养体系把科技创新人才的培养落到了实处

为落实创新教育理念，哈佛大学构建和执行了一整套系统完整的创新人才培养体系，从而把创新教育理念具体化——落实到实际行动中。

一是以学生潜力为重的准入制度。哈佛大学的科技创新人才培养，首先从严把招生入学关开始。哈佛大学认为，"潜在的优秀的人才是唯一的

---

① 屈晓婷.哈佛大学理念与研究型大学的人才培养[J].高等农业教育，2007（8）：84-87.

入学标准"。智力、潜力、个性是哈佛大学招生委员会在招收学生时着重考虑的三个最基本的条件，尤其潜力是更加侧重考虑的因素(见表3-6)。学生必须证明自己的智力和潜力，展现自己的个性，并得到招生委员会的认可才能成为哈佛大学的学生。这种"非分数论"的综合化评价选拔方式营造了竞争的氛围，吸引和聚集了一大批优秀潜质人才到哈佛大学学习和深造，为哈佛大学杰出人才的培养奠定了坚实基础。

表3-6　　　　　　　　哈佛大学选拔学生入学的条件

选拔标准	考虑权重	评价等级
智力因素	30%	Ⅰ、Ⅱ、Ⅲ、Ⅳ
潜力(潜质)	40%	Ⅰ、Ⅱ、Ⅲ、Ⅳ
个性(气质)	20%	Ⅰ、Ⅱ、Ⅲ、Ⅳ
其他因素	10%	Ⅰ、Ⅱ、Ⅲ、Ⅳ

注：评价等级中"Ⅰ、Ⅱ、Ⅲ、Ⅳ"分别表示优秀、良好、一般、较差。

　　二是以学生为主体的课程设置体系(见表3-7)。"大学教育应该为学生敞开一扇门，使他们有机会接触到新思想，获得新的观点。"①哈佛大学的课程设置充分尊重学生的兴趣和发展需要。表现在两个方面：其一，学生有设立新课程的申请权。学校鼓励学生自我探索和设计新的课程和专业，并提供制度路径支持。哈佛学生在组织课外讨论和学术讲座的过程中形成的一些设想如果不能被现有的课程体系所涵盖，就可以向哈佛本科学院教学委员会提出课程需求申请，经课程委员会审核同意，即可列为哈佛大学课程体系中的一门正式课程(在耶鲁，平均每年约有40门课程是学生申请设立的)。其二，课程体系充分尊重了学生个性。哈佛大学为了满足学生的个性需求，学校没有整齐划一的教学计划，各专业本科生的教学计划都

①　德雷克·博克. 回归大学之道——对美国大学本科教育的反思与展望[M]. 侯定凯，等译. 上海：华东师范大学出版社，2008：153.

不相同，如果说有统一计划，那也是一个由各类必修课、限选课和任选课组成的庞大的课程体系，特别是在课程体系中，任选课所占的比重几乎接近总学分的一半，从而给学生提供很大的自由选择度，对于开阔学生视野、促进个性发展和培养创新意识起到了巨大的促进作用。

三是以学生发展为目标的通识教育。1828 年，耶鲁最早在本科生教育中引入通识教育课程，之后在全美流行开来。① 哈佛大学本科教育学制一般为四年，前两年不分专业，集中进行通识教育，既为后两年的学习打下基础，也为学生拓展知识面、培养学生兴趣提供平台。其通识教育课程在课程体系中的比例接近 1/3（见表 3-7），通识课程不仅内容广泛，而且注重科学与人文的融合。在通识课程体系中，不仅有自然科学、社会科学，还有道德伦理、文化艺术等课程。以哈佛大学 2009 年开设的课程体系为例，涉及通识教育的学科领域就达到 11 个，要求跨专业领域修读的课程达到 12 门（表 3-8）。这表明哈佛大学的课程设置是从学生的未来发展需要出发而灵活确定的，而不是人们通常认为的"纯粹的实用主义"的教育目的观的体现。

表 3-7　　　　　　　　　哈佛大学课程体系设置情况表

课程类型	课程属性	占总学分的权重
必修课程（通识课程）	学生必须修学的课程及各领域内至少应修的课程门数（或最低学分）	20%～25%
核心课程（主修课程）	学科基本内容，以给学生提供共同知识背景为目的的通识教育课程	20%～30%
自由课程（任修课程）	学生根据兴趣爱好所选修的课程	40%
申请课程（学生申请）	学生申请经课程委员会审核同意后正式列入课程体系的课程	5%～10%

注：表中数据指近 3 年来的课程占比统计情况。

---

① 马建生，孙珂. 美国高等教育创新机制浅析[J]. 比较教育研究，2010(5)：58-62.

表 3-8　　　美国部分大学本科通识教育的学科专业领域

学校名称	哈佛大学	耶鲁大学	斯坦福大学	普林斯顿大学
通识教育涉及领域	11 个	6 个	4 个	7~9 个
跨领域修读要求	12 门	12 门	9 门	7~11 门

注：表中统计数据来源于学者高有华、王银芬 2009 年的统计结果。①

四是以学生为主体的教学方式和方法。其教学目标是激发学生内在潜能，教会学生学习和研究的方法，教师们非常注重培养学生的独立思考能力、分析能力、批判能力和解决问题的能力，而不是单纯"传授知识"。为此，教师灵活运用多元化的教学方法，课内与课外相结合、教学与科研相结合、教学与实践相结合是哈佛大学教师的基本教学方式，与之相应的问题教学法、案例教学法、团队讨论法、小组学习法、科技活动法等灵活多样的教学方法使学生在探索性活动中不仅掌握了学习的方法，还学会了发现问题、分析问题和解决问题的方法，从而提高了学生的科技创新能力。更为重要的是，教师积极为学生发挥创造性思维创造条件，在教学过程中，教师通常不设立唯一正确的答案，目的在于促使学生寻找更好的解决方案。

五是"社会 + 学校"的人才培养模式。在学生培养模式上，为培养和提高学生的创新实践能力，哈佛大学十分注重与社会实践的联系，注重理论与实践的结合，积极推行"产学研"合作培养机制，把学校的培养延伸到社会生产和科研实践第一线。学生不仅参加导师的科研项目，与导师一起开展科学研究，还参与企业、公司的生产、经营和管理过程的各个环节。哈佛大学与许多著名社会企业和公司建立了广泛的"产学研联盟"，形成了融知识创新、技术创新、产品开发和人才培养于一体的教育实践平台。这种培养模式不仅加强了哈佛与社会的广泛联系，争取到更多的资金支持，而

① 高有华，王银芬 . 当代美国大学课程改革发展研究[J] . 中国电力教育，2009（8）：201-203.

且还为学生直接参与创新创造提供了广阔的实践空间，从而提高了学生的动手能力。

(三)一支队伍——高素质创新型教师队伍是科技创新能力培养机制的重要支撑

如果说哈佛的优秀是因为其培养的人才优秀，不如说哈佛的优秀是因为其拥有一支高素质创新型的教师队伍。为确保教师队伍素质，哈佛大学有非常严格的教师选拔制度。在哈佛，如果年轻人有志成为其终身教授，必须进入博士后流动站从事科研工作3年左右，然后才能向学校申请并经考察评审优秀方可成为助理教授，助理教授工作6年左右经考察评审优秀才能成为终身副教授，终身副教授再工作6年左右经考察评审优秀才能成为终身教授，而且每一环节都有可能被淘汰出局。"终身教授岗位的设置，既是无形的压力，又是无形的动力，为教师们设立一个非常诱人的、无法松懈的、长达15年之久的持续奋斗目标，它要求教师必须是成果丰硕的人，是献身科学的人，是不断创新的人。"①严格的教师选拔制度，造就了一支高素质创新型教师队伍，为大学生科技创新能力的培养提供了坚实的组织保障，也为学生的成长树立了成功的典范。

二、我国大学生科技创新能力培养的基本现状

在人才竞争日益激烈的今天，在党和国家的高度重视下，目前中国已基本形成了"国家重视，地方扶持，各方支持，学校实践"的大学生科技创新能力培养机制，并取得了可喜的成绩。主要表现在四个方面：其一，党和国家高度重视，已把科技创新人才培养纳入了国家和社会发展战略体系，明确提出了"科教兴国""人才强国"的战略要求和"建设创新型国家"的战略目标。《国家中长期教育改革和发展规划纲要》(2010—2020)也明确

---

① 庞雄奇. 美国培养创新型人才的五大保障及启示[J]. 国家教育行政学院学报，2010(9)：83-88.

要求各级各类学校要把创新人才培养放在突出位置，构建有利于学生创新能力培养的长效机制。其二，地方政府给予政策扶持，从建立科技孵化园、鼓励校企合作培养、出台毕业生自主创业优惠政策等方面予以大力扶持。其三，各方投入支持创新。目前，国家、地方和高校乃至社会企业等单位都积极以各种形式给予大学生科技创新活动以一定的经费扶持。其四，高校积极开展大学科技创新能力培养实践，目前已基本形成了国家、省、校的三级大学生科技创新竞赛活动体系，推动了中国大学生科技创新能力提高。特别是在共青团中央、中国科协、教育部、全国学联主办，国内著名大学和新闻单位联合发起和各高校积极组织学生参与的全国性"挑战杯"大学生课外科技作品竞赛活动的带动下，科技创新日益深入人心，科技成果产出日益丰富。

三、完善我国大学生科技创新能力培养机制的路径

健全完善大学生科技创新能力培养机制，是一个全员性、综合性、系统性、深刻性的创新工程，既需要思想和文化上创新，还需要制度上的配套保障和行动上的真正落实。笔者建议着力从以下几个路径构建中国大学生科技创新能力培养长效机制。

(一)牢固树立创新教育理念，始终把大学生科技创新能力培养摆到突出位置

思想是行动的指南，健全和完善大学生科技创、新能力培养机制必须首先解决教育理念问题。教育理念是教育发展的一种精神性、持续性和相对稳定性的价值追求，在引领教育改革和发展中发挥着方向性的规制作用。要进一步健全和完善大学生科技创新能力培养机制，必须首先进一步解放思想，树立"教育是引导，不是去左右；教育是解放，不是去控制"的创新教育理念①，坚持以学生为本，始终把创新人才培养放在突出位置，

---

① 张楚廷．教育哲学[M]．北京：教育科学出版社，2006：291．

要突破"知识传授型"旧观念的束缚,确立"智慧开发型"教育观念,并以开放的胸怀,科学借鉴西方发达国家一流高校大学生科技创新能力培养机制的成功经验,进一步健全和完善中国大学生科技创新能力培养机制,使之更长效、更科学、更规范。

(二)深化教育教学改革,进一步建立和健全大学生科技创新能力培养体系

培养和提高大学生科技创新能力,核心环节是要以改革创新的精神推进和深化教育教学改革,进一步建立和健全大学生科技创新能力培养体系。有学者呼吁"大范畴、大力度变革教学方法,是破解创新人才培养这一难题的重要突破口"①。就此,建议高校一要改革传统的"专业分块"教育模式,加强通识教育,奠定创新基础。二要改革传统的教学方式和方法,要理解教育的本质在于"帮助学生学会自己思考,作出独立的判断"②,真正从"教师中心、教材中心、课堂中心"转变到"学生中心、兴趣中心、问题中心"轨道,大力实施以启发诱导为主的探究式、问题式、讨论式和发现式的教学方法,引导学生学会学习、学会思考、学会创新。三要改革传统的课程体系,注重学科间的融合渗透,科学处理人文科学与自然科学、基础课程与专业课程、理论课程与实践课程、专业设置与社会需求的关系。四要改革传统的培养方式,坚持"产、学、研"相结合,坚持校内培养与校外实践相结合。五要改革传统的考试和评价方式,考试方式要从注重书本知识转变到注重学生创新能力考核,评价方式要从"唯分数论"转变到注重学生综合素质评价的轨道,从而引导学生协调发展、全面发展。

---

① 郭广生,李庆丰.培养创新人才呼唤教学方法大变革[J].中国高等教育,2011(18):7-10.

② 华东师范大学教育系,杭州大学教育系.现代西方资产阶级教育思想流派论著选[M].北京:人民教育出版社,1980:214.

（三）加强教师队伍建设，为大学生科技创新能力的培养提供强有力的组织保证

"大学的理念要通过教授的创造性劳动来实现。"①大学教师是育人的一线执行者，高校的人才培养工作是富有教师个性特征的创造性工作，有创新素质和创新精神的教师才会培养出有创新能力的学生。因此，培养大学生科技创新能力，关键在教师。同理，要进一步建立健全大学生科技创新能力培养机制，关键也在于建设一支富有创造力的高素质教师队伍。高校应当尽快通过人事制度改革让教师主动成为进一步深化教育教学改革、推动大学生科技创新能力培养的生力军。当然这种改革应当是"既合理的又合法的"的改革②。结合中国大学教师队伍的实际情况，笔者建议高校应当从教师的"选拔入口关""培养提高关""管理过程关""晋升发展关"四个环节全面加强教师队伍建设，努力打造一支具有创新精神而又热心于创新人才培养的高素质教师队伍，使大学教师成为"忠于教育的人，献身科学的人、开拓创新的人"。

（四）着力培养学生创新人格，全面提高大学生科技创新的综合素质

"非智力因素"是一个人创新成功的重要保证，而创新人格就是人的创新素质中一种非常重要的非智力因素，主要包括独立性、批判性、挑战性、坚韧性、进取性、合作性等个性特质。创新是一种非同寻常的创造性、开拓性活动，在创新过程中，往往更多的是失败而不是成功。因此，创新本身就需要一种特殊的人格，即创新人格。中国高校在进一步健全和完善大学生科技创新能力培养机制时，要特别重视大学生创新人格的培养，要在大学生中广泛而深入开展创新思想教育，尤其是要从正面引导青

---

① 张维迎. 大学的逻辑[M]. 北京：北京大学出版社，2005.
② 甘阳，李猛. 中国大学改革之道[M]. 上海：上海人民出版社，2004：191.

年大学生正确认识和对待创新实践，既要敢于创新，又不畏于创新失败，更要宽容失败、接纳失败和理解失败。

（五）大力建设校园创新文化，为大学生科技创新能力培养注入精神动力

大学校园文化是直接影响学生成长的重要环境因素，与其他因素相比，校园文化对大学生的影响更具有持久性和深刻性特点。"要把学生的创新潜能转化为现实创造力，必须注重氛围的营造"①。因此，大力建设和营造浓厚的大学校园创新文化，形成创新文化氛围是高校进一步建立健全大学生科技创新能力培养机制的一个不可缺少的重要环节。哈佛大学校园创新文化建设的成功经验表明，大学校园不能没有创新文化，没有创新文化的大学不可能培养出创新人才。这方面，建议高校要从制度层面、物质层面、精神层面等全方位加强大学校园文化建设，努力营造崇尚创新、追求创新、勇于创新的校园文化氛围，为中国高校大学生科技创新能力的培养注入持久的、深刻的精神动力。

第三节　一流大学视角下的一流研究生教育*

一流研究生教育是一流大学的主要特征。没有一流的研究生教育，就没有一流的大学。要加快建设世界一流大学，必须加快建设世界一流的研究生教育。这是由研究生教育在高等教育体系中的特殊地位和关键作用所决定的。如果从1981年正式建立学位制度、1984年全国首批试办研究生院算起，我国研究生教育发展至今不到40年。在这样的历史条件下，只有深刻认识一流研究生教育是一流大学的主要特征、深入领会一流研究生教

---

① 郭晋，张俊，梁洁. 培养大学生创新能力的五大策略[J]. 中国西部科技，2006（25）：74-75.

　　* 本节根据作者发表于《研究生教育研究》2017年第2期的文章《一流大学视角下一流研究生教育的思考》整理而成。

育对于一流大学的重要意义，进而树立科学的战略思维，选择超常规的改革路径，才能尽快建成世界一流的研究生教育，促进"中国特色、世界一流"大学的建设。

一、一流研究生教育是一流大学的主要特征

人们在研究牛津、剑桥、哈佛、耶鲁等当今世界一流大学的主要特征时，往往更多地关注其一流的本科生教育，而其一流的研究生教育则常常成为"被遗忘的角落"。事实上，无论从历史的长河考察，还是从现实的视角审视，一流的研究生教育都是世界一流大学的主要特征。

(一)历史上：世界一流大学的崛起得益于一流研究生教育的崛起

历史上，世界一流大学崛起的历史就是其研究生教育崛起的历史。众所周知，美国历史上第一所现代研究型大学并不是哈佛、耶鲁等老牌大学，而是后来居上的霍普金斯大学。1876年1月22日霍普金斯大学创立，其后在吉尔曼校长领导下，该校借鉴德国柏林大学的先进办学理念，在实用主义占据社会思潮主流的美国大学之林中，坚持以"自由探求真理"为办学灵魂并开展了大规模、制度化的研究生教育，其科学研究在极短的时间内声名鹊起，一跃成为美国当时最著名的一流研究大学。当时，在科研影响力上，即使是哈佛、耶鲁等经典老牌大学也稍逊一筹。"二战"时期，哈佛大学虽然参与了"曼哈顿计划"中原子弹研制的核心技术研究，但仅是"提供辅助数据的大学"，而霍普金斯大学独立承担了"无线电引信雷达研制"重大科研项目。① 直到今天，无论"QS世界大学排名"，还是"泰晤士世界大学排名"或者"上海交大世界大学学术排名"，霍普金斯大学仍以其卓越的研究生教育、显赫的科研成就和几十位诺贝尔奖得主的杰出人才培养成就屹立于世界一流大学之林。霍普金斯大学的崛起，迅速形成"霍普

---

① 沈红. 美国研究型大学的形成与发展[M]武汉：华中理工大学出版社，1999：60.

金斯效应"。① 在其影响下，当时的芝加哥、密歇根、康奈尔、普林斯顿、哈佛、耶鲁等20余所新型和老牌大学也迅速崛起，纷纷仿效霍普金斯大学的研究生教育模式，建立起研究生院，大力发展研究生教育，不断提高研究生教育质量和学术影响力，进而形成了蔚为壮观的美国"研究型大学群"，极大地推动了美国社会经济的发展。今天，哈佛大学拥有的研究生院数量居于美国其他研究型大学前列，全校13个学院中，除哈佛学院和拉德克利夫学院属本科生院外，其余11个学院均为专业研究生院。研究生教育成为其保持科研创新力的重要源泉，也是其保持世界一流大学的强力支撑。

(二)现实中：当今世界一流大学无不高度重视和着力发展研究生教育

面对异常激烈的高等教育国际竞争，即使已经拥有世界一流研究生教育的当今世界一流大学都在通过严格导师责任制度、加大研究生奖助力度、推进研究生教育国际化、强化跨学科交叉培养等途径进一步发展研究生教育，以确保研究生教育质量的绝对优势。牛津大学近年来在坚守"追求卓越的精英教育理念"的同时，通过大力推进研究生教育国际化、着力创新研究生培养模式等途径不断提高研究生教育质量。据其官网统计显示，牛津大学2014年共有10173名研究生，来自全球140个国家和地区，其中来自欧盟及欧盟以外其他国家和地区的留学研究生数量为6335人，留学研究生比例在62%以上。② 在研究生培养模式上，牛津大学实行大学部制和跨学科交叉培养，在全校设立人文学部、数学物理与生命科学学部、医学部、社会学部、继续教育部五大学部，涵盖65个部门、院系和中心以

---

① 刘春华. 吉尔曼与美国研究生教育：约翰·霍普金斯模式探析[J]. 高等教育研究，2012(6)：85-91.

② University of Oxford Student numbers [EB/OL]. [2016-03-06]. http://www.ox.ac.uk/about/facts-and-figures/student-numbers.

及近百个专业，各学部有渗透、各学科有横跨、各专业有交叉。① 向来以保守著称的耶鲁大学则特别注重研究生选拔的综合性、课程体系的多元性和科研训练的多维性。在学生选拔上，不但要求学生具有优异的学业成绩，还要具备优秀的领袖潜质和科研潜力，同时还要看学生有无文艺才能和对科学的好奇心；在课程体系上，导师拥有根据自己的专业方向及研究兴趣自由设计和申请课程的权力，从而形成多元化的研究生课程设置体系。比如，在耶鲁法学院，每年为研究生开设的课程就达 200 门之多。②而以富于改革创新精神著称的哈佛大学也不甘落后，除了在强化导师责任制度、严格招生选拔与培养淘汰制度、加大研究生奖助学金额、推进研究生教育国际化、促进跨学科交叉培养等方面与牛津、耶鲁等大学具有共通之处外，还创造了独具特色的"研究生助教制"，全面培养研究生的教学与科学能力，从而使其研究生教育在欧美大学研究生教育体系中独领风骚。

二、一流研究生教育对一流大学的重要意义

对于一流大学来讲，一流研究生教育与一流本科生教育具有同等重要的意义。但从一流大学的国际影响力来看，一流研究生教育更显前沿和重要。对此，有学者指出："无论是现在高等教育的发展状况还是其未来的根本前途，关键都取决于研究生教育。"③研究生教育作为大学最高层次的教育，承载着更为前沿的使命，一流的科学研究、一流的人才培养、一流的社会服务、一流的学科建设以及优秀的文化传承等均赋予研究生教育更为艰巨的使命。

---

① University of Oxford. Graduate courses[EB/OL]. [2016-03-06]. http：//www. ox. ac. uk/admissions/graduate/courses/courses-by-department.

② 陈静漪，任维燕. 耶鲁大学研究生培养机制分析——兼论法学院的经验及对我国的启示[J]. 研究生教育研究，2015(2)：92-95.

③ 叶赋桂. 学术独立、一流大学与研究生教育[J]. 学位与研究生教育，2009(4)：20-26.

(一)一流研究生教育支撑一流大学的前沿科学研究

世界一流大学发展史表明,没有一流的研究生教育,就没有一流的科学研究;没有一流的科学研究,也就没有一流的大学。正如前述,1876 年建校的霍普金斯大学,与 1636 年建立的哈佛大学相比,建校历史整整晚了 240 年,但为何在 19 世纪后半期声名鹊起?其秘密就在于霍普金斯大学在美国历史上第一个开创了大规模、制度化的研究生教育,最先建成了美国一流的研究生教育,进而在后来的国家重大战略需求领域特别是高科技研发中能够独当一面,可谓一流的研究生教育支撑了霍普金斯大学一流的科学研究,而一流的科学研究又使霍普金斯大学赢得了一流的学术声誉。不仅如此,在"霍普金斯效应"影响下的包括哈佛大学在内的一批古典和新型大学崛起的史实,以无可争辩的事实证明了一流研究生教育对于一流科学研究的极端重要性。

(二)一流研究生教育支撑一流大学的高端人才培养

综观当今世界一流大学,无不为其杰出的人才培养成就而叹服!牛津、剑桥、哈佛、耶鲁等世界一流大学为社会培养了众多的活跃于政界、商界、科技界的社会精英。牛津大学 800 多年来培养了 7 个国家的 11 位国王、19 个国家的总统、6 位英国国王、26 位英国首相和 47 位诺贝尔奖获得者;哈佛大学 380 年里培养了 37 名诺贝尔奖获得者和 30 多名普利策奖获得者以及 8 位美国总统。如此卓越的人才培养成就无不与其卓越的研究生教育紧密相关。

(三)一流研究生教育助推一流大学的前沿学科发展

大学学术组织的特性在于其"学科性"。大学的人才培养、科学研究、社会服务最终都要落实到"学科"这个最基本的学术单元。因此,一所大学是否拥有一流学科也就成为衡量其是否为一流大学的重要标志,而评价一个学科是否一流的标准,除了一流的大师、一流的学术声誉、一流的社会服务外，还有一流的学科建设水平。学科建设是一个系统工程，牵涉到学科的布局、方向的凝练、队伍的建设、制度的构建、平台的完善以及环境的营造诸多方面，但要建设一流学科，"最核心的要素是学术队伍，没有一流的学术队伍，就不可能有世界一流的学科，也不可能有世界一流的大学"①。而研究生本身就是学术队伍的重要组成部分，在学科建设过程中发挥着创新接力和繁荣学术的重要作用。清华大学施一公科研团队，一个"60后"（施一公教授）加上三个"85后"博士生（闫创业、杭婧、万蕊雪）而在世界上首次取得了捕获"真核细胞剪接体复合物的高分辨率空间三维结构"的重大原创性突破就是典型的一例。②

三、一流研究生教育的战略思维与路径选择

毫无疑问，我国研究生教育经过近半个世纪的发展，在人才培养、科学研究、社会服务以及文化传承等方面都取得了长足进展，令人欣慰！但整体上仍与国家创新驱动发展战略要求不相适应，与世界一流大学相比还有相当的差距，催人奋进！社会的发展进步、国家的兴旺发达、国际的激烈竞争、民族的伟大复兴，迫切要求我国大学树立"六自"战略思维，并付诸于"超常规"的改革行动，才能尽快建成世界一流的研究生教育。

（一）树立"六自"的战略思维

一是要自知自信。创建一流研究生教育必须先有自知之明。古人云："自知者不怨人，知命者不怨天。"高超的智慧并不在于能够评价别人，而在于能够全面、客观、准确地评价自己。要做到这一点，其实是极度困难的。就像我们的眼睛虽能远观百米之遥却不能看到自己的睫毛一样。其实，自己才是最大的敌人，只有首先战胜自己才能最终战胜别人。可见，创建一流研究生教育首先要有自知之明，就是要敢于亮开自己的"家底"，

① 周光礼，武建鑫. 什么是世界一流学科[J]. 中国高教研究，2016（1）：65-73.
② 万玉凤. 施一公科研团队取得生命科学领域重大突破[N]. 中国教育报，2015-8-24.

踏踏实实静下心来，多从自身分析存在的不足，多从自身解剖差距的原因，多从自身拿出解决问题的对策。如此，方能在激烈的国际竞争中"知彼知己，百战不殆"。同时，创建一流研究生教育必须树立坚定信念。20世纪90年代至今，我国研究生教育取得了举世瞩目的伟大成就。这是西方所不具备的"社会主义集中力量办大事"的结果，是全体高校战线师生共同努力的结晶，为我国研究生教育"增速提质"奠定了坚实的基础。当前，研究生教育改革已经进入"深水区"，发展步入攻艰期，矛盾复杂、难点很多，任务艰巨、责任重大、使命光荣！如果"前怕狼，后怕虎"，势必丧失改革信心，进而错失发展机遇。"自信是迈向成功的第一步"，在攻艰克难的关头，必须保持足够的"定力"，对改革方向充满自信、对改革能力充满自信、对改革前途充满自信，才能最终实现创建"一流研究生教育"的梦想。

二是要自立自强。创建一流研究生教育必须自我造血输血。民族自立则振兴，国家自立则昌盛。回望中华人民共和国从建立至今走过的历程，中华民族坚持独立自主，发扬自力更生的精神，取得了世人瞩目的丰功伟绩，赢得了崇高的国际威望。审视当今世界一流大学一流研究生教育走过的历程，无不经历"自立自奋"之历史。自立就像悬崖峭壁上挺拔的青松，能在艰苦的环境里自汲营养而傲立霜雪。创建一流的研究生教育，贵在充分挖掘自身潜能，不断增强自我造血功能与输血能力，方能实现永续发展。创建一流研究生教育还必须做到锲而不舍。有道是"古之立大事者，不惟有超世之才，亦必有坚韧不拔之志"。改革是革旧布新的创举，是继往开来的伟业，在成功喜悦的背后，更多的是改革者的"阵痛和凶险"。19世纪艾略特在哈佛推行的包括改造专业学院发展研究生教育在内的一系列改革无不遭到校内外保守势力的群起反对，哈佛校务委员会一度强烈要求其辞职。在几乎断送校长执政生涯的极度险境下，40多年锲而不舍的改革，终于使哈佛赢来生机，获得新生，其本人也"转危为安"，实现了从"异教徒"到"哈佛历史上最伟大人物"的根本转变。在国际竞争异常激烈、竞争实力相当悬殊的形势下，创建一流研究生教育的改革必须保持足够的耐心和韧性，方有所成。

三是要自省自闯。创建一流研究生教育必须常怀思危之心。荀子曰："君子博学而省乎己，则知明而行无过也。"世界进化无疆，万物变化无穷，发展永无止境，唯有常怀居安思危之心，勤于自我反思、善于自我质疑、敢于自我批判，才能在激烈的竞争中永远立于不败之地。哈佛大学100多年来之所以雄居世界一流大学前茅而傲视群雄，其深层原因就在于其"总是在心神不定地担忧"自己"有什么敌对力量存在？""命运会有什么改变？"毫无疑问，竞争既是大学的改革之道，也是研究生教育的生存法则，在创建世界一流研究生教育的征程中，断不可因一时成绩而居功自傲，沾沾自喜，亦切忌"兔子与乌龟赛跑"而"大意失荆州"，唯有时刻自我反省，才能催人奋进；唯有不断奋进，才能不断进步、永立潮头。创建世界一流研究生教育还要敢于自闯。世界上从来就没有放之四海而皆准的创建一流研究生教育的标准模式。只有自己闯出来的路才是适合自己的路，而只有适合自己的路才是最正确的路。牛津有牛津的道路、剑桥有剑桥的模式、哈佛有哈佛的特点、耶鲁有耶鲁的特色。值得强调的是，在创建世界一流研究生教育的改革进程中，这些世界一流大学的研究生教育改革和发展经验是值得学习的，但绝不是复制模仿而是参考借鉴，不是简单移植而是批判创造。因此，对于任何一所胸怀创建世界一流研究生教育梦想的大学来说，切忌只埋头不看路，盲目跟风，同质竞争，重复建设，内耗资源而得不偿失，而应秉承"人无我有""人有我优""人优我精"的创新原则，敢于破常规、出新招、解难题、创亮点、塑特色，才能在高手如云的研究生教育竞争中独树一帜、自成一家。

(二)付诸"超常规"的改革行动

一要高远定向。面向全球培养世界一流人才。志向决定高度，目标决定规格。与当今世界一流大学相比，我国大学研究生培养目标总体上"趋同"而"平实"，西方大学研究生培养目标是"个性"而"高远"。同为当今世界一流大学的牛津、哈佛、麻省理工的研究生培养目标各具特色、凸显卓越。牛津大学要培养"引领世界研究的人才"、哈佛要"培养全球领袖精英"、MIT要培养"为国家和世界作出杰出贡献的人才",而"掌握学科领域宽广知识+独立从事学术研究能力+做出创造性贡献+成为高级专门人才"几乎是我国研究型大学研究生培养目标表述的基本范式。可见,已经具备雄厚研究生教育实力的研究型大学要创建世界一流的研究生教育,首先要以面向世界的胸怀重新定位人才培养目标。

二要壮大师资。内育外引打造一流导师队伍。导师是研究生教育培养的直接责任人,其学术水平与道德修养直接决定着人才培养的质量。可以断言,没有一流的导师就没有一流的研究生教育。考察世界一流大学一流研究生教育的崛起,无不得益于一批世界级顶尖学者的云集。显然,"大学最重要的决定,就是你所聘用教授的质量"①。因此,已经具备相当实力的我国研究型大学必须在导师的招聘、选拔、考核等诸环节采取"更严格""超常规"的手段,外引一流大师,内强培养体制,才能真正创建世界一流的研究生教育,进而培养一流的高端人才,产出一流的科研成果,提供一流的社会服务。

三要精挑苗子。大刀阔斧改革招生考试选拔制度。审视我国研究生招生考试选拔制度,虽然近些年来有很大的改革完善,但仍带有"高度集中""整齐划一"的明显特征,"笔试分数"仍然是进入"后续选拔"环节的"敲门砖"、来自"985"和"211"高校的考生备受青睐、"全才"式学生依然是高校选拔学生看好的对象,偏才、怪才、奇才难以"出彩"。而世界一流大学选拔学生在注重学业成绩优异的同时,也非常看重"特殊才能"和"发展潜力"。因此,只有大刀阔斧改革现行研究生招生选拔制度,构建"国家放权、院校自主、多元选拔、导师决策"的管理机制,进而形成形式多元、百花齐放的招生选拔局面,才能使更多的偏才、怪才、奇才脱颖而出。

---

① 威廉·布罗迪,王晓阳.美国研究型大学的使命与管理——约翰·霍普金斯大学校长布罗迪访谈录[J].清华大学教育研究,2009(1):1-7.

四要厉行淘汰。严格执行研究生学业淘汰制度。淘汰是竞争基础上的"再竞争"，一直是世界一流大学确保研究生教育质量的机制杠杆。无论牛津和剑桥，还是哈佛与耶鲁，不仅有"高淘汰"的招生选拔机制，而且在培养过程中都有各自近乎"残酷"的淘汰制度。比如，哈佛博士生必须经过严格的课程考试、资格考试、综合考试、论文答辩等系列环节后才能最终完成学业、获得学位，可谓"过五关、斩六将"。

五要面向现实。聚集前沿培养原始创新能力。霍普金斯大学因其研究生教育的创建、科学研究的发展及面向现实的服务而崛起的事实表明，居于高等教育最顶端、与社会联系最紧密的研究生教育，应当树立人才培养、科学研究、服务社会高度统一的理念，着眼于"国内"与"国际"两个大局，服务于国家重大战略需求，紧扣国际学术前沿，依托各自优势，整合团队力量，推进组织模式创新，聚集战略性、全局性、前瞻性问题研究，切实提升解决重大问题和原始创新能力，为社会经济科技发展和国家重大战略实现作出实质性贡献，才能使研究生教育"接地气""显实效"，实现跨越式发展。

六要强化合作。增强研究生教育国际话语权。习近平总书记关于"国际话语权""文化软实力"的系列重要论述对于我国创建世界一流研究生教育具有极其重要的战略指导意义。毫无疑问，要创建世界一流的研究生教育，必须增强研究生教育的国际话语权。而在总体形势西强我弱、国际教育竞争异常激烈的形势下，唯有在强化交流、增进合作、促进协同的国际化进程中，积极主动参与国际研究生教育的规则制定、教学评估与质量认证，才能切实增强我国研究生教育的国际话语权，树立起中国研究生教育的良好形象，进而彰显中国特色、凸显中国风格、展示中国气派。

第四节 研究生教育的本质探究

研究生教育是最高层次的高等教育，代表着一个国家的高等教育质量,是一个国家发展水平和发展潜力的重要标志。① 当前,我国高等教育已步入高质量发展阶段,"双一流"建设正在紧锣密鼓进行,迫切需要研究生教育高质量发展。而要实现研究生教育高质量发展,一个前提是要准确把握研究生教育的本质,才能遵循研究生教育规律,办出高质量的研究生教育,助力"双一流"建设。目前,学界关于研究生教育本质的研究众说纷纭,以致给研究生教育高质量发展实践带来困惑甚至诸多矛盾。② 鉴于此,本书进一步追问研究生教育的本质,审视研究生教育实践存在的问题,进而找到回归研究生教育本质的路径,以期促进研究生教育高质量发展,进而引领高等教育高质量发展。

一、决定研究生教育本质的四重逻辑

德国教育家雅斯贝尔斯曾讲,"真正的教育应首先获得自身的性质,才能全面唤醒人类"③,强调了把握教育本质的重要性。那么,研究生教育的本质是什么?笔者认为,只有深入分析研究生教育发展的内外逻辑才能得出科学的结论。而研究生教育发展的内外逻辑无外乎知识创造、学科发展、社会需求、自我实现四重逻辑,它们共同支配着甚至决定着研究生教育的内容、结构、模式和动力。④ 据此,可以得出结论:"探究性"是研究生教育的本质属性。

(一)知识逻辑决定了研究生教育的探究性

探究高深学问是研究生教育作为国民教育体系最高层次高等教育的逻

---

① 习近平. 习近平谈治国理政(第二卷)[M]. 北京:外文出版社,2017:376.
② 耿有权. 论研究生教育高质量发展诸矛盾[J]. 研究生教育研究,2019(1):14-18,63.
③ 雅斯贝尔斯. 什么是教育[M]. 邹进,译. 北京:生活·读书·新知三联书店,1991:50.
④ 刘贵华,孟照海. 论研究生教育的发展逻辑[J]. 教育研究,2015(1):66-74.

辑起点，而高深学问是深奥、专业、复杂的知识，常人才智难以把握。①因此，追求高深学问只能是"极少部分人"的事情。这就赋予了研究生教育艰辛的任务，即探索深奥、专业而复杂的高深知识。而高深知识的最大特点是前沿性和不确定性，有的知识前沿即使穷尽一生也没有找到问题的答案。但无论答案找到与否，丰满这个过程的基本行为特征是"探究"。探究是一个艰辛的科学探险之旅，是人类对自身认识极限的挑战，充满挫折和失败。尽管研究生教育自诞生以来先后经历了学徒式、专业式和协作式培养模式的嬗变，②但探究高深学问始终是研究生教育的逻辑起点。正是对高深知识的深入探究促进了研究生教育的高质量发展，引领着高等教育高质量发展。

（二）学科逻辑决定了研究生教育的探究性

高质量的高等教育必须有高质量的学科，而高深知识"以知识的形态表现为学科"③。因此，研究生教育与学科紧密相关，以知识分类和规训形式存在的学科是研究生教育的基本组织形式，而作为最高层次的研究生教育则是学科知识生产、发展、应用的载体。在知识更新速度日益加快的知识经济时代，知识生产模式的变革已使学科样态呈现出许多新的特征，④学科越发展意味着知识越前沿，意味着研究生教育越发达，意味着高等教育质量越高。而学科的使命就是创造新知识、增长知识，所以，承载学科建设任务的研究生教育必然体现发展知识的学科逻辑，而要推进人类知识发展就必须发展学科。发展学科内隐着研究生教育的"探究"特质。研究生

① 约翰·S. 布鲁贝克. 高等教育哲学[M]. 王承绪，等译. 杭州：浙江教育出版社，2001：2.
② 李盛兵. 世界三种主要研究生教育模式之比较研究[J]. 教育研究，1996(2)：12-17.
③ 白强. 世界一流学科的生成逻辑与建设路径——基于中外两所大学两个一流学科生长史的考察[J]. 大学教育科学，2019(4)：47-52, 65.
④ 白强. 大学知识生产模式变革与学科建设创新[J]. 大学教育科学，2020(3)：31-38.

教育越能发展学科，就越能促进高等教育高质量发展。

(三)社会逻辑决定了研究生教育的探究性

正如美国高等教育哲学家布鲁贝克所说的那样，高等教育是镶嵌在社会系统中并为社会发展提供"动力源"的一部分。自中世纪大学诞生以来，尤其是德国开启研究生教育以来，研究生教育在大学"世俗化"进程中被赋予更多的社会责任与义务，逐渐走进多重诉求网络中心，加速了研究生教育走进国际竞争的进程，成为国家提升"国际竞争力的重要抓手"[1]。因此，社会发展与国家需求赋予了研究生教育服务需求的社会逻辑，促使研究生教育在价值取向、结构功能、行动模式等方面的加速变革。在这个加速变革过程中，研究生教育更加注重高深学问的"探究"，"探究"更加艰巨的任务——探究科技前沿、抢占竞争优势、服务社会需求。探究意味着不断创新，只有不断创新才使研究生教育不断发展，促进高等教育高质量发展。

(四)创造逻辑决定着研究生教育的探究性

马斯洛的"需要层次论"表明，追求自我价值的实现是人类的最高层次需要。研究生教育作为最高层次的高等教育，其任务就是不断激发研究生的求知欲，培养他们的创新思维和创造能力，促进研究生自我超越。研究生在好奇心的驱使下对具有不确定性、充满挑战性的"未知"进行着艰辛的探索和创造，解答一个又一个未知之"谜"。创造意味着自我发展、自我超越、自我实现。这个过程的本质就是探究，是一个在探究过程中创造人本身的社会实践过程。尽管已经发展出"学术型""专业型"两种类型的研究生教育，但专业学位研究生也必须具有"专业研究性"[2]。可见，研究生教育

---

① 郭月兰，江霞. 研究生教育现代化的中国维度：内涵、特征与走向[J]. 大学教育科学，2020(3)：31-38.

② 袁广林. 应用研究性：专业学位研究生教育的本质属性[J]. 大学教育科学，2020(3)：31-38.

的创造逻辑决定了研究生教育的探究性，也决定着高等教育的发展质量。

二、实现研究生教育本质的内在要求

研究生教育的探究性本质，渗透着以"探究"高深学问、崇尚科学真理、追求创新创造和超越自我的精神品质，是推动研究生教育改革发展的内在动力。将其贯穿于研究生教育的教育目标、教育内容、教育方式、教育成果，是实现研究生教育探究性本质的内在要求，也是推进高等教育高质量发展的必然要求。

(一)教育目标的创新性

研究生教育是创新第一动力的重要结合点①，其教育目标与创新人才紧密相关，即培养具有创新精神的高层次人才。这种具有创新精神的高层次人才，是高深知识的求知者、探求者。而高深知识是常人才智难以把握的处于已知和未知交界处的知识，具有深奥性、复杂性、前沿性和不确定性。因此，能不能探究高深学问、能不能创造知识就成为区分研究生教育与其他教育的根本标志。研究生教育目标直接指向人的创新精神，培养创造性人才。创新精神是研究生教育目标的核心指向，高质量的研究生教育是能够培养出具有强烈的批判意识、反思精神和创新能力的人才，能够推进知识发展和引领社会发展进步的人才。研究生教育创新性人才培养目标的实现，才有高等教育高质量发展目标的实现。

(二)教育内容的前沿性

正如前述，研究生教育的逻辑起点是"高深学问"。就教育的知识功用而言，知识教育活动不外乎发挥三种作用：一是保存知识，二是运用知识，三是增长知识。研究生教育的使命和任务就是通过高深知识的探究，创新知识、增长知识，推进人类认识发展进步。而高深知识是前沿知识、

---

① 赵婀娜.研究生教育关键在高质量[N].人民日报，2020-9-4.

未知的领域,具有显著的前沿性特征。高深知识的前沿性决定了研究生教育内容的前沿性,研究生教育内容必须是最前沿的认知问题、科学问题或技术问题。因此,作为开展研究生教育渠道和载体的教材内容、教学内容必须具有前沿性。研究生教育正是通过对前沿知识探索的引导、指导,不断开辟新领域、增长新知识,推动高等教育高质量发展。

(三)教育方式的研讨性

研究生教育的目标是要培养最高层次的创新人才,而培养这种创新人才是在探究高深学问的过程中完成的。但高深学问的获得是在思考、论争、思索中获得的,尤其需要批判意识、反思精神、探索实践。在这个过程中,研究生创新素质的形成以及创新人格的塑造,都在"研讨"中潜移默化。从师徒式研究生教育诞生那一天起,研究生教育就"不是知识传递的教育,而是在导师带领下的研究性学习"①,是学生在导师的指导下养成探究高深学问的思维和技能。尽管研究生教育模式经历了学徒式、专业式、协作式三种模式的变迁,但时至今日,"研讨"一直是培养研究生创新思维与能力、塑造创新人格的基本方式和途径,这是研究生教育的基本规律决定的②,是研究生教育本质属性的直接体现,是高等教育高质量发展的内在要求。

(四)教育成果的创造性

研究生教育的地位、使命和任务决定了研究生教育成果的创造性。研究生教育成果的创造性是对研究生人才培养目标承诺的回应和印证。研究生教育是否达到了人才培养目标和规格,最终验证标准就是教育成果是否具有创造性。研究生教育成果的创造性,体现在"人"的创造性和"物"的创造性两个方面。"人"的创造性体现在毕业生已经具备了创造性人格特征,

---

① 吴立保,孙益婷.我国研究生教育的价值悖论与创新途径[J].研究生教育研究,2013(4):7-12.

② 董云川,李敏.研究生教育规律初探[J].研究生教育研究,2018(5):1-6.

并内化为人的心理品格、行为趋向，即成长为高水平"创造性人才"。"物"的创造性体现在研究生能够产出具有显示度的创造性成果，如能够围绕理论与实践前沿问题展开创造性研究，完成有创新性的研究论文等。显然，这两方面的创造性成果，既是研究生教育探究性本质实现的内在要求，也是高等教育高质量发展的必然要求。

三、悖离研究生教育本质的矛盾反思

审视研究生教育现状不难道发现，由于各种主客观因素的影响，研究生教育实践中还存着一些悖离探究性本质的矛盾，制约着研究生教育和高等教育的高质量发展。

（一）教育目标创新性与攻读学位功利性的矛盾

研究生教育目标是培养具有创新精神的高层次人才，培养高深知识的探求者。高深知识的深奥性、复杂性、前沿性和不确定性，决定了高深学问的探究是一个常人难以想象的艰辛之旅，需要排除"功利"目的，甚至为科学而献身的精神准备。只有具有强烈的创新志向、坚韧不拔的毅力和勇于献身科学的精神，才能叩开未知的大门、走在科学的前沿。但随着研究生教育规模的不断扩大，加上其他因素的影响，有"相当比例的学生攻读研究生的目的并不是为了科学研究，而仅是为了提升学历，从而在未来的就业或职位中获得收益"①。这种带有"功利追求"的学习者由于缺乏对科学的敬畏和真理的尊重，与培养创新人才的研究生教育目标相悖。可见，破解教育目标创新性与攻读学位功利性的矛盾仍是新时代研究生教育改革的重要任务。

（二）教育内容前沿性与课程教学陈旧性的矛盾

教研结合是研究生教育的主要渠道，是研究生教育探究性本质的内在

---

① 冉亚辉. 中国研究生教育基本理论论纲[J]. 研究生教育研究，2020(2)：6-13.

要求。其核心要义在于通过探究性课程体系设置、探究性内容安排、探究性教学方法等，训练学生创新思维，激发探索兴趣，培育创新精神，塑造创新人格。因此，研究生教育内容必须具有前沿性，并落实到课程与教学的探究性上。但研究生教学本科化问题一直被社会广为诟病。[①] 一是课程体系沿袭本科阶段课程体系设置模式，没有体现研究生教育的前沿性。二是课程知识未能充分体现探究性，课程知识内容缺少前沿性、开拓性，很难激发学生的学习热情和探究兴趣。三是课堂教学未能充分体现探究性，教师讲授仍是研究生课堂教学的主要形式，教师主导性有余，学生主体性不足，学生很难获得创新思维训练，课堂没有成为创新思维训练的场域，难以培育学生探究精神。可见，改革创新研究生课程教学已成为高等教育高质量发展的客观要求。

(三)教育主体平等性与指导教师权威性的矛盾

无论学徒式研究生教育，还是专业式和协作式研究生教育，"研讨"始终是贯穿研究生教育全过程的基本活动方式。但要充分发挥研讨促进创新思维培养和创新精神成长的积极作用，前提是研讨必须在平等、宽松的环境中进行。因此，平等犹如空气一样重要，不可或缺。但现实的研究生教育实践却很难呼吸到这种宽松活泼的空气，其深层的文化根源在于"以师为尊"的传统观念，制约着师生平等"伙伴"关系的建构，学生畏于挑战导师学术权威，抑制了学生创新能动性的生长。尤其在"导师负责制"下导师在学生培养过程中拥有诸多的"决定性"权力，强化了这种"非对称性"的师生关系，从而形成了研究生教育中"相安的疏离"师生关系[②]，不利于研究生批判意识的生长和创新精神的培育。

---

① 李安萍，陈若愚，胡秀英. 研究生教育"本科化"认识的形成与思考[J]. 研究生教育研究，2018(1)：26-32.

② 欧阳硕，胡劲松. 从"相安的疏离"到"理性的亲密"——基于扎根理论的研究生导学关系探析[J]. 高等教育研究，2020(10)：55-62.

(四)教育成果创造性与研究成果平淡性的矛盾

评价研究生教育目标是否实现的标准就是研究生教育成果是否具有创造性。而研究生教育成果的创造性体现在"人"的创造性和"物"的创造性两个方面，"人"的创造性主要体现为人的创新意识、创新思维、创新精神、创新能力等精神层面，多为"隐性"的存在，因而"物"的创造性即学位论文水平成为评价研究生教育质量、检验研究生创新能力的主要依据。但相关研究表明，我国研究生"创新能力不足被公认为研究生教育存在的首要问题"[1]。有学者曾对69所高校500名硕士生展开调查，发现学生科研能力不强[2]，另有学者调研发现博士研究生"创新意识差、有影响的创新成果少"[3]。近年，有学者通过研究生学位论文考察，发现"有些研究生的逻辑思维存在种种迷失现象"[4]。以上调研结果表明，研究生教育成果的创造性与研究成果平淡性之间的矛盾较为突出，也是当前研究生教育改革面临的重要课题。

四、回归研究生教育本质的路径选择

高等教育高质量发展迫切要求研究生教育回归探究性本质。针对研究生教育实践中的一些突出矛盾，笔者认为，改革招生选拔制度、创新课程教学体系、建构平等导学关系、严把毕业出口质量，不失为回归研究生教育探究性本质的可行路径。

---

[1] 荣利颖，邓峰. 研究生教育质量保障与创新能力培养的实证分析[J]. 教育研究，2018(9)：95-102.

[2] 王碧云，邱均平，张维佳，孔晓娟. 硕士研究生教育质量调查分析——对全国69所高校硕士生导师调查[J]. 大学教育科学，2009(5)：97-101.

[3] 袁本涛，延建林. 我国研究生创新能力现状及其影响因素分析——基于三次研究生教育质量调查的结果[J]. 北京大学教育评论，2009(2)：12-20，188.

[4] 李润洲. 研究生逻辑思维的迷失与习得——以教育学学位论文为考察中心[J]. 研究生教育研究，2021(4)：53-58.

(一)改革招生选拔制度，突出创新动机

回归研究生教育本质，首先在改革招生选拔制度。我国自 1978 年恢复研究生招生培养以来，硕士、博士生招生选拔模式几经调整和改革，形成了"公开招考(统考)+复试"、推免(直硕或本—硕—博连读)、"申请—审核"等多种形式并存的格局。笔者认为，研究生招生选拔制度改革的难点不在于哪种招生选拔方式合不合理的问题，而在于能不能选拔出真正具有创新兴趣和创新潜质生源的问题，这才是研究生招生选拔制度改革的关键。鉴此，需要紧紧围绕"考研动机"进行新的设计，实现"两个转向"、建立"一个规约"。两个转向：招生考试内容从"考知识"转向"考能力"、复试(审核)环节从"重形式"转向"重内涵"。考试内容要减少"知识性"考题，增加"能力性"考题，主要考察学生是否具备初步综合、加工知识的能力；复试(审核)环节要重点围绕"为什么考研—怎么样读研—有什么愿景"等维度设计能够考察学生考研动机的评价指标体系。一个规约：建立导师责任规约，加强导师师德教育，引导导师真正本着培养创新人才之初衷，公正评价学生、选拔优生。

(二)创新课程教学体系，强化创新思维

探究高深学问、拓展知识边界、促进认识进步，是研究生教育的使命所在。高深学问的前沿性决定了研究生教育内容的前沿性、挑战性。课程与教学作为实施研究生教育、培养创新人才的主渠道和重要载体，应当是引领学生探索未知世界、攀登科学高峰的"乐园"，是能够训练创新思维、培育创新能力的"热土"。针对当前研究生课程教学存在的主要问题，笔者认为，"三个转向"不失为深化研究生课程教学体系改革的着力点。一是课程设置模式从"本科化"转向"研究化"。根据研究生教育目标建构适应研究生发展需求、体现研究生教育目标的研究生课程体系，强化课程体系的"探究性"。二是课程知识从"基础性"转向"前沿性"。课程知识内容要突出知识内容的"未知性"特征，紧跟重大理论和实践前沿、科学与技术前沿，激发学生探究热情。三是课堂教学从"传授性"转向"探究性"。要充分发挥学生主体性，聚焦前沿问题，展开深入研讨，让学生在探究中训练创新思维，使课堂成为知识创新的场域。

（三）建构平等导学关系，促进自由探究

导学关系是研究生教育的基本关系，"是研究生教育的关键要素"①。在研究生教育殿堂里，学生创新能力的增长、创新人格的养成虽然受多种因素的影响，但导师的指导、引导、鼓励、协同探究是培养研究生批判意识、反思精神、创新能力和塑造创新人格的主要途径。而导学关系的核心是平等，即平等对话。高深学问的不确定性，决定了师生在追求真理这个问题上没有高低之分、优劣之别，他们只有在平等、自由、宽松的环境中对话、讨论甚至辩论、争论，才能培育学生"吾爱吾师，吾更爱真理"的探究精神，进而产出创造性成果。笔者认为，建构平等的导学关系，贵在引导规范和师生主体的思想自觉、行为自律。鉴此，研究生教育机构要在道德导向、制度规范、管理服务、学风建设等诸方面渗透师生平等的理念和要求，增强师生平等意识，自觉践行平等理念，从而为高深学问的探究营造自由的氛围、宽松的环境，为研究生批判意识、创新人格的培养和塑造插上腾飞的翅膀。

（四）严控毕业出品质量，健全评价标准

教育成果的创造性是达成研究生教育目标的内在要求。研究生教育是否达到了创新人才培养目标和规格，最终的检验环节是教育成果是否具有创造性。而学位论文是对毕业研究生学术素养的综合检测，较为全面、客观反映了研究生创新能力。因此，将学位论文质量作为检验研究生创造性水平的评价尺度，具有合理性。这就要求必须把好学位论文质量"关口"。

① 刘志.研究生导师和学生关系问题何在——基于深度访谈的分析[J].教育研究，2020（9）：104-116.

针对研究生学位论文反映出来的"创新能力不足""科研能力不强"等问题，笔者认为，在坚持基本学术素养标准的基础上，重点从三个方面构建凸显研究生教育本质要求的学位论文质量评价标准。一是论文选题是否具有前沿性、创新性，即研究的问题是否是某领域亟待解决的问题或需要开拓研究的问题。二是文献综述是否发现了"新问题"，即在全面梳理、掌握前人研究成果的基础上是否准确发现了需要进一步研究的新问题。三是研究成果是否具有"创新性"，即在学术思想、学术观点、研究方法等方面是否具有创新之处、是否有新的发现或发明等。

第四章　一流师资建设研究

第一节　研究生导师育人职责与研究生诚信素养培养[*]

研究生导师是最高层次的高校教师队伍，建设高质量的研究生导师队伍是"双一流"建设的内在要求。而研究生居于高校人才培养的最高层次，是国家科技创新的生力军，负有繁荣学术、发展科技的崇高使命，理当成为学术诚信的楷模。但现实中研究生学风状况不容乐观①，特别是近年来高校频频发生的研究生学术"非诚信"事件一度将高校研究生培养质量问题推向舆论的风口浪尖。诚然，导致研究生学术"非诚信"的因素是多元的，但研究生导师作为"研究生培养的第一责任人"②，负有不可推卸的责任。个人认为，导师应当从"到位"切实履行全面育人、全程育人职责，培养研究生学术诚信素养。

一、思政教育职责与诚信素养培养

思想是行动的指南，认识的高度决定行动的力度。导师作为研究生培

　＊　本节根据作者发表于《学位与研究生教育》2016 年第 9 期的文章《切实履行导师育人职责　培养学生学术诚信品格》整理而成。

　①　杨航，蔡建国. 高校硕士研究生学风建设治理研究[J]. 大学教育，2016(1)：73-75.

　②　袁建胜. 中国科技大学赋予导师实际权力——让导师真正成为研究生培养第一责任人[N]. 科学时报，2010-05-04.

养工作的一线实施者，当以立德树人为根本使命，牢固树立全面育人的责任意识，才能把党的教育方针不折不扣地落到实处。而现实中，由于个别导师全面育人责任意识的偏移，不同程度地存在着"重术轻道"的偏颇认识，导致研究生专业教育与思想教育不同程度地存在着分离现象，致使研究生学术诚信教育实效性大打折扣。事实上，学术诚信作为一种道德观念，无时无刻不受到变化着的社会环境的影响和学生个体认识阶段性发展规律的制约，具有反复性和非稳定性。因此，要使学术诚信深入人心，必须改革传统教育观念和模式，把学术诚信教育纳入研究生日常教育体系，使之常态化，才能不断提高研究生思想认识水平，增强学术诚信的责任感和使命感，进而养成敬畏学术、忠诚学术的诚信品格。这方面，研究生导师可以着重从以下几个方面入手强化学术诚信教育。

(一)强化学术责任感教育

"学术失范背后凸显的是责任意识的淡薄"①。导师要把研究生学术责任感教育作为研究生新生入学教育的第一课。在教育中，要着力强化研究生角色转变的教育，引导学生从习惯于本科生阶段储存知识到创新知识的角色认识转变，进而明确研究生学习阶段的使命不在于复制知识，而是促进知识，是通过对某一专业问题的深入研究促进专业知识的增长，为专业知识的发展作出创造性贡献，从而促进学生在研究生生涯中反思性学习、批判性思考、创造性研究。现实中，有部分研究生就是因为未能得到及时的教育引导而不能很好地实现角色的成功转换，沿袭本科生阶段思维模式和学习习惯而缺乏学术诚信责任感，一旦开始论文写作便急功近利，因而学术失范也就在所难免。坚持把学术责任感教育作为自己指导的每届研究生新生入学教育的必修课，辅以非学术诚信案例警示教育，有效增强了学生忠诚学术的责任感和使命感。

---

① 黄成华.研究生学术责任的建构[J].辽宁行政学院学报，2012(2)：119-121.

（二）强化学术创新规律教育

学术创新是一项高难度的创造性活动，具有长期性、复杂性和艰巨性特征。缺乏对学术创新规律的了解和学术创新的切身体验是难以真正做到学术创新的。据笔者了解，研究生学术创新规律教育的欠缺仍是目前高校研究生学术诚信教育的"短板"。实践中，由于部分导师过于注重学生做实验、发论文而未能及时开展学术创新规律教育或给学生提供参与学术创新活动的实践机会，导致部分研究生对学术创新的难度没有足够的思想准备和实践储备，一到学位论文写作时便不可避免地出现了学术失范现象。鉴此，导师应当把学术创新规律教育纳入学术诚信教育体系，要组织开展学术创新规律专题教育，并有计划、有组织地安排学生参加学术创新实践活动，尽早培育学生学术创新规律意识，强化学术创新实践体验，才能有效预防和减少研究生学术诚信危机。坚持定期组织学生对学术创新规律进行集体交流和讨论，并规定学生必须至少在研究生入学的第二学期加入导师的科研项目组或主动申请各级创新项目，争取实践锻炼机会，能有效地促进学生对学术创新规律的了解，增强了学生创新锻炼的意识。

（三）强化学术规范意识教育

学术规范是学术共同体从事学术活动必须遵循的基本规则，也是学术创新的基本要求。现实中，有少部分研究生因缺乏学术规范意识或因不了解他人已有研究成果而"不经意"地违反了学术道德规范，导致学术"过失性失范"行为时有发生，主要表现为在学术论文中存在着该标注的没标注、该引用的没引用等现象，导致抄袭、剽窃、复制等侵犯他人知识产权实际行为的发生。对此，导师应当在加强国家《著作权法》《专利法》和《计算机软件保护条例》等有关法律和法规教育的同时，着力从文献综述规范、文献引用规范、文字表述规范、论文署名规范以及论文发表规范等方面强化研究生学术规范意识教育，培养学生严肃认真的科学态度和严谨细致的学术作风。紧密结合学期课程教学活动，辅以鲜活的正反例证，组织研究生开展专题学术规范教育和相关法律法规教育，能增强研究生的学术规范意识，提高了研究生的学术道德素养。

(四)导师本人要以身作则

"师徒式"的研究生培养模式决定了研究生与导师之间不同于本科生阶段的特定师生关系，导师与学生朝夕相处，导师不仅在学术造诣、学术素养、创新思想与能力等方面深刻地影响着学生的学术成长，而且导师的人格魅力直接影响研究生的人格①。在研究生心目中，导师就是一面旗帜、一个榜样，他在学术活动中的一言一行直接关系到研究生的学术进步和品性修行。有道是"其身正，不令而行；其身不正，虽令不从"，千百遍说教不如一个鲜活的榜样。因此，导师要育人，首先自己要做"真人"，要通过言传身教影响学生②，以求真的科学态度、严谨的治学精神和细致的学术作风潜移默化地影响和带动自己的学生崇尚科学、追求真理、忠诚学术。

二、能力培养职责与诚信素养培养

要培养研究生学术诚信品格，使之将学术诚信道德要求外化为学术诚信实际行动，关键还在于培养学生学术创新的"真本事"。没有学术创新的"真本事"，才会投机取巧、弄虚作假；有了创新的"真本事"，必然对学术失范不屑为之。而学术创新的"真本事"，核心在于真正具备发现问题、分析问题和解决问题的实际能力，这是培养研究生学术诚信的关键所在，也是衡量研究生人才培养质量的核心所在。导师应当树立创新教育理念，突破传统教育方式，把创新能力置于研究生培养的核心地位，努力培养学生发现问题、分析问题和解决问题的"真本事"，教给学生一把开启创新大门的钥匙，才能有效避免研究生学术失范现象的发生。

---

① 王建跃，章琳. 试析研究生学术诚信培育的有效途径[J]. 学校党建与思想教育，2015(24)：46-47.
② 冯钢. 把握好指导博士研究生的重要环节[J]. 学位与研究生教育，2014(7)：5-9.

（一）培养学生发现问题的能力

爱因斯坦说过，提出问题往往比解决问题更重要，这是大家都熟知的道理。研究生学术创新的第一步就是能够发现和提出新的问题。而要让学生能够发现新问题，特别是提出有研究价值的新问题，关键在于培养学生的好奇心和质疑批判精神。为此，在教学过程中，笔者曾努力尝试开展探究式教学，鼓励学生质疑提问，但却遇到了学生想提而不敢提或者根本提不出问题的尴尬。对此，笔者认真分析了原因。第一种情况是因为学生胆怯的心理在作怪，害怕自己提出的问题太过"愚蠢"而被导师和同学们耻笑；第二种情况是学生长期以来受到被动式学习和传统思维习惯的束缚而不能发现问题，以致提不出新问题。对此，为了让学生敢提问题，笔者明确向学生宣布把提问的次数直接作为学业成绩评定的重要参考依据之一。为了让学生提好问题，还想方设法引导学生深入学习、勤于思考。如笔者在讲授布鲁贝克的《高等教育哲学》中关于"政治论"和"认识论"两种高等教育哲学观时，要求学生字斟句酌地阅读每一句话，把书读透、读懂、读深，再引导学生联系当今高等教育现实提出问题，进而对布鲁贝克的高等教育哲学观的"普适性"产生怀疑。后来，学生不但争相提问，而且提出问题的质量还越来越高，有时师生间还争论得面红耳赤，这对于启发学生的问题意识、激发学生的批判思维收到了良好的效果。

（二）培养学生分析问题的能力

分析问题是对所要研究的问题进行多角度分析，探究其本质、规律、影响因素、发展趋势等的一个综合性、全方位的研究过程。培养学生分析问题的能力，关键是要使学生在掌握分析问题的基本框架和常用分析工具的基础上，着力培养学生描述问题的能力、划分问题边界的能力、提取问题关键点的能力以及分解细化问题的能力，从而让读者有一个清晰的问题概念，知道研究问题的范围和所要解决的核心问题以及是如何"庖丁解牛"的。但在现实中，有的学生虽然提出了好的问题，却因缺乏这些分析问题的基本能力而最终不能产出创新成果，不能不说是很遗憾的事情。为此，笔者在研究生分析问题能力的培养过程中，坚持以问题为导向，以成功案例为例子，逐一引导学生分析别人是如何精准描述问题的、是如何界定问题边界的、是如何找到问题关键点的，又是如何细分问题的，同时要求学生举一反三、融会贯通，尝试在自己提出问题的基础上，就以上方面展开实际训练，辅以集体讨论和个体指导，有效地训练和提高了学生分析问题的能力，为学术创新打下了良好的基础。

(三)培养学生解决问题的能力

解决问题的能力虽然更多地表现为实践操作层面的技能与方式方法，但它是导师培养学生学术创新能力不可忽视的重要内容。现实中，由于部分研究生缺乏解决问题基本技能和方法的训练，在完成学位论文的过程中或多或少地存在着研究问题不明确、研究重点难点找不准、研究思路不清晰、研究方法不妥当甚至不可行的实际问题。因此，导师在培养研究生解决问题能力的过程中，应当着力强化创新技能和方法的训练与指导，要运用优秀的学术创新案例逐一引导学生分析别人是如何就某一特定研究问题确立研究目标的、是如何明确研究重点难点的、有什么样的研究思路和技术路线以及如何运用研究方法的，从而让学生在研究成功的案例中学到经验。同时，导师还要加强对学生解决问题的实践指导，要与学生一起静下心来认真分析学生在解决问题过程中遇到的一些实际问题，引导学生主动想办法克服研究中的实际困难和障碍，才能使学生明白"纸上得来终觉浅，绝知此事要躬行"的深刻道理，从而不断提高学生解决实际问题的能力。

三、毕业把关职责与诚信素养培养

从研究生培养过程来讲，学位论文是全面检验和衡量研究生培养质量的最后一个环节，是学生运用平生所学、展开深入研究、创造研究成果的综合实践过程，但往往也是最容易出现学术失范的环节。在近年来发生的研究生学术造假事件中，有些造假事件系在导师并不知情的情况下发生的学术失范，致使相关导师"无辜"承担连带责任而深感委屈不已。其实，这与导师的指导责任不到位、监管不严、疏于把关不无干系，应该引起相关导师的深刻反思。作为研究生导师，不但平时要加强对学生的教育、培养和训练，还要在研究生完成学位论文的各个重要关节点上切实负起监管之责，强化指导，严格把关，才能真正杜绝类似事件的发生。笔者着重就学位论文的指导把关问题谈几点体会，与同行共勉。

(一)强化论文选题环节的指导

选好题是研究生做好学位论文的首要环节，也是避免学术失范的重要前提，但往往也是最难下决心、作决定的环节。学位论文的选题应当尽量尊重学生的个人研究兴趣和专长，特别是要尽量避免导师一厢情愿地给学生"钦定"题目。有道是"兴趣才是最好的老师"，学生发自内心的热爱才是学生诚信做好学位论文的基础。现实中，有个别导师基于学科建设需要或其他方面的考虑给学生"命题作文"，学生迫于导师的要求或者碍于师生的情面而不得不"遵命行事"。笔者认为此种做法值得商榷，因为这种做法往往会使学生把学位论文当作一件苦差事而应付了事，难免出现学术失范现象。因此，导师要与学生静下心来，平等商讨，共同确定选题。在指导学生论文选题时，除了要充分考虑和尊重学生研究兴趣外，还要与学生一起着重对论文选题的必要性、创新性和可行性等进行通盘考虑，让学生心中有数，才能有效预防和减少学术失范行为的发生。

(二)强化文献综述环节的指导

文献综述是就某一问题，在全面掌握、深入阅读相关文献的基础上，对已有研究成果进行分析、归纳和评价的综合性研究。其实，文献综述本身就是一种研究成果，是学位论文的重要组成部分，是表明继承关系、导出研究问题、进行研究设计、预示研究前景的依据。文献综述决定着学位论文的质量，没有高质量的文献综述就不可能产出高质量的学位论文。而对于导师来说，文献综述是确保研究生学位论文质量的又一重要环节，导师可从文献综述中了解学生是否找准了值得研究的问题、能否研究出问题以及可能研究出什么成果。对于学生来说，如果文献综述做不准、做不透，将直接埋下日后学术失范的隐患。因此，切实指导学生做好文献综述是增强学生学术诚信的基石。笔者认为，这一环节的关键是导师要切实负起指导之责，深入、细致地指导学生做好文献综述，要重点指导学生全面、准确把握国内外研究现状、发现新的问题或需要进一步研究的问题、弄清研究的重点和难点、理清研究的目标和思路、找到可行有效的研究方法。当然，必要时，导师还要给予学生文献综述技术性的具体指导，比如文献选择的权威性、文献综述的表达方式等。

（三）强化学位论文撰写环节的指导

论文撰写是一个研究与写作同步进行的综合训练过程，也是漫长的过程，既要动脑，又要动手，还要克服许多实际困难和障碍才能圆满完成论文的写作，学生常常感叹论文撰写过程"十分难熬"是可以理解的，许多走过研究生经历的学者也都感同身受。但论文写作也是一个最容易发生学术不端行为的节点，现实中有部分学生就是因为缺乏持之以恒的精神而产生倦怠心理，企图"偷工减料"，投机取巧，弄虚作假，以致侵犯他人知识产权。个人认为，在这一环节，导师应当侧重给予学生更多的精神鼓励和人文关怀，多赞扬、少责难，多指导、少批评，点燃学生的希望之火，给学生前行的精神动力，使学生保持蓬勃的朝气和顽强的意志。甚至在必要时，导师还要亲自给学生作写作示范，通过言传身教培育学生"板凳须坐十年冷，文章不写一字空"的信念，使学生沉得住气、静得下心、耐得住寂寞，一丝不苟地完成论文的写作过程，从而培养学生严谨扎实的学术作风和勇于攀登的进取锐志。

（四）强化论文审阅环节的把关

学生初步完成论文写作后即进入导师审阅环节。导师要特别重视这一环节，切忌走马观花，蜻蜓点水，要以对学生高度负责、对学术高度负责的态度，舍得花时间、投精力，大到论文的整个逻辑架构，小到文章的遣词造句和标点符号，都要认真、全面、系统地阅读，仔细查找存在的漏洞，严肃指出论文的不足和改进之处。

古人云，师者，传道授业解惑也。导师作为研究生培养的第一责任人，"是研究生学术的引路人，是研究生培养质量的关键，是高等教育水平的把关者"①，只要切实履行全面育人、全程育人的神圣使命，真正做到思想教育到位、能力培养到位、指导把关到位，就能提高研究生学术诚信素养，造就学生敬畏学术、忠诚学术的优良品格。

第二节　世界名校卓越教师队伍建设的经验及启示*

一流大学必须拥有一流的教师。19世纪以来，哈佛大学为适应不同时期美国社会发展需要，高度重视和加强教师队伍建设，因时而动，因势而变，锐意改革，不断打造世界一流教师队伍，为成就大学的辉煌，奠定了坚实的人力资源基础。在哈佛大学改革历史上，艾略特、科南特、普西和陆登庭四位著名校长为哈佛大学一流教师队伍的建设作出了卓越贡献。他山之石可攻玉。本节以哈佛大学师资队伍建设为例，系统梳理哈佛大学四位校长重视和加强教师队伍建设的举措，总结其卓越教师队伍建设的成功经验，并从中获得启迪，对于正在建设世界一流大学的当代中国大学来说，无疑具有积极的借鉴意义。

一、世界名校卓越教师队伍建设的改革举措

（一）艾略特校长时期教师队伍建设的改革举措

查尔斯·威廉·艾略特（Charles William Eliot，1834—1926年）是哈佛

---

① 王萍，滕建华，梁秋. 研究生学术诚信教育的理性思考［J］. 黑龙江高教研究，2013（9）：128-130.

* 本节根据作者发表于《教师教育学报》2016年第1期的文章《哈佛大学卓越教师队伍建设的经验与启示》整理而成。

大学历史上第21任校长，执掌哈佛大学长达41年（1869—1909年）。面对
19世纪末20世纪初美国工业化的现实需求，艾略特开启了美国大学"本土
化"建设之先河，全面启动了大学服务社会的进程，改变了哈佛自1636年
建校以来二百多年的发展航向，开创了哈佛大学从传统走向现代的历史。
在诸多改革措施中，建设高质量的教师队伍是哈佛大学的首要举措。艾略
特认为，"大学的真正进步必须依赖教师"①，哈佛的发展在于建设一支任
何其他学校都无法相比的高质量的教师队伍。为此，艾略特以其独到而敏
锐的眼光，寻找和聘用了一批学术超群、才华出众的精英人才，为哈佛大
学的发展奠定了坚实的人力资源基础。在改造法学院时，他亲自去纽约兰
德尔所在的律师事务所，诚恳地邀请兰德尔出任哈佛法学院的院长。兰德
尔果然不负期望，在他担任哈佛大学法学院院长期间，积极、主动、忠实
地执行艾略特校长的改革思路，并创造了独特的、经典的、具有深远影响
的案例教学法，提高了法学院专业教育质量。此外，艾略特还独具慧眼，
聘用了著名的历史学家亨利·亚当斯（Henry Adams，1839—1918年）、
宪法学者奥利佛·温德尔·霍姆斯（Oliver Wendll Holmes，1841—1935
年）、哲学家威廉·詹姆斯（William James，1842—1910年）以及杰出的艺
术家兼文化评论家查尔斯·艾略特·诺顿（Charles Eliot Norton，1827—
1908年）等在内的一批著名学者担任哈佛大学教师。在当时教师工资薪水
极低的条件下，艾略特不惜重金吸引全美优秀学者来校任教，把当时其他
大学教授年薪在3000美元以下的标准提高到4000美元，保证了哈佛大学
能在全美甚至全球招聘到一流的专家和学者，从而为哈佛大学在较短时间
内迅速建设一支一流的教师队伍奠定了坚实的基础。此外，他还通过充实
图书馆、增建实验室、设立学术奖励基金等措施，不断改善教师们的教学
科研条件。通过上述措施，哈佛大学师资队伍建设取得了卓越的成效，汇
集了一大批学术大师，教授的数量日益壮大。据有关统计，哈佛大学的教

---

① PIPSETM, RIESMAN D. Education and Politics at Harvard [M]. New York: Mcgraw-Hill Book Company, 1975: 154-155.

授数量从他接任校长时的 23 位(1869 年),增加到他离开校长职位时的 169 位(1909 年)①,极大地提高了哈佛大学在全美大学中的学术影响力,为哈佛大学发展成为现代高水平研究型大学提供了至关重要的人力资源保障。

(二)科南特校长时期教师队伍建设的改革举措

1933 年,年仅 40 岁的詹姆斯·布赖恩特·科南特(James Bryant Conant,1893—1978 年)被遴选为哈佛大学新校长,从此开始了长达 21 年 (1933—1953 年)执掌哈佛大学的生涯。在担任哈佛大学校长期间,科南特站在国家和民族利益的高度,紧密结合"二战"时期国家对高等教育的战略需求,在师资建设方面进行了具有"革命性"意义的改革,取得了显著的成就,使哈佛大学一举成为世界一流的研究型大学。科南特认为:"大学乃大师荟萃之地,若拥有一流的教授,则必是最优秀的大学。"②教师是把哈佛大学建设成为一流大学的根本性因素。"大学的荣誉不在于它的校舍和人数,而在于它一代一代教师的质量。一所学校要站得住,教师一定要出色。"③这一认识成为科南特校长改革教师聘用制度的思想基础。为此,他决心改革教师职务聘任制度,以此打造一流的教师队伍。他在哈佛大学教师聘任制度史上,最富有"革命性"意义的重大改革有:一是成立了专门的教授委员会,委员会成员由来自社会科学、物理科学、生物科学和人文学科的领军人物组成,专门负责对教授任命、荣誉学位授予、科研支持等方面提供建议;二是不断解雇初级而又没有远大学术抱负的"平庸"教师,同时面向国内外招聘一流学者(如医学专家埃德温·科恩、福勒·阿尔伯特,法学专家埃德蒙·摩根、奥斯丁·司科特,经济学家萨摩·斯莱彻特,自

① 施小光. 十九世纪美国哈佛大学改革的旗帜——查尔斯·艾略特的高等教育理论与实践[J]. 沈阳师范大学学报(社会科学版),2003(1):76-80.

② PIPSETM, RIESMAN D. Education and Politics at Harvard [M]. New York: Mcgraw-Hill Book Company,1975:154-155.

③ 陶爱珠. 世界一流大学研究[M]. 上海:上海交通大学出版社,1993:35.

然科学家珀西·布莱德曼，修辞学家阿彻保德·默克雷什以及历史学家西奥多·莫里森等人）；三是实行"晋升否则离开"（up or out）即人们常说的"非升即走"的教师职务晋升制度，规定如果一位教师在8年时间里还不能达到自己研究领域的前列水平、不能得到升迁，那么就必须辞职离开哈佛大学。这一制度的切实推行，对于促进哈佛大学师资质量水平的不断提高、确保哈佛大学卓越的学术成就发挥了关键性的作用。以当时哈佛大学文理学院为例，"非升即走"制度施行后，学院新聘任的24名教师中，学术成就卓著者就有13人，比例达到54%；有一定学术成就者比例为25%；而学术水平平庸的人比例仅为17%，学术研究失败的教师只有4%。[①]

（三）普西校长时期加强教师队伍建设的改革举措

1953年，内森·玛什·普西（Nathan Msrsh Pusey，1907—2001年）成为哈佛大学历史上第24任校长，从此开始了他19年（1953—1971年）执掌哈佛大学的生涯。在担任校长期间，普西紧密结合"二战"后20世纪60、70年代美国国家战略需求，在前任校长改革的基础上，进一步吸引优秀学者来哈佛任教，大大地改善了师资结构，极大地提升了教学科研水平，进一步巩固了哈佛大学作为世界一流研究型大学的领先地位。普西继承了前任科南特的大学教师观，认为大学是教师的集合体，是知识的仓库，是真理的探求地。"大学的真正进步必须依赖于老师。"[②]要永葆哈佛大学的学术地位，靠的不是学生的数量，更不是建筑的雄伟，而是师资的学术质量。哈佛大学的出色，主要在于教师的出色。为了加大人才管理力度，1977年，学校成立了"哈佛大学人员录用和保留委员会"，专门负责教师队伍的建设和管理工作。通过高薪招揽世界顶尖学者，一大批学术成就卓著的专家云集哈佛大学。例如：在社会学系，著名社会学家亚历山大·因克

---

① 宋鹏云. 科南特的大学科研观及其实践探析[D]. 保定：河北大学，2009：31.

② HOFSTADTER R，SMITH W. American Higher Education：ADocumentary History [M]. Chicago：University of Chicago Press，1961：616.

里斯、社会理论学家丹尼尔·贝尔和内森·格雷泽等人纷纷加盟哈佛大学，随后大型社会科学研究项目、研究中心和实验室相继建立并呈现蓬勃发展之势；在历史学系，普西校长适时启用一批杰出学者，在他上任的第二年，即1954年，经他提议和学校审议，把在历史学领域成就杰出的奥斯卡·汉德林和小亚瑟·旋莱辛格提拔担任正职教授，还聘请了来自斯坦福大学的历史学家福莱德尔担任历史系主任，通过不断聘请来自本土和国外的一流学者，进一步充实了历史学系的教师队伍；在经济学系，通过上述同样的人才引进政策，于1959年迎来了当时全美最杰出的经济学家西蒙·库兹奈茨，1968年又迎来了理论经济学家肯尼斯·爱罗，经济学系的师资规模从1960年的55人增加到1968年的118人[1]；化学系的人才引进更是成绩惊人，从1954年起，生物化学家康拉德·布洛赫、弗兰克·威舍默，有机化学家E.J.科里，物理化学家威廉·李普斯科姆、达德利·赫施巴赫等一批杰出学者到哈佛大学执教，有5位化学家还先后获得了诺贝尔奖[2]，化学系的声望一时享誉世界。通过普西的持续努力，哈佛大学的师资建设取得显著成就：教授人数从1953年的132位增长到1963年的212位；在1961—1965年，平均每年诞生一位诺贝尔奖获得者[3]，创获诺贝尔奖增长速度历史最高水平。一时，学术声誉享誉世界，为哈佛大学迈向世界一流大学之巅奠定了坚实的基础。

(四)陆登庭校长时期教师队伍建设的改革举措

陆登庭(Neil L. Rudenstine, 1935-)在1991—2001年担任哈佛大学校长，是把哈佛大学带入21世纪的领路人。在执掌哈佛大学期间，陆登庭把现代化、全球化等教育理念融入哈佛大学的跨世纪建设中，进一步改革教师聘用制度，使哈佛大学的办学资源进一步丰富，教学科研水平进一步提

①　韩琳琳.普西在哈佛大学的治校实践述评[D].保定：河北大学，2014：28.
②　韩琳琳.普西在哈佛大学的治校实践述评[D].保定：河北大学，2014：28.
③　韩琳琳.普西在哈佛大学的治校实践述评[D].保定：河北大学，2014：28.

高，全球影响力进一步提升，创造了哈佛大学又一新时代的陆登庭认为，在大学中没有比发现和聘用高级教师更重要的事情，教师在大学中占据着核心位置，发挥着至关重要的作用。① 只有当教师的绝对质量水平达到国际水准，一所大学才能称得上是一所优秀的大学。在这一理念的指导下，陆登庭校长采取了一系列措施来进一步加强师资队伍建设：一是为适应国际化要求，实行面向全球公开招聘教授的制度，哈佛大学一旦出现教授席位空缺，就面向全世界发布教授招聘信息，公布招聘条件，鼓励世界各地优秀学者应聘哈佛大学的教授职位，以确保招聘到的教授达到世界一流学术水平；二是在引进和招聘外来优秀教授的同时，一方面在哈佛大学内部实行终身教授职务任命制，另一方面继承了科南特时代"非升即走"的用人制度，并更加严格地执行教授的评价、审核和聘任程序，对终身教授的任命，不仅要看原所在机构的评价，还要经哈佛大学教授委员会的讨论和国际学术评估后，再提交校长、文理学院院长或其他专业学院院长审核通过，这样一来，在哈佛大学内部终身教授职位的晋升上，大约只有十分之一的教员能够晋升到高级职位，其他人员则只能另谋出路②；三是在全校设立"明星教授"，有 20 多位，允许他们拥有跨学科研究和教学的自由，可以在哈佛大学内部自由流动，鼓励他们参与教学工作等；四是对来哈佛大学任职的国际一流水平的教授给予特殊的政策支持，除了提供优厚的薪酬待遇外，还给他们提供心理关怀、工作条件以及学术交流等方面的特殊支持，为他们创造一个有利于发挥创造力的良好环境。以上这些措施充分体现了陆登庭校长"严而仁""威而慈"的教师聘用思想，是对科南特校长的超越。通过上述措施，哈佛大学真正建立起了一支绝对称得上是世界一流的教师队伍，对于确保哈佛大学世界一流的科研和教学质量发挥了至关重要的作用。

---

① 陆登庭．一流大学的特征及成功的领导与管理要素：哈佛的经验[J]．阎凤桥，译．国家高级教育行政学院学报，2002(5)：10-26.

② 沙敏．哈佛大学校训[M]．北京：中国工人出版社，2006：65.

二、世界名校卓越教师队伍建设的成功经验

(一)高度重视是培养一流师资的认识基础

理论是行动的指南，没有理论指导的实践是盲目的实践。哈佛大学之所以能够建成一支卓越的师资队伍，首先得益于艾略特、科南特、普西和陆登庭四位校长对教师队伍建设的高度重视。他们无一不把教师视为建设一流大学的首要条件，并把教师队伍建设置于改革的首要位置。艾略特校长主张哈佛的发展在于建设一支任何其他学校都无法比拟的教师队伍，强调大学的真正进步必须依赖教师；科南特校长的主张与艾略特校长的主张如出一辙，都认为大学是大师荟萃之地，大学拥有一流教师才能成为最优秀的大学；普西校长同样强调大学的出色主要在于教师的出色；陆登庭校长强调大学中没有比发现和聘用高级教师更重要的事情，只有教师的绝对质量水平达到国际水准，一所大学才能称得上是优秀的大学。可见，对教师质量的高度重视是四位校长共同的思想基础，在他们的心目中，一流的师资队伍是哈佛大学成为一流大学的先决条件，决定着哈佛大学的未来。

(二)追求卓越是培养一流师资的高远目标

不招则已，要招就要招到一流人才，这是哈佛大学四位校长打造一流教师队伍的雄心壮志。为此，艾略特、科南特、普西和陆登庭四位校长大力开展面向国内招聘一流的优秀学者来哈佛大学任教的人才计划，还以博大的胸怀，放眼世界，面向全球招聘最顶尖的教授加盟哈佛大学。艾略特以"三顾茅庐"锲而不舍的精神邀请到著名的法学专家兰德尔出任法学院院长，并把著名的史学家、宪法学家、哲学家以及杰出的艺术家和文化评论家等人才招揽到自己的麾下；科南特为了招到各个学科领域最优秀的学者，除成立由来自不同学科的领军人物组成的专门教授委员会负责物色人才外，还面向国内外招聘一流学者，由此一批医学家、法学专家、经济学家、自然科学家、修辞学家以及历史学家等纷纷加盟哈佛；普西更是以高

薪待遇吸引一大批拥有世界顶尖学术成就的国内外专家云集哈佛大学，创造了 1961—1965 年平均每年诞生一位诺贝尔奖得主的最好纪录；陆登庭进一步把面向全球公开招聘教授的做法制度化，一旦出现教授席位空缺，就面向全世界发布教授招聘信息，鼓励世界各地的优秀学者应聘哈佛。大批世界一流学者的加盟，壮大了一流教师队伍，确保了哈佛大学的国际领先地位。

(三)改善条件是培养一流师资的物质保障

不仅要招揽一流教师，还要通过特殊政策来稳定师资队伍，这是哈佛大学卓越教师队伍建设的又一成功之道。哈佛大学的四位校长除通过高薪待遇吸引世界优秀学者外，还通过改善教学科研条件等办法留住优秀学者，使之安心在哈佛大学长期任职。例如：艾略特不惜重金吸引全美优秀学者来校任教，提高学校教授的年薪标准，还通过充实图书馆、增建实验室、设立学术奖励基金等措施，不断改善教授们的教学科研条件；科南特、普西、陆登庭校长除了给教授们提供优厚的薪酬待遇外，还给他们提供心理关怀、工作条件以及学术交流等方面的特殊支持，特别是陆登庭对"明星教授"还给予更多的教学与学术自由，允许他们跨学科研究和自由教学，允许他们在哈佛大学内部自由流动等。这些措施为一流学者们创造了一个有利于发挥创造力的良好环境，保证了哈佛大学一流教师队伍的稳定性和连续性。

(四)激励竞争是培养一流师资的动力源泉

哈佛大学为了盘活教师资源，永远保持教师队伍的一流水平和始终居于国际学术最前沿，自科南特以来，历任校长均严格施行近乎"残酷"而又富于竞争性的"晋升否则离开"(up or out)即"非升即走"的教师职务晋升制度，规定如果一位教师在 8 年时间里还不能达到自己研究领域的前列水平，得不到升迁就必须离开哈佛大学另谋生路。后来，陆登庭还进一步规范了教授的评价、审核和聘任程序，拓展了学术评价范围，规定终身教授的任命必须经过国际学术评估后才能审核通过。直到今天，"非升即走"制度依然是哈佛大学教师职务晋升机制的主旋律。这一制度的切实推行，充分激发了教师队伍的积极性、主动性和创造力，把"平庸"拒之于门外，将"卓越"留在哈佛，使哈佛大学的教师学术质量和水平始终处于国际一流的地位。而永远拥有一支最具活力的教师队伍，是哈佛大学在激烈的人才竞争中化"危机"为"生机"的制胜法宝，是哈佛大学永葆青春活力的关键所在，对于确保哈佛大学世界一流的教学科研地位发挥了至关重要的作用。

三、世界名校卓越教师队伍建设的有益启示

(一)建设一流大学必须深刻认识教师队伍建设的重要性

大学一流，必须是教师一流。正如梅贻琦所言："所谓大学者，非谓有大楼之谓也，有大师之谓也。"①这句话足以说明教师在办学治校中的决定性作用。在大学办学实践活动中，教师是人才培养、科学研究和社会服务的组织者、实施者。他们工作在第一线，其素质和能力直接决定着大学办学目标的实现。因此，教师是一所大学最重要的办学主体，教师的水平决定着教育的质量，是高校发展的决定性因素②。一所大学能否取得高水平的研究成果，能否培养出卓越的人才，能否更好地服务于社会，关键在于教师队伍建设能否得到高度的重视。哈佛大学之所以长盛不衰，就在于其拥有一支高质量的教师队伍。新中国成立以来，党和国家高度重视高校教师队伍建设，多次出台文件要求高校正确认识教师的主体地位，充分发挥教师教书育人的主体作用，教师队伍建设取得了伟大成就。但目前，仍然存在着"说得多、做得少、难落实"的问题，特别是"高等教育长期以来

---

①　陈平原，谢泳．民国大学：遥想大学当年[M]．北京：东方出版社，2012：35.

②　张建祥．确立教师在高校办学中的主体地位[N/OL]．光明日报，2002-02-17[2015-10-15]．http：//www.gmw.cn/01gmrb/2002-0217/12-A43D9940675DBBDD748256B300034899.htm.

所形成的行政化趋向"①，导致学术权威服从于行政权力，使教授难以发挥治学治教的作用。鉴于此，必须首先转变观念，尊重大学的学术逻辑，尊重教师的主体地位，并在行动上转变工作作风，增强职能部门的服务意识，采取切实措施，为教师的教学、科研和人才培养工作创造良好的环境。

（二）建设一流大学必须打破传统，面向世界招聘一流学者

虽然目前国内外学者关于"一流大学必须具备什么样的条件"的问题，尚未形成一致观点，但拥有一流的教师却是理论界和实务界的共识。一所大学没有一流的教师，则必定不是优秀的大学。那么，一流教师又必须具备哪些条件呢？笔者以为，一流教师至少应具备三个基本条件：一是其学术成就已经被公认在本学科领域处于前沿；二是具有广阔的学术国际视野，能够把握学术发展趋势；三是具有强烈的创新精神以及创造高水平科研成果的潜力和能力。拥有一流的教师，这也是哈佛大学走向世界一流大学的成功经验。就我国而言，大学教师"队伍数量不足、质量不整齐、结构不合理的问题还比较突出"②。中国大学在建设世界一流大学的征程中，可充分利用国际化条件开阔视野、放眼世界，积极主动地寻找并招揽世界级顶尖学者，只有这样才能真正建成一流的高素质教师队伍。

（三）建设一流大学必须切实提高待遇和改善教学科研条件

一流学者不仅要引得来，更要留得住。这样才能真正发挥一流学者在治学治教中的主导作用，这也是哈佛大学教师队伍建设的成功之道。因此，一流师资的建设，必须把"尊师重教"落实到具体行动上，切实提高引

---

① 张光慧. 高校去行政化问题研究[J]. 人民论坛，2010(20)：187-189.
② 李子江，陆永. 中国高校教师队伍建设的问题与对策[J]. 大学(研究与评价)，2007(12)：29-33.

进人才的待遇，改善教学科研条件，营造事业留人的优良环境。结合我国大学实际，笔者以为，当前应着力从三个方面为教学科研人员创造良好的工作条件：一是待遇留人，要建立"价值决定报酬"的薪酬待遇制度，对特别优秀的具有国际影响力的学者要实行"特殊薪金"制度，充分体现教师的创造价值；二是事业留人，要通过政策支持、经费保障、设备投入等途径为优秀学者创造良好的教学科研条件，使他们安心施展抱负，使大学校园成为他们发挥聪明才智的乐园；三是情感留人，学校要加强与优秀学者的沟通交流，倾听学者们的诉求，切实为他们排忧解难，使之愉快工作。

(四)建设一流大学必须建立健全激励机制，发挥教师潜力

"教师积极性的调动和潜力的发挥直接影响着学校各项工作的成效。"[1]怎样才能有效激发广大教师的创造力，是一流大学管理者必须认真思考的问题。哈佛大学的师资队伍之所以能够永远保持创新的活力，在激烈的高等教育竞争中立于不败之地，关键在于其拥有极富创造力的激励竞争机制。近年来，我国大学在师资队伍管理改革方面虽然取得了一些成效，但仍未"从根本上脱离计划经济体制下形成的静态的、封闭式的管理模式"[2]。教师的选聘、考核和流动仍然缺乏有效的激励竞争机制，教师"只进不出"的传统陋习依然不是个别现象。因此，进一步改革师资管理制度，特别是建立健全激发教师创新活力、形成竞争淘汰机制仍然是我国大学人事制度改革的艰巨使命。笔者以为，建立健全相对稳定的骨干层与有序流动的中间层相结合的竞争机制，应当是中国大学师资队伍管理改革的着力点。

---

① 肖刚，洪晓军，周国君. 新时期高校师资队伍建设的思考与对策[J]. 中国高校师资研究，2005(2)：42-46.

② 陈兴真. 我国高校师资管理的现状、问题及对策——以福建师范大学为例[D]. 福州：福建师范大学，2009：1.

第三节　高校科技人才称号的本质、异化与回归*

人是生产力中最活跃的因素。科技人才称号的管理与使用，关乎"双一流"建设，事关科技强国战略大计。近些年来，随着科技人才竞争的日趋激烈，人才恶性竞争、人才"帽子"满天飞现象饱受社会质疑和诟病①，引发人们对科技人才称号是去还是留的质疑和深思。那么，科技人才称号是如何产生的？它的内涵本质是什么？究竟存在什么问题？科技人才称号是去还是留？如何充分发挥科技人才称号的示范带动作用？显然，要科学回答这些问题，需从历史与现实、理论与实践的维度深入考察、全面检视后才能找到正确的答案。

一、高校科技人才称号的历史回思

在我国，始于 20 世纪 90 年代的科技人才称号有其深刻的历史背景，它是在国际经济政治形势发生深刻变化、国家经济社会发展战略要求的大背景下、伴随各类科技人才计划和人才项目的实施而产生的，有其历史必然性、存在合理性。

(一)科技人才称号产生的背景

从国际看，20 世纪 90 年代以来，世界政治经济形势发生了深刻的变化，突出表现为经济全球化进程加剧、国家间贫富差距加大、以高科技为支撑的"新经济"飞速发展带来社会生产的巨大变革、两极国际格局的终结与多极化发展趋势给民族国家发展竞争带来的严峻挑战。在此形势下，国际竞争焦点由从前的"硬对抗"转变为"软竞争"，科技与人才成为世界各国着力发展的重点和争相抢夺的资源。谁赢得人才，谁就赢得未来，因而实

---

　*　本节根据作者发表于《中国科学院院刊》2022 年第 10 期的文章《科技人才称号的本质、异化与回归》整理而成。

　①　杨三喜. 人才"帽子"泛滥现象亟待改变[N]. 光明日报, 2010-12-12.

施科技人才计划和项目则成为汇聚人才、赢得竞争的最直接、最快捷、最有力的抓手。

从国内看，20世纪90年代，我国正处于从计划经济到市场经济的重要转轨期。1992年党的十四大召开正式确立中国特色社会主义市场经济体制，改革开放和社会主义现代化建设步入新阶段，对人才的渴求日趋强烈。进入21世纪，我国经济社会步入全面建设小康社会时期，人才资源不足与经济社会发展要求的矛盾更加突出，尤其高科技人才严重短缺问题正式提上党和国家的重要议事日程。随后，党和国家相继出台《2002—2005年全国人才队伍建设规划纲要》《中共中央国务院关于进一步加强人才工作的决定》《国家中长期人才发展规划纲要（2010—2020年）》《关于深化人才发展体制机制改革的意见》等指导政策，人才强国成为党和国家重大战略，人才资源战略地位日益突出、作用发挥更加凸显。

（二）科技人才称号的发展历程

科技人才称号与科技人才计划和项目的实施相伴而生，大致划为三个阶段。

1. 探索期（20世纪90年代至2010年）。1993年10月，为适应我国科技事业发展战略需要，国务院常务会议决定将中国科学院学部委员改称为"中国科学院院士"，同时决定成立中国工程院。接着，中国科学院基于培养一批跨世纪学术技术带头人的初衷于1994年在全国率先推出面向海外的科技人才引进计划即"百人计划"，拟从国外引进培育百余名优秀青年学术带头人，并给予每人200万元的项目经费资助。同年，国家自然科学基金委基于鼓励海外人才回国工作、加速造就一批能够进入世界科技前沿的自然科学基础研究学术带头人之目的，推出"国家杰出青年科学基金项目"计划（简称"国家杰青"），给予入选者每人80万~100万元项目经费支持。此后，其他科技人才计划和项目相继推出，早期科技人才称号随着项目的实施便应运而生。

2. 发展期（2010—2017年）。2010年《国家中长期人才发展规划纲要

(2010—2020年)》、2016年《关于深化人才发展体制机制改革的意见》的出台，人才计划和项目如雨后春笋般涌现，形成了国家、地方和高校三级梯次的科技人才计划项目体系①。国家层面科技人才计划项目立足国家急需高端科技人才需求并以相关部委为牵头单位，如教育部的"长江学者奖励计划"(2012年)、人社部的"百千万人才工程"项目(2012年)、国家自然科学基金委的"优秀青年科学基金项目"(2012年)、科技部的"中青年科技创新领军人才计划"(2015年)等。地方层面科技人才计划项目立足地方需要，由省市级政府设立，如重庆市"巴渝学者"计划(2013年)、湖北省"楚天学者"计划(2013年)等。到2015年，随着"双一流"建设政策的出台，高校层面推出的科技人才计划项目更是数不胜数。据统计，截至2019年12月，国家层面科技人才已有计划84个，省级层面科技人才计划已有639个，市县校级层面科技人才计划更是不计其数②，随着各级各类科技人才项目的实施，科技人才称号数量越来越多。

3. 调整期(2017年至今)。随着科技人才计划和项目数量的增长，在促进科技人才活力释放的同时，也出现了科技人才流动"无序"、科技人才称号使用"异化"、人才争抢"恶化"等不良现象，尤其是由此引发的唯帽子、唯项目等"五唯"问题，引起社会广泛关切。鉴此，2017年，教育部发布《关于坚持正确导向促进高校高层次人才合理有序流动的通知》，次年，启动清理"五唯"问题专项行动。2020年，中央深化改革委员会审议通过《深化新时代教育评价改革总体方案》。同年，教育部印发《关于正确认识和规范使用高校人才称号的若干意见》。2021年，人社部、教育部联合印发《关于深化高等学校教师职称制度改革的指导意见》，标志着科技人才称号使用进入全面调整期。国家层面系列政策的出台，回应了社会对科技人才问题的广泛关切，促进了科技人才称号的规范使用。可以预见，在高质量发展引领下，国家将进一步规范科技人才称号使用，使之回归本质、发

① 胡咏梅，元静. 我国高校普通青年教师与"帽子"人才的工资差距有多大[J]. 北京大学教育评论，2021，19(3)：41-61，189-190.
② 杨三喜. 人才"帽子"泛滥现象亟待改变[N]. 光明日报，2019-12-12.

挥应有作用。

(三)科技人才称号的历史贡献

虽然科技人才称号在使用过程中因各种原因出现了这样或那样的与科技人才称号本质和设立初衷相悖的问题,但不容否认,拥有各类科技人才称号的人才也为发展繁荣我国科技事业、推动经济社会发展作出了极其重要的贡献。

1. 营造了干事创业环境,促进了"智力回流"。系列面向海外的科技人才计划和项目的实施,在吸引国外优秀科研人才、培养科技领军人才、推动我国科技创新方面发挥了极其重要的作用。[1] 随着这些科技人才计划和项目的持续实施,大批海外科技人才开始"回流",促进了我国从"智力外流"向"智力回流"的转变。[2] 以"百人计划"为例,1994—2004 年的 10 年里,共计支持的 1069 名优秀人才中就有 702 人系从海外引进,占"百人计划"资助人才总数三分之二[3]。大批海外优秀人才加入科技创新工程,激发了他们创新创业热情,服务社会主义现代化建设事业。

2. 汇聚了一批青年才俊,培育了一批领军英才。科技人才计划和项目通过"筑巢引凤",构建了一支推动我国科教事业发展的人力资源战略力量。据报道,截至 2014 年,从"百人计划"入选者中诞生了 28 名科学院或工程院院士、一大批"973"或"863"重大科技任务首席科学家或负责人、524 名"国家杰青"获得者[4]。"国家杰青"人才项目也取得非凡成就,报道显示,截至 2004 年,该项目支持的 1174 名"获得者"中,已有 31 人成长为

---

① 杜红亮,任昱仰. NSFC 海外科技人才政策及其效果评估[J]. 科技管理研究,2013,33(16):128-132.

② 蓝庆新,黄婧涵,李飞. 海外高科技人才回流对中国区域经济发展的影响研究——基于门槛效应的实证分析[J]. 科技管理研究,2019,39(10):114-119.

③ 应向伟. 集聚人才兴伟业[J]. 今日科技,2005(1):4.

④ 白春礼."百人计划":二十年回顾与思考[N]. 光明日报,2014-11-20.

中国科学院或工程院院士①。涌现出了陈竺、白春礼、李家洋、王志新、刘德培、田刚、卢柯、施一公等一批杰出科学家。

3. 产出了一批尖端成果，提升了国家科技水平。系列面向世界科技前沿、国家和区域重大发展战略的科技人才计划和项目的实施，有力推动、迅速提升了我国科研水平，一大批重大科研成果纷纷问世，在国际社会产生重大影响，缩小了与发达国家的差距。如"百人计划"支持下纳米金属铜的室温超塑延展性的发现，推动了金属材料纳米技术的革新，解决了高温冻土区路基结构难题。又如"国家杰青"项目支持下的施一公结构生物学团队取得的重大成果"剪接体的三维结构和 RNA 剪接的分子结构基础"，攻克了二十余年来全球生物界没有攻破的世界级难题，标志我国这一领域研究走在了世界前沿。② 此外，还在量子通信、干细胞、脑科学、超级计算等领域催生了一批优势学科、培育了许多学术新秀。

通过上述科技人才称号的历史回思不难发现，科技人才称号的产生和存在有其必要性、重要性，尽管并不是所有重大科技创新成果都是拥有人才称号的人做出来的，但以科技人才项目并给予相应人才称号方式引进和管理人才不失为一种激励人才快速成长和推动科技进步的有效制度设计，它为人才成长和科技创新提供强大的制度引力，在加速重大科技创新进程中发挥了最主要的政策牵引作用。显然，在我国经济社会已经步入高质量发展的今天，进一步优化人才管理体制机制对于进一步促进科技创新发展、服务党和国家重大发展战略具有重大意义。

二、高校科技人才称号的内涵本质

科技人才称号是特定科技人才计划或项目实施的产物。没有科技人才

---

① 王光荣，田雅婷."在总理的关怀下"——张存浩院士谈"国家杰出青年科学基金"设立与发展[N]. 光明日报，2004-5-21.

② 普浩天. 施一公团队重大研究成果发表解答基础生命科学核心问题[N]. 光明日报，2015-8-22.

计划和项目，就没有相应科技人才称号，前者是后者的前提。而科技人才计划和项目具有特定时代背景，因此，科技人才称号必然体现特定战略意图，具有特定的内涵本质。

(一)科技人才称号是特定科技人才计划或项目的入选标识

众所周知，科技人才计划或项目都设置了包括年龄、研究领域、学历学位、技术职称、工作时间、发展潜力等在内的入选条件，如"青年人才计划""长江学者特聘教授""国家杰青"等。申报者入选科技计划或项目，就自然获得相应科技人才称号。因此，科技人才称号是对入选者与特定科技计划或项目遴选条件"匹配性"的肯定，换言之，科技人才称号仅仅是特定科技人才计划或项目的入选标识。这种标识，不但有"入门"条件，还有期限规定，如长江学者"特聘教授""讲座教授"的聘期分别为 5 年、3 年；"国家杰青""国家优青"的聘期分别为 4 年、3 年。因此，科技人才称号并不是"永久牌"，一旦该计划或项目执行结束，即意味入选者自然失去身份标识。

(二)科技人才称号是促进科技人才成长的激励机制

从历史背景看，发端于 20 世纪 90 年代的各级各类科技人才计划或项目特别是国家层面的科技人才计划或项目都是基于不同时代国际国内经济社会发展形势变化、适应党和国家重大发展战略需求应运而生的，有其特定的时代背景和战略意义。显然，与这些科技人才计划或项目实施相伴而生的科技人才称号是时代的产物。如 1994 年"国家杰青"项目的出台，是基于 20 世纪 90 年代国内科技人才队伍严重"老化"而又青黄不接、国家急需培育一批青年学术带头人的时代境遇下，作为一项跨世纪战略任务推出的重大人才项目。事实证明，该项目实施成效显著，从 1994 年启动到 2004 年的十年间，从该项目入选者中诞生了 30 多位科学院或工程院院士，成为我国引进和培养领军人才的重要项目平台之一。

从目标定位看，科技人才计划或项目都有其特定的发展定位。因此，相应的科技人才称号并不是单纯科学研究的标识，而是集科技创新与促人才成长为一体的带有鲜明战略价值追求的激励人才快速成长的制度设计。仅以"百人计划"为例，首先，该计划不是"高薪引人"，而是为科技人才成长"筑巢搭台"，为科技人才干事创业搭建平台，激励人才快速成长。其次，该计划不是"因人设岗"，而是按需设岗，即瞄准世界科技前沿、结合国家战略需求、根据计划岗位职责按岗遴选，双向选择，择优入选，具有鲜明的需求导向。最后，该计划不是纯粹的高强度支持"引人进人稳人"，还有严格的竞争淘汰机制。据报道，2004 年中科院曾取消了 184 名"百人计划"入选资格，并对聘期评估考核不合格者追回全部支持经费。①

(三)科技人才称号是赋予杰出科技人才的学术荣誉

荣誉是个人或集体因在某一方面做出突出成就或贡献而被社会组织授予的正式的、积极的、肯定性评价。学术荣誉指学者因在某一学科或领域做出突出成就或贡献而被社会组织授予的光荣名誉，意味着认可、肯定和鼓励，通常以某种荣誉称号为载体，实质是一种社会价值导向。

因此，科技人才称号本质上是一种学术荣誉，它是国家或相关组织机构在实施科技人才计划或项目工程过程中对具备优秀学术能力、作出杰出成就贡献的个人或团体授予的光荣名誉，如 973 重大科研计划项目"首席科学家""长江学者""省管专家""市管专家"等各种科技人才荣誉或称号都与各级各类科技人才计划或项目紧密相关，是对入选人才计划、承担这些项目主体的学术上的精神荣誉性奖励，或寓意科研创新责任担当，或寓意学术杰出成就贡献。所以赋予相应人才称号，目的不是给人才贴上"身份标签"，更不是划分人才等级，而是一种社会"价值符号"，即通过"荣誉

① 白春礼. 精心打造品牌凝聚培养优秀创新人才——中国科学院"百人计划"十年历程的回顾与思考[J]. 中国科学院院刊，2004(5)：323-327.

化"树立科技人才成长先进典型，确立科技创新社会主流价值导向，引领和激励广大科技人才开拓创新、勇于担当，服务国家和地方的重大发展战略。

（四）科技人才称号是科学研究人员的责任使命

从科技人才计划或项目的目标任务看，科技人才称号获得者承载着国家和地方重大发展战略意图。各级各类科技人才计划或项目尤其是国家层面的科技人才计划或项目，无不基于特定的时代背景和国家重大战略需求应运而生。科技人才称号获得者肩负着特殊职责使命，依托科技人才计划或项目支持，面向世界科教前沿，取得重大突破，成长为相关研究领域的领军人才，服务党和国家重大战略。因此，科技人才称号并不是简单的人才计划或项目的入选者，而是国家重大战略实施的承担者、执行者，本质上是承载特定责任和使命的"意义符号"。

从科技人才发展的内在动力看，获得科技人才称号是学者的学术责任和使命追求。著名社会学家马克斯·韦伯指出，学术是"精神上的志业"[1]，学者当"以学术为志业"。著名哲学家费希特也曾强调，学者应当将献身科学和追求真理当作毕生事业，"当作自己生活里唯一的日常劳动来做"[2]。从这个意义讲，学者追求科技人才称号无可厚非，是学术创新责任感和使命感的体现，是科研工作者的社会责任担当和使命追求，有利于激发学术创新内在动力、实现人生理想抱负。

三、高校科技人才称号本质的异化

显然，科技人才称号获得者是宝贵的、"稀缺"的人才战略资源[3]，合

---

①　马克斯·韦伯. 韦伯论大学[M]. 孙传钊，译. 南京：江苏人民出版社，2006.

②　费希特. 论学者的使命 人的使命[M]. 梁志学，沈真，译. 北京：商务印书馆，1997.

③　斯蒂芬·P. 罗宾斯. 组织行为学(第十版)[M]. 孙健敏，李原，译. 北京：中国人民大学出版社，2005.

理使用人才称号对于汇聚人才、赢得科技竞争优势具有极其重要的战略意义，因而人才称号本身无可厚非，有其存在的合理性、必要性和重要性。但现实中，科技人才称号也因各种原因出现了一些悖离科技人才称号本质的异化现象，需要反思和改进。

(一)科技人才称号"标签化"

科技人才称号"标签化"即指选人、用人、评价"只重其名，不重其实"，将科技人才称号等价于科学精神的追求、学术创新的能力、服务社会的贡献，违背了科技人才计划或项目设定旨意。其根源有二，一是认识偏差使然。一些引才用人单位缺乏对科技人才称号来龙去脉、内涵本质的理解认知，简单地将科技人才称号与科技人才计划或项目画等号。实际上，即使"入选"而被取消人才称号的也大有人在。二是外在压力使然。有的高校深受五花八门"排行榜"的外在评价牵引而失却自我，片面追求引进更多的人才"帽子"作为排名进档的"资本"。同时，一些地方部门也因"业绩考核"的需要卷入争抢人才称号的怪圈，客观上助长了科技人才称号的"标签化"。

科技人才称号"标签化"的危害显而易见。其一，助长了学术浮躁。有学者认为"帽子"越大、地位就越高，忘却自身入选人才计划的责任和使命，陷入片面追求人才"帽子"和"头衔"的泥潭，进而演绎相互攀比的浮躁学风，甚至导致学术腐败，破坏学术生态。其二，抑制了学术创新。科技人才称号"标签化"与人才评价"符号化"紧密相关，科技人才评价一旦"符号化"，就意味着身份"符号"取代了创新"实质"。科研的本质是付出与创新，仅以外在的身份"符号"取代内在的艰辛付出，学者的创造力、生命力就停止了。因此，科技人才称号"标签化"对于学者、学风和科研事业的发展都是一种伤害。

(二)科技人才称号"终身化"

科技人才称号因科技人才计划或项目的存在而存在。一旦科技人才计划实现或项目任务完成，相应的科技人才称号就自然失去存在的理由。事实上，科技人才计划或项目都设定了一定的聘期，并非"终身制"，但现实中科技人才称号使用被"终身化"了，成为终身"光环"和身份象征。有学者将科技人才计划或项目的"入选"自视为终身荣誉，即使该科技人才计划或项目聘期已经结束，仍然不愿摘掉"帽子"，甚至将其作为显示"身价"的"资本"。科技人才称号"终身化"弊端的形成，还与部分引才用人单位的推波助澜紧密相关，一些引才用人单位因不能正确认识科技人才称号的本质而在其招聘媒体中将拥有人才称号作为"引进条件"，并将科技人才称号划分为不同"级别"给予"差异性"待遇，助长了科技人才称号使用的"终身化"。

科技人才称号"终身化"将产生两个明显弊端。一是造成人岗分离和贡献"虚化"。仅以外在的科技人才称号和头衔级别作为招聘条件，这种"重名轻实"的人才引进理念和方式，实质上是人才评价"标签化"在引人进人工作中的再现，极有可能造成人岗分离和贡献"虚化"。二是不利于科技人才队伍的长远发展。重视高层次人才队伍建设无可厚非，但事业发展不仅需要一批领军人才，更需要大批默默无闻的耕耘者。如果仅将外在的科技人才称号获得者置于人才队伍建设的重心而忽视科技人才队伍建设的整体性，势必挫伤广大"无称号者"的创造热情，并将滋生片面追求外在名号的不良心态，不利于各类科技人才创造活力的竞相迸发，制约科技人才队伍的整体发展。因此，重塑科技人才称号的价值已成为人们的共识①。

(三)科技人才称号"商品化"

马克思主义认为，商品是用以交换的劳动产品。恩格斯在总结商品属性时，特别强调商品首先是"私人产品"。"商品化"则指不宜进行货币等价交换的事物变异为进行货币买卖交换的商品。而科技人才称号作为因入选科技人才计划或项目而获得的"入选标识"，它并不是"私人产品"，而是基于公共利益需要的"公共标识"。因为科技人才计划或项目都是基于特定公

---

① 朱旭东.重塑人才称号的价值[N].光明日报，2020-12-19.

共目的而设立的，因此而产生的科技人才称号当然具有"公共性"。如果科技人才称号一旦被当作商品进入人才市场进行流通交换，则意味着人的"异化"，即将人本身作为一种交换的"商品"时，人就失去了"人是人的最高本质"①，必然导致人的"非人化"②。显然，科技人才称号的"商品化"异化了人的本质，违背了人的目的本真。

但现实中，科技人才称号"商品化"及由此导致人的"物化"现象并非个别。在科技人才竞争日益激烈的今天，科技人才称号获得者成为"明码标价"的"商品"，在科技人才争夺战中成为竞相抢购的稀缺资源。③ 笔者随机抽取查阅了东、中、西部3个引才单位高层次人才招聘信息发现，科技人才称号成为确定人才等级和提供待遇的价格标准，学术荣誉被涂上"功利"的色彩，违背引才用才的初心。

(四)科技人才称号"权力化"

不容否认，科技人才称号在树立先进标杆、激励后学成长、推动科技创新、服务国家和区域重大战略等方面发挥了独特而重要的作用。但科技人才称号在使用过程中却因制度设计上的漏洞及其他因素的影响而悖离了它的本质和初心，出现了学术与权力的"过度交融"、异化为学术权力象征的现象。有学者指出，现实中"人才项目政策安排下的'高层次人才'成为一种集声望、经费、权力、地位与体制认可于一体的身份，不断塑造着高层次人才的新式威权存在"④，还有学者曾就院士制度改革问题指出，"院

---

① 马克思，恩格斯．马克思恩格斯文集：第 1 卷［M］．北京：人民出版社，2009.

② 刘尚明，宋海圆．人的商品化及其后果［J］．广州大学学报(社会科学版)，2018，17(5)：90-96.

③ 白强，迟明阳．符号生产："双一流"建设背景下高层次人才流动治理研究［J］．重庆大学学报(社会科学版)，2020，26(6)：243-252.

④ 徐娟，贾永堂．大学高层次人才流动乱象及其治理——基于政府规制与市场设计理论的探析［J］．高校教育管理，2019，13(3)：97-106.

士发挥的作用和具有的权利已经远远超出学界"①。

科技人才称号"权力化"之弊有二。一是不利于学术资源的科学配置。拥有较高学术声望者，通常在学术圈占据主导地位，甚至支配学术资源配置，很容易造成项目评选权、奖项评定权、资源分配权的过度集中。从轻讲，可能产生"学术圈地"怪象②。从重说，"学术圈"的固化，甚至有可能产生利益输送和学术"腐败"。二是抑制学术创新。学术的本质是创新，而创新的动力源于质疑和批判。一旦人才称号获得者异化为"学术权威"，往往掌握着某一学科领域更多的、主导的、甚至支配性话语权和决断权，质疑和批判便会在"礼让"和"被迫"中"让路"，从而压抑了学术创造力的生长，阻碍了科学技术的进步。

应当看到，人才称号本质异化的原因是多元的，既有学者个人的、也有用人单位的，还有社会观念的原因；既有主观的，也有客观的原因，但其中一个主要的、根本的原因在于各级人才管理方式的粗放化。粗放化的人才管理方式偏重人才项目目标达成，但缺乏明确有效的过程监督管控机制，加之人才计划执行过程中各级各类人才管理部门缺乏有效的协调沟通机制，造成人才体系各自为阵。鉴此，建立健全人才理机制、实施精细化人才管理当是进一步加强和改进科技人才称号管理的内在要求和必然选择。

四、回归科技人才称号本质的路径

显然，科技人才称号本质异化是"一果多因"问题，因此，科技人才称号治理是一个系统工程，需要从人才项目设计、人才管理方式、人才评价制度、人才责任担当、社会人才价值观念等方面有效协同，才能使科技人才称号回归学术性、荣誉性，进而充分发挥其引领科技创新、激励后学成长、服务社会发展的功能。

---

① 黄延楠. 院士制度何去何从？[J]. 中国科技奖励，2013，(3)：20-22.
② 胡键. 学术圈地运动不利于学术发展[J]. 云梦学刊，2014，35(4)：27-28.

(一)优化人才计划顶层设计

科技人才称号因科技人才计划和项目而生,亦因科技人才计划和项目实施而用。鉴此,回归科技人才称号本质,首先需要进一步优化整合科技人才计划顶层设计。总体来看,我国科技人才计划和项目体系具有一定合理性,无论国家层面,还是地方层面,都是基于特定发展战略需求而设,因此而诞生的科技人才称号也发挥了较好激励作用。但梳理我国各级各类科技人才计划或项目文本就会发现人才计划在数量设置、限制性规定、人才称号使用期限规定等方面仍存在一定的制度漏洞,客观上给人才称号的异化造成可乘之机。因此,进一步完善和优化人才计划顶层制度设计,防止出现设计漏洞是预防人才称号本质异化的一项极其重要的基础性工程。

一是要优化人才计划体系。针对目前各级各类人才计划数量过多、人才"帽子满天飞"给人才精细管理带来困难的问题,要在分层分类开展集中清理的同时,优化人才计划整体布局,精简人才计划数量、整合层级相近、面向相同、措施相似、力度相当的人才项目,防止多头重复建设。二是要明确限制性规定。各级各类人才计划要对申请条件,特别是人才称号使用期等方面作出明文规定,如规定"同一人在一个人才计划支持期内不得申请另一个计划""因各种原因被解聘或人才项目执行结束后不得再使用本人才称号"等,有利于防止人才称号使用"终身化""利益化"等问题的发生。

(二)实施人才项目精细管理

应当看到,"重项目设立、轻过程管理"的粗放型人才管理方式是科技人才称号异化的主要原因。因此,建立健全人才管理监控机制、实施精细化人才管理势在必行。针对我国人才层级多、规模大的情况,建议从四个方面入手建立健全人才管控机制、促进人才管理从粗放化向精细化的转轨。一是建立项目统筹协调和人才称号定期清理发布制度。可设立国家、省市、区县三级人才管理统筹机构,履行协调、统筹、监管职责,定期清理项目、通报退出名单。二是建立学术与行政适当分离制度。行政权力要与学术权力相对分离，保障学术权力按学术规则运行。三是建立共享人才大数据库。建立国家、省市、区县三级人才信息数据库，适时共享人才信息资源。四是可以借鉴国际上讲席教授成功经验，实行动态管理、严格过程考核、明确退出机制。

（三）改革人才评价制度体系

人才评价导向是指挥棒、风向标，具有直接的导向功能和激励作用，是牵引人才队伍建设发展走向的"牛鼻子"。它是一个涉及评价主体、评价对象、评价目的、评价内容、评价方法以及评价结果运用等方面的综合体系，其中任一环节出现偏差都将影响评价的科学性、合理性和有效性。"人是社会关系的总和"，只有遵循马克思主义人才观，坚持人的社会性和实践性相统一，才能科学把握人才评价的本质。

但现实中，科技人才评价却悖离了人的本质，表现为人才引进看学术"头衔"、资源配置看人才"等次"、人才评价看人才"帽子"，将人才称号"数量"作为人才发展和队伍建设成绩的评判标准，陷入了片面评价、形式评价的泥潭，不但不能发挥科技人才称号作为人才成长激励机制的作用，反而导致人们片面追逐人才"帽子"的误区。鉴此，回归科技人才称号的本质，关键在于"两个转向"。一是评价重心从数量评价转向质量评价。要淡化人才称号数量评价，强化人才质量评价，将人才评价的核心指标从人才称号数量转到人才的能力、潜力、实绩、贡献轨道上来，才能发挥人才评价的激励导向功能。二是评价内容和方法从单一评价转向综合评价。避免内容单一的知识性评价，要将德、能、绩、效等纳入评价内容体系。避免用一把尺子量所有科技人才的"一刀切"评价方法，要用不同尺子分类评价不同类型、不同岗位、不同任务人才。三是评价结果运用要从重物质奖励转向重精神鼓励。避免将评价结果直接与经济待遇、资源配置挂钩的功利做法，要突出科技人才评价的学术性、荣誉性，增强人才的示范性、感召力。

(四)强化人才责任使命担当

学问之道,在于经世致用。"学术的使命和学者的担当,不只具有'学术'本身的意义,而且关乎民族的命运和国家的兴衰"①。事实上,我国各级各类人才计划和项目的诞生都有其特定的时代背景,伴随重大科技人才工程实施而产生的科技人才称号获得者当然肩负着特定的责任和使命,那就是依托科技人才项目支持,勇于创新创造,努力成长为能够进入世界科技前沿的战略科学家和学术带头人,服务党和国家重大战略实施,为实现中华民族伟大复兴提供人才、科技和智力支撑。

学者的责任和使命,既是学术责任和使命,也是社会责任和使命。②科技人才称号获得者应当是"学者中的学者",是学界的"示范标杆"。无论学术责任的履行,还是社会使命的担当,都应当具有崇尚真理的追求、开拓创新的勇气、忍受"寂寞"的耐性、淡泊名利的心态、宁静致远的胸怀。反观现实中诸如人才称号"商品化""权力化"等问题,无不与学者学术责任感的失落、社会使命感的淡化有关。

因此,回归人才称号本质还须筑牢人才的精神高地、纯洁学者的精神追求,要针对人才管理实践中的"重业务发展、轻思想教育"问题,引才用人单位要将人才责任使命意识教育纳入人才队伍建设总体规划,与业务工作一起部署、一起考核、一起落实,切实增强学者科技创新责任感和使命感,引导学者淡泊名利、远离浮躁,这是科技人才称号要回归学术性、荣誉性的治本之道。

(五)重塑社会人才价值观念

社会人才价值观是社会公众关于人才价值的理解、判断和选择的价值取向。作为社会文化的重要组成部分,人才价值观以稳定的、持久的方式

---

① 孙正聿. 学术的使命与学者的担当——改革开放 40 年的中国学术[J]. 社会科学战线, 2018(11): 1-6.

② 王恩华. 大学学者的使命与学术责任[J]. 高等教育研究, 2005(1): 13-18.

深刻影响着甚至支配着人们对人才价值的看法、态度和主张。党和国家历来高度重视人才队伍建设，将之置于执政兴国"第一资源""第一要务"的战略地位，始终致力营造尊重人才、爱护人才、用好人才、正确评价人才的良好社会环境，始终践行德知能绩并重的人才标准观、人人都可成长的实践成才观。

应当看到，科技人才称号使用中出现的诸如人才称号"标签化""商品化""权力化"等悖离人才称号本质问题的深层根源，还与社会人才价值观发生偏差紧密相关。"重名轻实"的人才价值观客观上为人才称号的"标签化""商品化""终身化""权力化"提供了土壤，于是各种人才"帽子"成为"商品化"的对象①，学术"头衔"成为抢夺的焦点②，科技人才恶性竞争和无序流动也就在所难免。如果引人用人单位都以德知能绩并重的人才标准观和人人都可成长的实践成才观科学看待人才、引进人才、培育人才、使用人才，这些问题自然随之消解。因此建议各级党政职能部门将人才价值观宣传教育纳入人才工作内容体系，提上重要议事日程，与人才工作一起部署、一起落实，进而健全社会文化支持系统，重塑社会人才价值观，净化人才称号使用环境，引导全社会正确理解科技人才称号的内涵本质、正确处理科技人才称号与科技人才的关系，为正确理解、对待和使用人才称号提供良好的社会土壤。

千秋基业，人才为本。新时代人才强国战略的实施，迫切需要"大力培养使用战略科学家"。科技人才称号与国家战略人才力量建设紧密相关③，与国家和地方重大科技人才工程的实施相伴而生。作为科技人才计划或项目入选标识、作为促进科技人才成长的激励机制、作为授予杰出人才的学术荣誉、作为学者的神圣责任使命，有其存在的合理性、必要性、

① 杨岭，毕宪顺."双一流"背景下大学高层次人才流动的失序与规范[J].社会科学家，2017(8)：130-135.

② 周川.大学的德行：传统与现实[J].教育研究，2019，40(1)：86-93.

③ 怀进鹏.为加快建设世界重要人才中心和创新高地贡献力量[N].人民日报，2022-1-26.

重要性。至于实践中出现的诸如科技人才称号标签化、终身化、商品化、权力化等悖离科技人才称号本质的问题，是发展中的问题，是执行偏差问题。① 只要进一步优化人才计划顶层设计、实施人才项目精细化管理、改革人才评价制度体系、强化人才责任使命担当、重塑社会人才价值观念，科技人才称号就能回归本质，发挥其应有作用。

---

① 张健. 人才"帽子"泛滥怪象亟待改变[J]. 人民论坛，2020(18)：120-123.

第五章　一流大学校长培育研究

第一节　民国时期教育家校长群体共性特征及启示 *

"以史为鉴，可以知兴衰"，深入研究民国时期教育家校长群体的共性特征，对于进一步加强大学校长队伍建设，实现中国特色世界一流大学建设目标具有十分重要的现实意义。学界不乏关于民国时期教育家校长的研究论著，但把民国时期教育家校长作为一个群体，研究其共性特征的成果却实为少见，我们只能从一些成果的篇章中隐约地感觉到民国时期教育家校长群体"共性特征"的存在。事实上，正是在这个特定时代，教育家校长群体共同支撑了那个年代中国高等教育的脊梁，也正是隐藏在他们背后的共性特征使他们成为中国高等教育史上公认的教育家型大学校长。虽然那个时代早已过去，如今的中国高等教育也已今非昔比，但造就一大批深谙高等教育规律的教育家型大学校长仍是当下高等教育强国建设的重要任务。

一、民国时期教育家校长群体的共性特征

民国时代既是一个政局动荡、风雨飘摇的时代，也是一个大师辈出、教育家校长云集的时代，涌现出了如蔡元培、梅贻琦、张伯苓、竺可桢、

* 本节根据作者发表于《铜仁学院学报》2018 年第 12 期的文章《民国时期教育家校长群体共性特征及启示》整理而成。

郭秉文、唐文治、马君武、熊庆来、萨本栋、陈裕光等这些永远铭刻在中国高等教育史上的著名教育家校长，他们以超人的胆识、教育家的智慧和敢为天下先的使命担当铸就了那个时代中国高等教育的一座座丰碑。透过他们的学识背景、办学理念和治校实践，不难发现教育家校长群体显著的共性特征，而正是这些显著的共性特征演绎了那个时代教育家校长群体的星河灿烂。

(一)学贯中西的宽广学识

从学识背景看，民国时期著名大学校长不仅具有深厚的国学背景，而且还具有广阔的世界眼光。蔡元培晚清翰林学士出身，曾四度留学、游学或研修于欧洲；梅贻琦是首批庚款留美学生，分别获得吴斯特工业学院学士和芝加哥大学硕士学位；郭秉文留学美国近 7 年，分别获得吴斯特学院学士学位和哥伦比亚大学硕士及博士学位；竺可桢是第二批庚款留美学生，留学美国近 8 年，先后就读伊利诺斯大学和哈佛大学并获哈佛大学博士学位；张伯苓先游学日本，后到美国哥伦比亚师范学院研修高等教育，并广泛考察美国私立大学；唐文治科举出身，出任上海交通实业学堂校长前以仕途为主，但也曾遍访欧洲美诸国考察高等教育，"行程八万里"[①]；马君武是广西第一批留日学生，曾留学京都帝国大学，后又两次前往德国柏林大学学习并获博士学位；熊庆来曾留学比利时，并先后求学于法国巴黎大学、蒙彼利埃大学、马赛大学，获法国国家理学博士学位；萨本栋也曾留学美国，并获斯坦福大学学士学位和吴斯特工学院博士学位；陈裕光留学美国 6 年，先后在美国克司工业大学和哥伦比亚大学学习，并获哥伦比亚大学博士学位。不难看出，学贯中西的学识背景是这些校长们知识结构的共性特征，为他们日后治校兴学奠定了坚实的学识基础和宽广的办学视野。

---

① 高伟强，余启咏，何卓恩．民国著名大学校长[M]．武汉：湖北人民出版社，2007．

（二）教育救国的远大理想

民国时代是"社会的'沉沦'与社会的'进步'共生"的时代。① 一方面，军阀割据、政局动荡，加之外敌入侵，加剧了中国社会的"沉沦"；另一方面，在国难当头的危急时刻，有一大批有识之士如蔡元培、张伯苓、竺可桢、马君武、唐文治等仁人志士，胸怀"教育救国"的理想，义无反顾地肩负起了振兴旧中国高等教育的使命，引领着中国高等教育的发展"进步"。面对当时"乌烟瘴气的北大"②，蔡元培大义凛然，以"我不入地狱，谁入地狱"的勇气就任北大校长，他在北大欢迎会上，发出了"惟以今日之大学校，与欧美日本之大学校相较，则程度之相去甚远"的痛感，表达了"感国事之危殆，非兴学不足以救亡"③的教育救国决心。郭秉文早在 1914 年就在其博士论文《中国教育制度沿革史》中表达了"教育救国"的理想，认为"与国民进步最有关系者，乃教育也"④。竺可桢则对浙大师生反复强调诸君到大学里来的目的不是为了谋生，"而是要为拯救中华做社会的砥柱"⑤。海军出身的张伯苓，面对甲午战争的惨败，毅然弃戎从笔，"献身于教育救国事业"⑥。马君武大声疾呼"舍教育外无第二法也。教育者，改铸社会之机器也"⑦，决心弃官从教，慨然走上了教育救国的道路。唐文治在考察日本和欧洲教育后痛感"中国最需要者造就领袖人才"⑧，亦毅然弃官从教，走上了兴学救国之路。熊庆来抱着"延续我国学术生命，以树我

①　朱汉国．民国时期中国社会转型的态势及特征[J]．史学月刊，2003(11)：12-14.

②　张意忠．民国大学校长[M]．北京：北京师范大学出版社，2012：19.

③　蔡元培．大学精神[M]．长春：吉林出版集团有限责任公司，2012：2.

④　郭秉文．中国教育制度沿革史[M]．北京：商务印书馆，1922：147.

⑤　张彬．信言求是 培育英才——浙江大学校长竺可桢[M]．济南：山东教育出版社，2004：168.

⑥　王文俊，梁吉生，等．张伯苓教育言论选集[M]．天津：南开大学出版社，1984：47.

⑦　曾德珪．马君武文选[M]．桂林：广西师范大学出版社，2000：197.

⑧　唐文治．英轺日记[M]．上海：上海文明书局，1903.

民族复兴之基础"的崇高使命，主动辞去清华大学理学院代理院长之职，就任云南大学校长。由此可见，强烈的救国使命感是这些大学校长的共性特质，是支撑他们兴学救国的强大精神支柱。

（三）融通中外的办学理念

综观民国时期著名大学校长，都有各具特色的办学理念。蔡元培"研究高深学问"的大学定位和"兼容并包、思想自由"的办学思想，把一个"老爷式"北大学堂成功改造成为现代著名学府。熊庆来"推进学术研究，造就实际人才"①的办学理念，把云南大学成功地建设成为著名的"小清华"。郭秉文"三育并举""四个平衡"的办学方针，把东南大学建设成与当时北大齐名的著名学府。梅贻琦"大学乃大师之谓"的独特办学思想和"通专结合，通识为本"的教育理念奠定了清华的校格。竺可桢"一切以真理为依归"的"求是"大学精神观和"大学是社会之光，不应随波逐流"②的办学思想，造就了享有"东方剑桥"美誉的浙江大学。唐文治"以文养德、文理相通"的教育思想，把上海交通大学建设成为"东方的 MIT"。张伯苓的"允公允能、日新月异"、德能并重、以德为先的办学思想使南开大学发展成为享誉中外的私立大学。深入考究这些大学校长们的办学理念，虽然各自有侧重，但共同之处在于都对外国高等教育先进思想进行了创造性的"中国化"改造，做到中学为体，西学为用，形成了自成一家的办学理念，这也是他们各自办学的成功之道。

（四）知人善任的用人之道

善于发现人才、礼聘人才、不拘一格用好人才是民国时期著名大学校长群体治校兴学的又一显著共性特征。北大校长蔡元培把"积学"和"热心"作为延聘教授的标准，没有资历、学历、派别的限制，还以"兼容并包"的

胸怀力排众议聘用持"复辟论"的国学大师辜鸿铭，以独到的慧眼聘用既没有大学文凭又没有深厚资历年仅 24 岁的哲学专家梁漱溟，许多年纪轻轻的学问之士如 25 岁徐宝璜、26 岁的朱家骅、28 岁的刘文典等也被聘为北大教授，使北大"人才荟萃，学术空气浓厚，盛极一时"①。东南大学校长郭秉文坚持"师资与设备平衡"的办学思想，在大力改善办学设施条件的同时，还面向全球选聘名师，除聘请了马寅初、陶行知、茅以升等国内一流的商学、教育学和工学大师外，诺贝尔文化学奖获得者赛珍珠（Pearl Buck）也被聘请为教授，师资力量毫不亚于北大。清华大学校长梅贻琦反复强调"大学乃大师之谓也"，在此思想指导下，闻一多、冯景兰、李达、李景汉、陈省身等一大批国内一流学者云集清华，还有一大批外籍著名学者也被聘请到清华，建成了一支当时国内"无与伦比"②的教师队伍。浙江大学校长竺可桢更是被公认为一位"大公无私、惟才是用的好校长"③。他把教授视为"大学的灵魂"，把延揽大师作为校长最重要的职责，"豁然大公"礼聘学者，钱穆、卢嘉锡、梅光迪等几十位著名学者加盟任教。此外，上海交通大学校长唐文治、厦门大学校长萨本栋、广西大学校长马君武、云南大学校长熊庆来、南开大学校长张伯苓、金陵大学校长陈裕光等都留下许多礼聘人才、知人善任的佳话。

（五）民主管理的治校作风

从治校实践风格看，不尚权柄、民主治校是民国时期著名大学校长群体又一显著共性特征。北大校长蔡元培把"教授治校"视为促进学术自由的主要途径，主张"凡事都让大家尽量发表意见"④确立了教授治校的领导体

---

① 梁柱．蔡元培与北京大学[M]．北京：人民出版社，1996：93.

② 吴洪成．生斯长斯吾爱吾庐：清华大学校长梅贻琦[M]．济南：山东教育出版社，2004：95.

③ 高伟强，余启咏，何卓恩．民国著名大学校长[M]．武汉：湖北人民出版社，2007.

④ 高伟强，余启咏，何卓恩．民国著名大学校长[M]．武汉：湖北人民出版社，2007.

制，把北大治理得井井有条。梅贻琦校长对清华已有的教授治校制度不但不反对，反而全力支持，"吾从众"是他认真倾听别人意见的常用语。浙大校长竺可桢把教授视为"大学的灵魂"，不但提倡教授治校、民主管理，还在全校推行校务公开，即使在战时"西迁"途中也从未间断。张伯苓校长强调"南开是私立学校，但不是私有学校""学校不是校长的学校，是大家的学校"①，号召全校师生都要参与学校管理，并创设了"师生校务研究会"作为听取师生意见和建议的途径。金陵大学校长陈裕光带头发扬民主治校作风，他晚年回忆说，会议"有分歧时，我从不利用校长的职权过早决断，宁肯事前多费些时间加以研究和讨论，这次会议未形成决议的，顺延至下一次乃至于再下一次会议上进行决议。"②这些校长们民主治校的风范，增强了大学的凝聚力和向心力，使大学在战火纷飞的岁月里也依然弦歌不绝。

(六)伟岸崇高的人格魅力

遍观民国时期著名大学校长，无不具有伟岸崇高的人格魅力。这种人格魅力来源于他们教育救国的理想抱负，来源于追求真理的大无畏精神，来源于淡泊名利的无私奉献品格，来源于爱师如命、爱生如子的赤诚之心。他们都是留学国外的骄骄学子，本可享受国外优越的待遇，但学有所成后毅然投身教育救国事业；他们倡导学术自由，崇尚追求真理，面对北洋政府的无端干涉而大义凛然，保护师生；他们甘于奉献，与师生同甘苦、共患难，把全部生命奉献给了旧中国教育事业。北大校长蔡元培一生两袖清风，没有个人家产，平时还挤出自己的薪俸接济困难师生，"去世时，医药费欠账家里都无法偿还，安葬费用还是王云五代筹的"③。清华大

---

① 高伟强，余启咏，何卓恩．民国著名大学校长[M]．武汉：湖北人民出版社，2007.

② 王运来．诚真勤仁 光裕金陵——金陵大学校长陈裕光[M]．济南：山东人民出版社，2004：124.

③ 高伟强，余启咏，何卓恩．民国著名大学校长[M]．武汉：湖北人民出版社，2007.

学校长梅贻琦虽身居校长之职，但却从不享受校长特权，一生没有任何家产和积蓄，晚年生病就医的医药费和去世后的安葬费也是校友捐赠的。厦门大学校长萨本栋在异常艰苦的办学岁月里"带头只拿 35%的工资。学校为萨本栋买了一辆轿车，但是，他却叫人把汽车拆了，把引擎改装成发电机，用于学校的照明"①。校长们伟岸崇高的人格魅力是中国高等教育史上一笔弥足珍贵的精神财富。

二、民国时期教育家校长共性特征的启示

"校长应该是教育家"是人们对世界一流大学校长角色定位的共识。综观当今世界一流大学，在其走向世界一流大学的历史进程中，无不与教育家校长紧密相关。柏林大学的崛起，与威廉·冯·洪堡紧密关联；威斯康星大学的崛起，与范海斯密切相关；哈佛大学的崛起，艾略特、洛厄尔、科南特、博克等著名校长功不可没。这此闪光的名字，既是大学的掌舵人，更是具有远见卓识的教育家。毫无疑问，建设中国特色世界一流大学，应当培养造就一大批教育家校长，这也是学界强烈呼吁"一流大学校长必须是教育家"②的原因所在。但大学校长应该具备哪些基本素质才是名副其实的教育家校长？换言之，我们应当从哪些方面加强当代大学校长队伍素质建设才能造就出真正的教育家校长？这是当下我国大学校长队伍素质建设，尤其是"双一流"建设不可回避的首要问题。透过民国时期教育家校长群体的共性特征，我们或许可以得出以下答案。

（一）大学校长要有宽广宏大的办学视野

"一个国家的视野，能够决定其在整个国际格局中的地位；一个人的视野，能够决定其未来发展的水平和高度；一个大学的视野，更能够决定

---

① 高伟强，余启咏，何卓恩．民国著名大学校长[M]．武汉：湖北人民出版社，2007.

② 眭依凡．一流大学校长必须是教育家[J]．求是，2001(10)：16-18.

其教育的广度和深度。"①大学的视野在很大程度上取决于校长的视野。大学校长作为大学的"灵魂"人物，其办学视野决定大学发展的厚度和高度。综观民国时期著名大学校长，从蔡元培到梅贻琦，从郭秉文到张伯苓，从唐文治到马君武，从熊庆来到萨本栋等，之所以当之无愧地被公认为教育家校长，一个重要原因就是因为他们都具有宽广宏大的办学视野，能够立足旧中国国情，借鉴国际先进办学经验，创造性地改造旧中国大学，并取得国际公认的办学成就，这是高等教育"本土化"与"国际化"有机结合的成功典范。审视当今中国大学校长，欣喜的是，国内许多大学校长已经开始站在全球高等教育变革的视角思考和谋划大学的未来，但在办学实践中却往往又"现实关注得多，长远关注得少""工具主义多，理想主义少"，缺乏对整个世界和人类未来的终极关怀。显然，建成中国特色、世界一流的大学，要求中国大学校长必须具有宽广宏大的办学眼光，能够立足高等教育国内和国际两个大局，着眼中国发展的未来，分析世界文明发展趋势，准确定位大学的发展方向，明确大学的使命担当，才能真正引领大学走向世界一流。

(二)大学校长要有革故鼎新的担当精神

大学发展的动力在于改革创新。综观世界一流大学的崛起，在其背后都有一个或几个追求卓越、锐意革新的大学校长。哈佛大学的崛起，与艾略特、洛厄尔、科南特、普西、博克这些充满改革进取精神的著名校长紧密关联。回望民国时期著名大学的卓越成就，也与蔡元培、梅贻琦、张伯苓、郭秉文、竺可桢、唐文治、萨本栋、马君武、熊庆来、陈裕光等一大批教育家校长的改革创新密切相关。以北大校长蔡元培为例，他以"我不入地狱，谁入地狱"的大无畏担当精神接任北大校长，在接下来的治校实践中，锐意革新，重建北大，定大学研究高深学问之使命，倡"兼容并包"之思想，开"思想自由"之风气，行"教授治校"之体制，使北大从"资格养

---

① 谢和平."世界一流大学"建设的高度与视角[N].中国科学报，2016-05-25.

成之所"转变为"研究高深学问"的圣地。可以说，大学校长的改革勇气和创新精神决定着一所大学的发展状态和前途未来。反思当下中国高等教育，取得了举世瞩目的伟大成就，实现了历史性的跨越，但与世界一流大学相比，在教育观念、教学方法、人才培养模式、自身办学活力等方面都还有相当的差距，迫切需要当代大学校长们以"舍我其谁"的革故鼎新精神挑起当下高等教育改革的大梁，在办学理念、办学体制、管理机制等方面大胆革新，勇于创新。

（三）大学校长要有自身独到的办学理念

大学校长对大学的领导最关键的是办学理念的领导，校长通过办学理念凝聚师生人心、汇聚师生力量，使整个大学的行动具有自觉性和目的性，从而决定大学的发展方向、质量水平和办学特色。综观民国时期著名大学校长，都在各具特色办学理念的指导下取得了辉煌的办学成就。蔡元培"思想自由，兼容并包"的办学理念把北大改造成为"纯粹研究学问之机关"；郭秉文"三育并举""四个平衡"的办学理念把东南大学改造成为蜚声中外的学府；梅贻琦"通专结合，通重于专"的办学理念奠定百年清华的校格；竺可桢"一切以真理为依归"的办学理念造就了享有"东方剑桥"美誉的浙大；唐文治"以文养德、文理相通"的办学理念把上海交大建设成为"东方的 MIT"；熊庆来"推进学术研究，造就实际人才"的办学理念把云南大学建设成为著名的"小清华"；张伯苓的"允公允能、日新月异""德能并重、以德为先"的办学理念使南开大学发展成为与北大和清华齐名的学府，等等。这些办学理念无一雷同，各有侧重，引领了各自大学的发展。可见，有什么样的办学理念就有什么样的大学。反观今日中国之大学，坦率地讲，有独到办学理念的校长并不多，这也是"千校一面"的重要原因。

（四）大学校长要有独到英明的识才慧眼

现代大学使命的多重性和管理的复杂性要求大学校长要有一双"火眼金睛"的识才慧眼，善于发现人才、不拘一格用好人才。民国时期著名大学的发展得益于一大批著名学者的云集，而著名学者之所以云集，又取决于校长们独到英明的识才慧眼和唯才是用的用人之道。北大之所以人才荟萃，盛极一时，取决于校长蔡元培独到英明的兼容并包的用人胸怀；东南大学之所以师资力量可与北大齐名，取决于校长郭秉文面向海内外招聘英才的视野胸怀；清华大学之所以大师云集，取决于校长梅贻琦"大学有大师之谓"的思想境界；浙江大学之所以被誉为"东方剑桥"，取决于校长竺可桢把教授视为"大学的灵魂"的用人之道。综观民国时期著名大学，都有一位独到英明的校长，他们能够礼聘人才、知人善任、破格用人，从而使民国时期著名大学无不大师荟萃、学者云集。习近平总书记曾讲，"功以才成，业由才广"，党的教育事业要不断发展，必须以海纳百川的胸怀聚天下英才而用之。可见，识才的慧眼、爱才的诚意、用才的胆识、容才的雅量、聚才的良方，应是中国大学校长的应有素质。

（五）大学校长要有民主平等的行事风格

民国时期著名大学校长们之所以能够引领大学的发展，一个重要的原因还在于他们并没有把自己视为高高在上的官员而能做到礼贤下士，平等对待师生，民主管理大学。北大校长蔡元培不但提倡把治校权力交给教授们，并在实践决策中坚持"凡事都让大家尽量发表意见"。浙大校长竺可桢不但提倡教授治校、民主管理，还在全校推行校务公开，即使在"西迁"途中也从未间断。张伯苓反复强调"南开是私立学校，但不是私有学校""学校不是校长的学校，是大家的学校"，号召全校师生都要参与学校管理，并创设了"师生校务研究会"，广泛听取师生意见和建议。民国时期著名大学校长们以民主平等的行事风格，赢得了广大师生的爱戴，即使在政局动荡的年代也能把大学治理得有条不紊。大学是学术的共同体，教师、学生是学校的真正主人，只有建立民主决策制度，认真倾听师生意见，回应师生诉求，才能增强大学的凝聚力和向心力。在建设世界一流大学的今天，培养大学校长民主治校思维，仍是当下大学校长队伍素质建设的使命。

（六）大学校长要有文理通达的人文素养

作为大学校长，他必须具有宽广的办学视野，而这种宽广的办学视野在很大程度上取决于文理通达的人文素养。大学校长的人文素养直接影响甚至决定着大学发展的厚度和宽度。回望民国时期著名大学校长，虽然他们都有各自的专业学科背景，但都具有文理通达的人文素养，使他们能够深刻理解大学的办学规律，倾注于人的终极关怀，着眼于学校的长远发展。一所有文化的大学背后必然有一位有人文素养的校长。建设世界一流大学需要一大批具有深厚人文素养的校长。如何造就一大批文理通达的当代中国大学校长？唯有以职业教育家的标准引导大学校长的修为，才能真正造就一大批教育家型校长。这不仅是需要当代中国大学校长自身反思的问题和努力的方向，也是我国高等教育改革顶层设计者应当高度重视的问题。

第二节　变革型大学校长的共性特征、生成逻辑与培育路径

一、研究问题的提出

大学校长是实现大学卓越发展的关键。建设一流大学，一流大学校长不可缺位。考察中外一流大学发展史发现，在其走向一流大学的发展进程中都有一位甚至几位校长或副校长在特定时期发挥着关键的、奠基性作用。在西方，如特曼之于斯坦福大学、艾略特之于哈佛大学、赫钦斯之于芝加哥大学等。在我国，如蔡元培之于北京大学、梅贻琦之于清华大学、朱九思之于华中科技大学等。这些富有改革精神的大学校长以超凡的智慧、变革的勇气、坚韧的毅力和敢为人先的行动将处于弱势地位的大学引向成功、走向卓越，成为举世公认的变革型大学校长。"惟改革者进，惟

创新者强，惟改革创新者胜。"①毫无疑问，在高质量发展已成为时代主题的今天，深入探究中外变革型大学校长的共性特征和生成逻辑，对于加快推进世界一流大学建设和实现高等教育强国之梦具有极其重要的理论与实践意义。

梳理文献发现，自20世纪80年代以来，国内学界研究大学校长已逾40年历程，自1981年有零星研究开始，到2015年"双一流"建设政策的出台，大学校长逐渐成为我国高教研究重要对象之一，2017年达到研究最高峰，目前已形成从宏观到中观、再到微观的多维研究体系。从研究范围看，有国外国内著名校长研究。从研究对象看，有著名校长个体研究和著名校长群体研究，有民国时期和现当代著名校长研究。从研究内容看，涉及校长角色使命、功能作用、教育思想、个性特征、职业发展、选任考核等诸多问题。从研究方法看，有思辨研究和实证研究、定性研究和定量研究、横向研究和纵向研究以及案例研究等。总体看，已有研究成果丰硕、视角多维、方法多样，富有启发价值，但罕见聚焦变革型大学校长并将中外变革型大学校长放在一起研究其共性特征及生成逻辑的研究成果。显然，探究这个问题的答案对于我国当下世界一流大学建设具有极其重要的参考借鉴价值。

众所周知，没有特曼就没有硅谷的诞生和斯坦福的崛起。20世纪50年代，时任斯坦福大学副校长的特曼以一个天才般的改革创意建议改变了斯坦福大学的命运，在他的努力推动下，斯坦福大学从一所"乡村学校"迅速崛起成为一所威震全美并站在世界前沿的顶尖大学，创造了美国大学发展卓越转型的奇迹，演绎了世界高等教育发展史上的神话，成为享誉世界的变革型大学校长，被誉为"硅谷之父"。

几乎与特曼同时代的被誉为"华工之父"的朱九思也是一位享誉世界的"本土化"变革型大学校长。1953—1984年，他以超凡的智慧、远见和敢为

---

① 编写组．习近平总书记教育重要论述讲义［M］．北京：高等教育出版社，2020：156.

人先的改革"独领工科大学综合性、研究型发展新潮流"①，实现华中工学院重大发展战略的转变，引领华工从一所纯工科院校发展成为一所国内一流的综合性研究型大学，为华中科技大学的发展作出了奠基性贡献，创造了新中国高等教育发展史上的奇迹，成为一代代华科人心中永远的"校父"。

鉴于此，笔者拟以"硅谷之父"特曼和"华工之父"朱九思两位卓越的中外变革型大学校长为例，通过对其卓越办学治校实践的历史考察，剖析二者共性特征与生成逻辑，以期对造就大批变革型大学校长、推进中国特色世界一流大学建设有所裨益。

二、变革型大学校长的共性特征

考察中外两位变革型大学校长的卓越办学治校实践发现，虽然他们所处的国情不同、背景有别、文化有异，但作为卓越的变革型大学校长都以其超凡的创新胆略和革新行动为大学实现重大战略转型作出了不可磨灭的奠基性贡献，在他们身上体现出鲜明的"四敢"共性特征。这些共性特征弥足珍贵，对于我国推进中国特色世界一流大学建设、促进高等教育高质量发展进而实现高等教育强国之梦具有普适性的理论与实践指导价值。

(一)敢于竞争的勇气

"志高者意必远"，唯有志存高远，拒绝平庸，不甘人后的豪情壮志，才能立于时代潮头，走在世界前列，跻身世界一流。没有竞争就没有胜出，敢于竞争、勇于开拓是高等教育事业发展的普遍法则，也是变革型大学校长办学治校的共性特征。综观世界一流大学发展史发现，在其背后都有一位甚至几位富有竞争勇气的变革型大学校长，他们追求卓越、不甘平庸，敢与强大的老牌大学展开竞争，善于在竞争中将压力转换为动力，将

---

① 王炯华. 朱九思评传[M]. 武汉：华中科技大学出版社，2011：296.

劣势转化为优势，将危机转化为生机，开辟大学发展新境界。

与麻省理工学院相比，从建校历史看，斯坦福大学晚了整整30年；从研究实力看，20世纪50年代的麻省理工学院已经依托二战期间美国政府国防科技研发而迅速崛起，拥有具有国际顶尖研发能力的林肯实验室和依托二战时期雷达实验室理论研究部而建的电子学研究实验室①，在计算机、雷达通信和导航技术研发上占有绝对领先优势，远超同期斯坦福大学。尽管如此，特曼却不甘平庸，在他的推动下，利用斯坦福校园土地创建了一个高新技术工业园，迅速促进了大学与企业的合作、学术与商业的联姻，由此创造了"硅谷"，也成就了斯坦福，超越了麻省理工。

考察华中工学院校史发现，诞生于20世纪50年代全国院系大调整中的华中工学院还是一个规模极小的区域性纯工科院校。朱九思以"敢于竞争、善于转化"②的气魄，在建设发展华工的31年里，提出"办理工综合性大学""科研要走在教学前面"等独到的办学思想和发展理念，并采取系列超常规措施，发挥优势、克服劣势③，将华中工学院从一所纯工科院校发展成为一所国内一流、世界知名的综合性研究型大学，成为华中工学院崛起和华中科技大学诞生的"关键密码"。

(二)敢于质疑的精神

质疑是创新的动力，是大学变革的思想前提。没有质疑就没有创新，就没有大学变革。大学变革发起者的大学校长，惟有具有质疑批判精神、独立思考和独到思想的大学校长才有真知灼见，真正引领大学变革、走向卓越。质疑精神是变革型大学校长的应有品格，没有质疑精神的大学校长不可能成长为变革型大学校长。综观历史上和现实中走向世界一流的大

---

① 亨利埃兹科维茨. 麻省理工学院与创业科学的兴起[M]. 王孙禺，等译. 北京：清华大学出版社，2007：72.

② 朱九思. 竞争与转化[M]. 朱九思. 武汉：华中科技大学出版社，2001：26.

③ 朱九思. 谋与敢：朱九思口述史[M]. 陈运超整理. 武汉：华中科技大学出版社，2019：86.

学，都有敢于质疑的校长在其变革发展中发挥着"神经中枢"作用①。

斯坦福的崛起源于特曼的质疑精神。为学术而学术、远离有悖学术精神的商业活动一直是西方经典教育传统思想观念，但却遭到特曼的质疑。特曼深受麻省理工学院创业文化的影响，重新思考了大学与企业的关系，认为学术与企业应当结合、斯坦福应当具有"企业家精神"，大学应当与企业联合创造新的财富。为此，他不但鼓励斯坦福教授和学生在硅谷园创办公司，而且还担任3家上市商业公司董事长。在他的支持、影响和带动下，斯坦福教授和学生们主动前往企业兼职创业，并诞生了惠普、雅虎等一批高科技创业中心，创造了巨大财富。据统计，后来在硅谷由斯坦福教授和学生创建的公司有1200多家，"1988—1996年由斯坦福人创业创造的收入占硅谷总收入的60%"②，斯坦福成为硅谷的"心脏和大脑"，从而创造了超越老牌大学麻省理工的"创业神话"。

华中工学院的崛起也离不开朱九思老校长的质疑精神。朱九思在华中工学院推行的具有奠基意义的系列改革均源于其敢于质疑的独立思考精神。20世纪70年代，他质疑"全盘苏化"的过激做法。1979年1月他曾撰文明确提出"科研要走在教学前面"的改革思想③，1981年6月他主持起草以华中工学院名义报送教育部的《对拟订教育事业"六五"计划和十年设想的意见》直陈了照搬苏联模式造成理工分家、专业过细、教学太死、科研淡化的弊端，明确提出了"按教育规律办事"才能办出"好学校"的思想主张。事实证明，没有朱九思敢于质疑的精神，就没有华中工学院的崛起和华中科技大学的诞生。

---

① 刘尧. 大学校长的社会责任[J]. 江苏高教，2009(1)：49-51.
② 钱刚. 硅谷简史：通往人工智能之路[M]. 北京：机械工业出版社，2018：15.
③ 朱九思. 科学研究要走在教学的前面[N]. 光明日报，1979-1-18.

(三)敢于创新的胆略

变革型大学校长不仅要有敢于竞争的勇气、质疑的精神,还要有敢于创新的胆略,才能真正为大学崛起奠基。胆略是一种胆识和谋略,是变革型大学校长必备的精神气质。因为大学改革是在特定时代背景和社会境遇下进行的超常规变革行动,惟有超凡的创新胆略,才能在错综复杂的时空境遇中开辟新路,赢得生机。

20世纪70年代斯坦福大学的迅速崛起和硅谷的横空出世,与特曼敢冒风险和创新的胆略具有直接的关联。面对20世纪二三十年代美国经济的大萧条和麻省理工创业科学的勃然兴起,特曼坚定了技术改变世界的信念,这一信念是他敢于创新胆略的思想基础。为创建斯坦福工业园,他四处游说争取经费,还将自己的稿酬和版税全部捐出。此外,他还鼓励、支持富有创新创业理想的教授和学生们创办真空管、半导体、计算机等高科技公司。20世纪30年代,特曼不但借给休利特和帕卡德两位学生538美元,而且积极帮助他俩从银行得到1000美元贷款用以创建惠普。后来,这个前途未卜、充满风险的投资胆略获得了惠普公司920万美元的丰厚回赠。

回望华中工学院的崛起、华中科技大学的诞生,无不得益于朱九思抢抓机遇、主动创新的胆识与谋略。仅以学科专业改革发展胆略为例,在全国各大高校全盘照搬苏联办学模式、学科专业高度单一化的大背景下,他却提出要走"综合化"发展道路的办学思想和要把华工办成"理工综合大学"的发展目标,并克服重重困难,办起了理科、文科和管理学科,到1984年12月卸任校长时,全校专业从1966年的18个专业发展到51个,比1966年增加了183%①,奠定了日后华中科大跻身国内一流、世界知名综合性研究型大学的学科基础。正如李培根院士所说:"今日华中科大,除了医科之外,理科、人文社科之发展基础,都是九思时期所奠定的。"②

---

① 朱九思.朱九思全集(下卷)[M].武汉:华中科技大学出版社,2014:400.
② 李培根.忆朱九思:他塑造了华工独特的精神气质[N].中国青年报,2015-6-16.

（四）敢为人先的闯劲

敢为人先的闯劲是变革型大学校长的又一显著共性特征。改革必然充满挑战和风险，变革路上往往荆棘密布，只有敢为人先、敢闯敢试，才能赢得先机、拥有未来。他们不但能够洞察别人看不到的机遇，还能够果断作出正确决策，敢做别人不敢想、不敢做的事情而成为高等教育改革发展的开拓者。中外无数大学改革成功史证明，在其背后都有一位甚至几位敢为人先的变革型大学校长引领大学突破困境、走出迷茫、走向卓越，特曼和朱九思便是其中最具代表性的两位变革型大学校长。

斯坦福的崛起源起于特曼提出的别人不敢想、不敢做的改革建议。1951 年，特曼向时任校长的斯特林提出用斯坦福校园土地建一个高技术工业区的建议，在特曼的直接推动下，斯坦福大学将约 580 英亩的校园土地划为工业园区，并在此兴建研究所、实验室和办公楼吸引企业来此安家落户。用大学土地在校园建公司，这在当时美国经典大学看来是"冒天下之大不韪"、不可理喻的事情。然而，这一行动却取得了巨大成功，促成了世界高科技研发中心硅谷的诞生。到 20 世纪 80 年代，3000 多家电子、计算机企业云集硅谷；到 90 年代后期，云集硅谷的企业超过 7000 家。硅谷的诞生直接给斯坦福大学带来巨大的回报，不仅有土地出租和专利转让收入，还有公司的巨额捐赠，为斯坦福大学的迅速崛起提供了巨大财力支撑。据记载，1991 年斯坦福大学百年校庆时得到一笔令哈佛大学也望洋兴叹的 126 亿美元巨额捐赠。①

华中工学院的崛起离不开朱九思敢为人先的闯劲。众所周知，20 世纪60 到 70 年代，大批知识分子下乡，朱九思却将一些知识分子请回学校任教，这在当时极为特殊的岁月是人们根本不敢想、不敢做的事情，但他顶着被扣"帽子"的巨大风险，不但做了，而且还成功了。1972—1983 年 10

---

① 阎光才. 斯坦福的硅谷与硅谷中的斯坦福[J]. 教育发展研究，2003（9）：87-91.

月，华工从全国20多个省市500多个单位中以超常规方式引进了600多名教师①，有的教师还是他亲自从"牛棚"门口请回华工的，不少教师成长为华工崛起的骨干，一举奠定了华工崛起的师资基础。此外，在全国上下普遍强调学校只有"教学"一个中心的时代，朱九思却提出高校有教学与科研"两个中心论"，而且"科研要走在教学前面"。在他的推动下，华工大兴研究生教育，大搞前沿科技研究，研究实力迅速跻身全国高校前茅，办学成效令人刮目相看。

三、变革型大学校长的生成逻辑

生成逻辑是事物发生发展的普遍规律。考察中外两位变革型大学校长富有传奇性的卓越办学实践不难发现，虽然他们所处的国情和土壤不同、学校发展基础和条件有别、历史与文化背景各异，但都内隐着共同的生成逻辑，包括内在逻辑和外在逻辑、理论逻辑与实践逻辑。这四重逻辑相辅相成、缺一不可，共同促成了变革型大学校长的诞生。

(一)内在逻辑：勇于担当的志业精神

勇于担当的志业精神是变革型大学校长留给世人的宝贵精神财富，也是变革型大学校长生成的内在逻辑，表现为改革创新的坚定信念、忠诚教育的深深情怀、责任使命的自觉担当以及敬业奉献的职业精神。这些可贵的精神品质是变革型大学校长能动性、创造性的充分彰显，是变革型大学校长成长的深层动力，是驱动变革型大学校长锐意前行的精神支柱，是变革型大学校长最本质的精神内核。

特曼创建斯坦福工业园并促成硅谷诞生的初衷源于20世纪20—30年代经济大萧条背景下要把斯坦福建成一所创新创业型大学以振兴美国西部经济的理想、"技术改变世界"的坚定信念以及对创新创业的热情与执着。这一理想和信念使他主动支持其两位学生休利特和帕卡德创建惠普；即使

---

①　朱九思. 开拓与改革[M]. 武汉：华中科技大学出版社，2008：25.

在"糟糕的管理者"肖克利在加州创办晶体管高科技公司失败后也没有放弃对他的热情鼓励，直至后来从原肖克利公司走出的"叛逆八人帮"发明集成电路而取得巨大成功。特曼本人也是执着事业的"工作狂"，对待工作特别敬业，他没有周末和假期概念，从未去享受过北加州海岸灿烂的阳光，把毕生献给了加利福尼亚帕洛阿托市的斯坦福大学①，把斯坦福并建成了美国"西部的麻省理工"。

朱九思也是一位杰出的勇于担当、甘于奉献的变革型大学校长。20世纪50年代走马上任的朱九思临危受命，面对院系大调整和全盘"苏化"造成"理工分离"的教育积弊，身处"文革"艰难岁月，始终保持对党的教育事业无限忠诚与热爱，把个人得失置之脑后，将办学治校视为毕生志业，殚精竭虑思考谋划华工建设发展，顶着巨大压力、克服重重困难、冒着巨大风险，在逆境中敢于担当，在困境中砥砺前行，以政治家的远见和教育家的智慧"高筑墙、广积人"，八方引进人才，大兴科研之风，大胆新办专业，使一所单科性工学院迅速崛起成为国内一流的综合性研究型大学，成为引领新中国高等教育事业改革发展的一面旗帜、一个典范。

(二)外在逻辑：不可或缺的内外支持

变革是深刻的革命，是复杂的系统工程，内外支持不可或缺。变革型大学校长作为大学改革的设计者、领导者和执行者，必须获得各方的支持配合，改革事业才能持续推进、发展目标才能真正实现。没有良好的内外支持，变革型大学校长就失去生成的外在逻辑基础。

特曼作为副校长，之所以成功创建斯坦福工业园，之所以迅速改变斯坦福，之所以最终实现技术改革变世界和创新创业的梦想，从内部看，一是离不开斯坦福建校校长斯坦福定下的"让自由之风吹拂"校训的影响，这是其创业精神的"种子"。二是离不开时任校长斯特林的支持，没有他的支

---

① Effie Bryson，娄承肇．硅谷之父——教育家弗雷德里克·特曼[J]．世界科学，1986(2)：56-57．

持就没有特曼"用校园土地建工业园"天才设想的实现。从外部看，一是离不开风险投资家的创业资金投入和完善的金融服务体系支持，没有那些风险投资商的资金投入，公司创业只是梦想。二是离不开加州政府提供的创新创业环境支持，正是加州政府对企业权益融资的许可以及在土地使用和税收优惠政策上的支持，才有硅谷的诞生、斯坦福的崛起和卓越校长特曼的生成。

朱九思之所以办学治校成就卓越，除了他个人的胆识、远见、能力等内在因素外，也离不开有关方面的支持。一是离不开当时进驻学校军代表刘崑山政治上的信任和工作上的配合。刘崑山不但积极支持朱九思抓教师引进、抓专业建设，而且为朱九思放开手脚搞发展"开绿灯"，他在有关会议上特别强调"在办学问题上要多请教朱九思同志"。朱九思后来在回忆"文革"后期的办学经历时满怀无限感激地讲道，"刘崑山同志的支持是非常重要的"，由于有他的开明与支持，"我获得了一定的办学自主权"①。二是离不开国家有关部委的大力支持，如1978年朱九思提交全国科学大会的发言稿《科学研究要走在教学的前面》就受到了国家科委的赞成等，这是朱九思放开手脚建设华工不可或缺的有利因素和支持条件。

(三)理论逻辑：积淀丰厚的素养修为

远大的教育理想、深邃的教育思想、战略家的眼光等是大学校长尤其是变革型大学校长的共性素质要求②，这些素质归根到底是变革型大学校长的素养修为。大学变革是关乎国家前途和民族命运的大事，必须慎之又慎。大学校长必须具备深厚的素养修为，才能引领大学走好改革路、实现卓越发展。素养修为从何而来？来自大学校长丰富的人生阅历，来自大学校长对高等教育的深入理解，这是变革型大学校长生成的理论逻辑。

---

① 华中理工大学校史编写组.缩影——华中理工大学的四十年[M].武汉：华中科技大学出版社，1993：131.

② 刘尧.大学校长应当具备的素质——评作为大学校长的朱九思[J].吉林教育科学·高教研究，1998(5)：58-61.

无论特曼，还是朱九思，都有丰富的人生阅历和深厚的素养修为。就特曼而言，幼年时期在斯坦福校园长大，学士和硕士学在斯坦福，博士及博士后学在麻省理工，深受其博士导师布什（曾任罗斯福总统科学顾问）的深刻影响，随后留在麻省理工任教，耳闻目染了麻省理工创业科学的兴起，这些经历对特曼日后创建斯坦福工业园产生了直接影响。此后，特曼回到斯坦福任教，一面在实验室工作，一面担任创业公司顾问，先后出任斯坦福大学教务长、工学院院长、副校长、美国无线电工程师学会主席等职务，其间，曾于 1942 年到哈佛大学无线电研究所工作。丰富的学习工作经历增长了特曼的学识见识、开阔了特曼的视野胸怀，为特曼成长为杰出的变革型大学校长奠定了坚实的思想理论基础。

朱九思的人生经历更为丰富曲折。早年在扬州私塾和中小学的学习经历就对他日后办学产生很大影响。在浙江大学物理系任职员时深受竺可桢校长的影响。在武汉大学和延安中国人民抗日军政大学学习和担任教员、在晋察冀军区工作及后来担任《冀热辽日报》《天津日报》《新潮南报》副主编和主编，1953 年 1—6 月担任湖南省教育厅常务副厅长，再到 1953—1984 年先后担任华中工学院筹委会副主任兼党组负责人、副院长、院长、党委书记、党委书记兼院长，其间，曾于 1979 年 3 月到美国、加拿大、日本考察许多著名大学。这些丰富的人生经历、多岗锻炼、特殊岁月的浸染、海外大学的考察等铸就了朱九思办学治校的素养修为，为其成长为卓越的变革型大学校长奠定了坚实的思想理论基础。

（四）实践逻辑：长期持续的校长任期

变革型大学校长是在长期的办学治校实践中磨砺中生成的。考察世界高等教育发展史发现，凡有卓越办学成就的大学校长都有较长的任期，短则十左右，长则几十年。如哈佛大学发展史上几位杰出校长任期都较长，艾略特任期 40 年、洛厄尔任期 24 年、科南特任期 20 年、博克 20 年（曾两度出任校长）。较长的任期是由大学校长角色特点决定的，其办学思想和理念从产生到形成，再到实施和实现需要一个较长的过程。因此，大学校长任期的长短是影响大学校长卓越成长的重要因素之一。长期持续的校长任期，有利于大学持续发展，这是变革型大学校长生成的实践逻辑。

考察中外两位变革型校长的任期，无论特曼还是朱九思，都有较长的任期。特曼任职斯坦福副校长20年，朱九思担任华中工学院主要负责人31年。较长的任期为他们历练人生、施展才华、实现抱负提供了时间保障。特曼在任职副校长期间，不仅是斯坦福大学教授、实验室负责人，还担任硅谷园中许多创业公司高级顾问，并担任美国无线电工程学会主席。朱九思经营华工31年里历任筹委会副主任兼党组负责人、副院长、院长、党委书记、党委书记兼院长等职务。较长的任期积淀了丰富的人生履历，构成了他们践行办学思想的时空之维，促进了大学的持续发展，成就了两所一流大学，也成就了两位变革型大学校长。

四、变革型大学校长的培育路径

当今时代是一个变革的时代，变革的时代需要变革型大学校长。变革型大学校长是引领高等教育改革发展的"排头兵"，他们的视野、远见、胸怀、胆略、勇气和担当不仅事关高等教育事业的发展进步，而且事关国家前途和民族命运。千军易得，一将难求。在高质量发展已成为时代最强音的今天，在深入推进世界一流大学建设的当下，我国对变革型大学校长的渴求比以往任何时候都显得更加强烈和紧迫。

但变革型大学校长的生成受诸多因素的影响和制约，有其特有的内在和外在逻辑、理论与实践逻辑。只有遵循变革型大学校长的生成逻辑，创造更多的有利于变革型大学校长成长的条件，才能诞生更多的变革型大学校长。通过对中外两位变革型大学校长共性特征与生成逻辑的分析，至少得出四点深刻启示。

一是大力培育大学校长改革创新精神。大学校长是大学的灵魂人物，他的改革勇气、创新精神、使命担当决定着大学的精神面貌和发展状态。改革是大势所趋、时代要求，"只有顺应时代潮流，积极应变，主动求变，才能与时代同行"①。改革创新是我们党领导高等教育事业不断发展的动力源泉，理当成为新时代中国大学校长最鲜明的精神标识。在国际高等教育竞争日趋激烈的今天，要把培育大学校长改革创新精神提高到战略高度去重视，像抓建设发展任务一样去部署，如抓日常工作一样去落实，才能培育出大批敢于竞争、敢于求变、敢于创新、敢为人先的变革型大学校长，推动新时代高等教育事业高质量发展。

二是进一步扩大校长办学治校自主权。中外高等教育改革发展史证明，凡是办学成就卓越的大学校长无不拥有较大的办学自主权。2014 年，朱九思在回忆自己办学治校经历时满怀感激、深有感触地说道："我曾体验到具有办学自主权的好处。"②这是一位大学校长办学治校实践经验的深刻总结，也是对大学校长办学自主权重要性的最好诠释。因此，遵循习近平总书记关于"破除制约教育事业科学发展的体制机制障碍"重要指示精神，尊重"大学作为学术文化机构存在的组织"③特征和发展规律，强化顶层设计，从法律、政策等层面建立健全大学校长办学自主权保障机制、进一步下沉大学办学治校权力重心，是造就更多变革型大学校长的内在要求。

三是抓紧建立健全改革容错纠错机制。改革是深刻的革命，创新是探险的历程，是新思想的诞生、旧格局的调整、老模式的突破，难免带来利益冲突、出现偏差甚至错误。"人无完人，金无足赤"，即使像朱九思那样卓越的变革型大学校长也曾反思反省自己在办学治校实践中出现的偏差失误，但并不因此而否定他为新中国高等教育事业改革发展作出的卓越贡献，也并不因此否认他是一位卓越的变革型大学校长。当前，我国高等教育改革已步入深水区、正值攻坚期，深入推进中国特色世界一流大学建设迫切需要一大批变革型大学校长勇于担当、创新作为，亟待建立健全容错与纠错并行并重机制，解除大学校长担责之忧，才能造就更多变革型大学

①　习近平. 习近平谈治国理政. 第三卷[M]. 北京：外文出版社，2020：181.
②　朱九思. 朱九思全集(上卷)[M]. 武汉：华中科技大学出版社，2014：1.
③　宜勇. 大学必须有怎样的办学自主权[J]. 教育发展研究，2010(7)：1-9.

校长，推动高等教育高质发展。

四是灵活优化调整大学校长任期制度。大学校长办学思想的实现是一个历史过程。综观世界一流大学发展史，都有一位甚至几位任期较长的变革型大学校长。如 20 世纪以来哈佛大学 7 位校长的平均任期达 22 年①。就本节论及的两位变革型大学校长而言，特曼任期 20 年，朱九思任期 31 年。不可否认，较长的任期既是成就一流大学的重要原因，也是成就卓越变革型大学校长的重要因素。显然，立足我国国情，遵循教育发展规律，优化规范大学校长任期制，是顶层设计不可回避的问题。至于究竟规定大学校长任期多少年，笔者认为，总原则是长比短好，但不宜硬性规定，而要根据不同办学类型、不同发展任务，尤其要根据校长办学治校的发展状态和前景灵活调整校长任期制度，这才是科学的选择，也是促进大学校长管理专业化和推进大学治理体系和治理能力现代化的必然要求。②

——————————

　　① 刘秀丽，张君辉．中外大学校长任期比较研究及其启示[J]．外国教育研究，2007(12)：72-76.

　　② 宜勇，钟伟军．基于治理能力提升的中国大学校长管理专业化理论建构[J]．教育研究，2017(10)：52-58.

第六章　走向一流的大学改革研究

第一节　世界名校走向一流的改革特点[*]

众所周知，中国高等教育已进入一个重要的转型期[①]，党和政府明确要求要把改革创新作为教育发展的强大动力，把提高质量作为教育改革发展的核心任务[②]。《中共中央关于全面深化改革若干重大问题的决定》又明确提出了"深化教育领域综合改革"的总体要求。如今，在高等教育领域，大学积极响应党和国家的战略号召，掀起了大学综合改革的高潮，以进一步推动大学的转型发展和质量提升。然而，中国大学综合改革究竟改什么？怎么改？这是值得深思的问题。鉴此，本节以哈佛大学百余年改革为例，深入研究其改革的成功经验，无疑对于中国大学的综合改革、服务"双一流"建设战略实施大有裨益。

一、世界名校走向一流的改革历程

从欧洲中世纪算起，大学至今已有九百多年的历史，但大学改革的历

---

[*] 本节根据作者发表于《高等建筑教育》2015 年第 3 期的文章《哈佛大学改革的特点及启示》整理而成。

[①] 王志丰 . 转型期：大学改革路在何方—兼评"南方科大"[J]. 大学，研究与评价 2011(9)：92-96.

[②] 中共中央，国务院 . 国家中长期教育改革和发展规划纲要（2010—2020 年）[R]. 人民出版社，2010.10.

史只有 200 年①。哈佛大学改革的历史稍晚，从 1636 年建校到 1869 年的 230 多年里，几乎没有发生大的变革。19 世纪 20 年代乔治·蒂克纳（George Ticknor）教授发起了改革，但改革仅局限于其所在的系。从严格意义上讲，哈佛大学的重大改革是从 1869 年查尔斯·艾略特（Charles William Eliot，任期 1869—1909 年）担任哈佛大学第 21 任校长开始的，迄今也不到 150 年。在这期间，哈佛大学经历了 3 次具有腾飞意义的重大改革，使其逐步跻身世界一流大学行列，并最终发展成为世界一流大学的典范。

（一）第一次重大改革——从教学型小学院到教学研究型大学的转变

艾略特是哈佛大学第 21 任校长，在他出任校长以前的 230 多年里，哈佛大学几乎是一个热衷于"博雅教育"的教学型小学院。1869 年，年仅 35 岁的艾略特出任哈佛大学第 21 任校长，他认为哈佛大学要适应社会发展的巨大变化，必须进行"美国式"改革，主张美国的大学"必须从种子开始生长。它不能从英国、法国或者德国移植过来……美国大学将是美国社会和政治习惯的产物"②。在此理念指导下，艾略特批判吸取欧洲大学的先进经验，大刀阔斧地进行了哈佛大学历史上第一次以提高专业教育教学质量为目标的改革。这次改革的主要措施有：重建法学院、振兴医学院、新建商学院，提高专业学院教学质量，回应社会现实需求；设立文理研究生院，开展研究生教育，提高人才培养质量；全面实行自由选修制，在本科生课程方面进行了符合时代逻辑精神的改革③，使许多新的适应社会现实的学科进入大学的课程体系；改革考试招生制度，入学考试可以用数学或自然科学代替希腊文，开创了哈佛大学历史上第一次可以不学习希腊文就能入学的先例。通过这些改革，终于把哈佛大学改变成为"具有德国大学风格

① 贺国庆. 西方大学改革史略[M]. 石家庄：河北教育出版社，2011：1.
② Richard Norton Smith. The Harvard Century[M]. Simon and Schuster，1986：27.
③ John Brubacher & Wilis Rudy. Higher Education in Transition[M]. Harper and Row，Rublisher，Inc. 1976：116.

和美国实用主义结合模式"的大学①，极大地提升了哈佛大学的办学质量，实现了哈佛大学从一个教学型小学院到教学研究型大学的转变。

（二）第二次重大改革——从教学研究型大学到一流研究型大学的转变

第 23 任校长詹姆斯·科南特（James Bryant Conant，任期 1933—1953年）积极响应"二战"时期美国社会需要，主张美国担当"自由国家的公认的领袖"②，强调大学应是"发展知识的场所"和"学术与研究的中心"③。在此理念指导下，科南特掀起了哈佛大学历史上又一次以提高科研水平为目标的重大改革，其重大措施是改革教师评价聘任制度，认为"若大学拥有一流的教授，则必是最优秀的大学"④。为此，把科研能力作为评价一个教师是否合格的根本标准，并创造了"非升即走"（up or out）的教师职务晋升机制（至今仍是美国许多高水平研究型大学普遍采用的聘任标准⑤）。这一机制确保了哈佛大学教授的高水准、高水平，极大地提升了哈佛大学的学术竞争力。此外，还在招生制度、本科课程等方面进行了深刻改革。实行"学术精英"招生制度，即把智力和个性作为选拔学生的标准，通过学术性向测验（Scholastic Aptitude Test），把天才学生选拔到哈佛大学就读；在本科课程改革方面，重建本科课程体系，把洛厄尔校长时代的"集中分配制"课程体系改造成"普通课程+专业课程"体系。这次改革确立了哈佛大学在美国研究型大学中的学术标杆地位，使哈佛大学从教学研究型大学转变为

① 徐来群．哈佛大学史[M]．上海：上海交通大学出版社，2012：16-14.

② 华东师范大学教育系，杭州大学教育系．现代西方资产阶级教育思想流派论著选[M]．北京：人民教育出版社，1980：164.

③ 王飞雪，孟繁文．康南特的教育思想及启示[J]．天津师范大学学报：社会科学版，2003（4）：77-80.

④ Lipset. M. & Riesmam. D. Education and Politics at Harvard[M]. Mcgram-Hill Book Company，1975：153-154.

⑤ A. J. Zucker. The History of Harvard University[D]. LosAngeles：University of California，2000：20.

一流研究型大学。

(三)第三次重大改革——从研究型大学到国际化大学的转变

"二战"结束后,美国进入全球战略时期。哈佛大学第 25 任校长德里克·博克(Derek Bok,任期 1971—1991 年、2006—2007 年)强调要发展哈佛大学走向全球的能力,要在培养全球领导者和知识生产方面为全球提供服务①。为此,启动了哈佛大学历史上又一次国际化综合改革:一是成立国际化专门机构——对外的国际事务办公和对内的全球服务办公室。近年来,哈佛大学国际事务办公室已延伸到国外。2008 年,哈佛大学在中国上海设立办公室,协助哈佛大学教师与学生在中国开展研究、教学和其他学术活动,同时协调并推动哈佛大学与中国其他大学或机构的进一步合作。② 二是开展国际化科学研究,除在医学院、公共卫生学院、文理学院及 13 个附属医院建立癌症合作研究中心外,在国际事务、经济发展以及文化研究等社会科学领域也超出了地区界限,进入了国际领域。③ 三是两次掀起本科课程体系改革(20 世纪 70 年代核心课程改革、2006—2007 年出任临时校长时的新课程改革),确立了适应培养学生国际视野和未来社会变化需要的本科核心课程体系。④ 经过上述改革以及后任校长们的持续努力,哈佛大学逐渐从研究型大学发展成了一所高度国际化的全球知名高校。

① Edwards, J. Challenges and Opportunities for the Interna-tionalization of Higher Education in the Coming Decade: Planned and Oppprtunistic Initiatives in American Institu-tions [J]. Journal of Studies in International Education, 2007, 11(3-4): 373-381.
② 王蔚. 哈佛大学在中国设立第一个办公室[EB/OL]. http://news. xinhua-net. com/newscenter/2008 -07 /01/content_ 8471102. htm. 2014-3-31.
③ J. T. Bethell, etc. Harvard A to Z [M]. Cambridge: Harvard University Press, 2004: 302.
④ 陈向明. 美国哈佛大学本科课程体系的四次改革浪潮[J]. 比较教育研究, 1997(3): 20-26.

二、世界名校走向一流的改革特点

(一)改革是一个坚守大学理念而又灵活应变的过程

哈佛大学三次重大改革的一个显著特点是在改革过程中既始终坚守追求真理的办学理念,又敏锐地根据社会变化灵活调整。一方面,哈佛大学各个历史时期的综合改革,始终没有脱离"追求真理"的宗旨,始终把哈佛大学视为发展知识的场所和培养精英的机构。从 1780 年哈佛学院更名为哈佛大学开始,哈佛大学就确立了"以柏拉图为友,以亚里士多德为友,更要以真理为友"的办学理念。在随后的 200 多年间,即使在上述三次重大改革时期,也一直坚守"寻求真理"的宗旨。另一方面,哈佛大学并没有囿于"象牙塔"局限,而又总能审时度势,根据不同历史时期社会需求的变化,积极、主动、灵活地调整自己的办学目标。艾略特的改革回应了 19 世纪后半期美国迅速发展的工业经济对高等教育专业教育的新需要;科南特的改革适应了"二战"前后美国对大学研究职能的新要求;博克的改革顺应了 20 世纪美国全球战略需要。可见,对"动"与"静""变"与"不变"的把握,是哈佛大学历次重大改革的成功之道。

(二)改革是一个坚持本土化基础上的借鉴超越过程

哈佛大学的三次重大综合改革并不是在封闭状态下进行的,而是在学习借鉴欧洲,特别是德国大学改革经验的基础上进行的。但是,其改革又不是简单的模仿和移植,而是在坚持"美国化"基础上的创造性改革和超越。一是哈佛大学在理念上始终坚持"美国化"改革。艾略特明确坚持哈佛大学"不是一个德国大学的摹本,而是根植于美国社会和政治传统而逐渐地和自然地结成的硕果"①。这一改革思想厘定了哈佛大学以后改革的基本方向。二是哈佛大学的改革在实践上不是简单的移植,而是批判式借鉴,

---

① 郭健. 哈佛大学发展史研究[M]. 石家庄:河北教育出版社,2000:102.

最终实现超越。其改革既继承了德国大学的学术自由、大学自治、教学与研究相统一的精华理念，又对德国传统的大学办学模式进行了"美国本土化"改造。例如，哈佛大学的研究生教育制度，摆脱了德国传统"师徒式"的研究生培养模式，既源于德国，又不同于德国，是研究生教育的一个创举，是对德国研究生教育模式的超越。

(三)改革是一个平衡大学自治与政府控制的过程

大学对自治的坚守与政府对大学自治的尊重是哈佛大学改革取得成功的又一重要因素。从大学方面看，在国家和社会对大学职能需求日益世俗化、功利化的背景下，哈佛大学不但没有放弃大学自治的原则，反而更加强调大学自治，捍卫学术自由。艾略特主张教师在哈佛大学具有不受政府、社会和学术权威限制的绝对的思想和言论自由；科南特强调大学不是直接为政府提供服务的机器；博克主张政府的干预必须证明具有充分的正当的理由。从政府方面看，尽管美国政府呼吁大学要为国家战略服务，但并没有对大学实行"刚性控制"，更没有直接插手大学事务，而是通过立法、财政等途径规范和引导大学改革发展，实现大学服务国家战略的目标。例如，"二战"以来，美国通过了《军人权利法案》《高等教育法》等系列立法，同时大幅提高政府科学研究经费、鼓励大学自由竞争政府项目，引导大学为国家利益服务。这种"宏观引导、微观放开"的策略，科学地处理了政府意志与大学自治的关系，不仅实现了国家和社会发展的现实需求，同时也促进了大学自身的改革发展。

(四)改革是一个大学校长锐意创新的长期坚持过程

综观哈佛大学19世纪后半期以来的历次重大改革，校长在改革中发挥了至关重要的引领作用。不论是艾略特，还是科南特和博克，他们不仅是著名的教授，而且也是卓越的改革家，不仅有高瞻远瞩的办学理念，而且富有锐意创新、坚持不懈的改革进取精神。艾略特的改革并不是一帆风顺的，他推行的自由选修制不仅遭到哈佛大学内部教授会的强烈反对，而且还遭到包括当时耶鲁大学校长在内的新英格兰 8 所大学校长的群起讨伐。科南特的改革也阻力重重，他推行的"非升即走"教授晋升机制也曾遭到巨大责难，"自由社会中的通识教育"被激烈的批评者视为"冷战文件"[1]。博克的国际化改革也并非一路凯歌，其国际化改革措施依然遭到当时哈佛大学教授会的激烈抵制。但是，这些富有改革创新精神的校长们，并没有因此而放弃改革，在其校长任期内从未停止，改革持续时间至少在 20 年以上，甚至长达 40 年。正是因为有了他们长期坚持不懈的努力，才极富创造性地改造了哈佛大学，发展了哈佛大学。

(五)改革是一个大学职能协调发展相互促进的过程

从大学职能角度考察，三位校长的改革，都成功地处理了现代大学三大职能的相互关系，实现了人才培养、科学研究和社会服务职能的协调发展，进而推动了哈佛大学的全面发展。他们在主政哈佛大学期间，紧紧围绕人才培养这一大学的核心使命对本科生课程体系进行了多次改革，艾略特的自由选修制、科南特的通识教育运动、博克的面向国际化的两次本科核心课程体系改革，均体现了本科生人才培养在大学改革发展中的中心任务地位。在重视人才培养改革的同时，哈佛大学三次改革并没有忘记"发展科学，追求真理"的使命。从艾略特建立文理研究生院，到科南特的"非升即走"教授评价聘任制、再到博克跨学科研究机构的建立等，无一不是在科研改革方面推出重磅"炸弹"。在大力推进人才培养和科学研究改革的同时，哈佛大学也没有忘却服务社会的职能。艾略特主张大学要迅速适应其赖以生存的环境的变化；科南特极力提倡大学应当服务国家；博克强调大学要在培养全球领导者和知识生产方面为

---

① Faculty of Arts and sciences of Harvard University, Report of the Committee on General Education. 2005: 11.

全球提供服务。

三、世界名校走向一流的改革启示

(一)大学综合改革的本质是回归大学精神

"大学精神是大学的灵魂，始终引领大学历史变革的方向，直接影响着大学的办学目标和办学效果。"①哈佛大学改革史表明，坚持和弘扬大学精神是造就一流大学的根本。哈佛大学之所以能培养出一流的人才、吸引一流的师资、产出一流的科研成果、提供一流的社会服务，其根本原因在于一如既往地追求卓越、崇尚真理。改革开放40多年来，中国高等教育取得了巨大成就，从精英阶段发展到大众化阶段，整体办学水平和教育质量不断提高，但对"政治化"与"市场化"的过度迎合、人文教育与科学教育的失衡，以及学者学术道德的失范等现象表明大学在适应社会的同时，也在遗忘宝贵的大学精神。大学精神是永恒与时代性的统一，是一所大学永久弥新的动力源泉。因此，笔者以为，中国当代大学的综合改革的首要问题是如何回归大学之道，重塑大学精神。为此，我们应当给予大学准确的定性和定位，强化反思与批判功能，分清什么是应当守望的，什么是应当超越的，使日久弥新的大学精神焕发出时代的光辉，并在此基础上大力培育现代大学精神的制度环境，努力推进现代大学制度创新，才能真正建立起具有中国特色的现代大学制度。

(二)大学综合改革的基点是立足中国国情

如何正确处理传承与借鉴是中国大学综合改革必须高度重视的问题。考察中外高等教育发展史，不难发现，"外发型"是中国高等教育衍生发展的显著特征，发展基础十分薄弱，即使改革开放以来高等教育取得了巨大

---

① 朱伯兰.大学精神传承和发展的思考[J].国家教育行政学院学报，2013(3)：7-10.

成就，但高等教育"大而不强"的现状仍然是困扰高等教育质量提升的最大现实问题，与世界一流大学还有相当的差距。为此，要实现从"高等教育大国"向"高等教育强国"转变，学习和借鉴西方先进经验非常必要。但审视中国当代大学改革，立足中国国情过少，移植西方过多，"言必称美国"的流行病较为突出①。因此，当代中国大学综合改革应当正确处理好继承与借鉴的关系，坚持"立足国情为本，借鉴西方为辅"的策略。哈佛大学改革的成功是立足本国国情基础上创新的成功。因此，中国大学的综合改革，只有在坚持弘扬本国优秀传统文化的基础上，辩证取舍西方大学改革的先进经验，才能真正建立起根植于中国土壤的具有中国特色的现代大学制度。

（三）大学综合改革的方式是突出系统性

无论是从教学型小学院到教学研究型大学转变，还是从教学研究型大学到一流研究型大学，乃至从研究型大学到国际化大学转变的改革，都是根据哈佛大学在各个历史时期所面临的不同社会形势而进行的重大改革，具有明显的系统性和协同性特点。当前，中国高等教育改革面临的主要形势不是解决"有学上"的问题，而是要解决"上好学"的问题，大学改革的主要任务是要实现从"以量谋大"到"以质图强"的战略性根本转变。要实现这个根本任务，仅靠扩大招生规模难以实现。例如，领导体制、管理体制、投入机制、考核机制以及评价机制等改革，均是复杂而全面的，牵涉到方方面面，任何单方面的改革只能治标而不治本。同时，高等教育仅是整个教育领域的一部分，大学的综合改革也离不开学前教育、义务教育、高中教育等各教育阶段衔接联动。再如，大学的综合改革还需要构建合力推进的格局，即大学与外部政府和社会的协调配合，大学内部治理结构体系的完善以及全体师生的鼎力支持等。要解决这些问题，需要多方面、多领域

---

①　王洪才，张继明．高等教育强国与现代大学制度建设[J]．厦门大学学报：哲学社会科学版，2011（6）：119-126.

的协同互动，整体推进才能解决大学办学质量的深层次矛盾。因此，大学综合改革必须突出系统性和协同性。

（四）大学综合改革的重点是要解决关键问题

必须强调的是，突出大学综合改革的系统性并不是说大学改革都要面面俱到，全面开花，而是要在协同互动、整体推进的同时，着力解决在高等教育大众化背景下制约和阻碍办学质量提升的一些带有全局性和根本性的关键问题。换句话说，就是要不断深化改革的内容，解决制约高等教育质量的深层次矛盾，通过重点推进，以求以点带面之实效。当前，制约中国高等教育质量的深层次矛盾，从大学外部关系看，主要是大学自治与政府控制之间的矛盾、国家意志与大学独立精神之间的矛盾、政府统筹管理与大学自主办学之间的矛盾。从大学内部关系看，主要是大学职能的协调发展与单一片面发展之间的矛盾、人才培养目标趋同与社会需求多样化的矛盾，以及师资队伍建设与高等教育事业发展不相适应的矛盾。① 这些事关高等教育管理体制和办学机制的问题，是直接制约甚至决定整个高等教育质量的"牛鼻子"问题，是"牵一发而动全身"的关键问题，应当予以高度重视、重点考虑，着力解决。当然，每所大学面临的主要矛盾又各有差异，这就要求大学要根据各自实际，在准确找到阻碍自身办学质量提升的一些带有全局性和根本性问题的基础上，明确改革重点，落实攻坚措施，协同各方力量，解决关键问题。

（五）大学综合改革的关键是要做好顶层设计

从改革的推动力量上看，哈佛大学三次重大改革主要是基于社会发展和自身发展的双重需求并在校长的主导和推动下进行的，这是由美国高等教育领导与管理体制决定的。但中国不同于美国，中国实行的是中央统一

---

① 刘延东. 深化高等教育改革走以提高质量为核心的内涵式发展道路[J]. 中国高等教育，2012(11)：4-9.

领导下的分级管理的高等教育行政体制，决定了中国的高等教育综合改革必须在中央的通盘考虑和统筹规划下有领导、有组织、有步骤地进行，既要弱化某些不适应高等教育改革发展要求的管理职能，又要强化那些符合高等教育改革发展要求的管理职能（如教育监督和评价），而要做到这点，离不开中央层面的顶层设计。其二，从改革实践看，中国大学的综合改革也离不开国家层面的政策支持，失去了国家和中央的政策支持，大学综合改革很难与国家要求接轨，也就不可能取得根本性突破。其三，从改革阶段看，中国高等教育改革已发展到从"增量"改革到"存量"改革的阶段，任务在于解决体制机制性障碍，对既有利益格局重新进行调整和分配，而不是做细枝末节的修修补补，这都需要在统一制度框架和体制机制下运转，使大学在有序中竞争，在规范中运行，在制度下发展，实现高等教育综合改革的重大突破，进而建立起具有中国特色的高等教育宏观管理体制和现代大学制度。①

第二节 世界名校走向一流的改革逻辑*

2015 年 10 月，国务院印发了《统筹推进世界一流大学和一流学科建设总体方案》，明确要求具备一定实力的高水平大学和高水平学科要"瞄准世界一流""坚持以改革为动力，深化高校综合改革，加快中国特色现代大学制度建设"②。可见，改革是推动世界一流大学建设的核心力量。但是，走向世界一流的大学改革应当遵循什么样的逻辑？这是值得深思的问题。他山之石可攻玉。鉴此，笔者以名哈佛大学为例，深入探究、其历经百余年

---

① 李立国. 什么是高等教育综合改革的关键[N]. 光明日报，2014-8-12.

* 本节根据作者发表于《教师教育学报》2017 年第 1 期的文章《走向世界一流大学的改革逻辑与启示——以哈佛大学百年改革为例》整理而成。

② 国务院关于印发统筹推进世界一流大学和一流学科建设总体方案的通知(国发〔2015〕64 号)[EB/OL]. (2015-11-05)[2016-02-15]. http://www.gov.cn/zhengce/content/2015-11/05/content_10269.htm.

的改革逻辑，以期对我国大学走向世界一流提供些许参考借鉴。

一、世界名校走向一流的改革逻辑

自 1869 年以来，哈佛大学为适应不同时期美国社会发展需要，经历了 6 位校长、历时 100 余年的持续改革。正是一次次与时俱进的改革，把哈佛大学一步步发展成为享誉全球的世界一流大学典范，隐含着一步步走向世界一流大学的改革逻辑，那就是无论社会如何变化，始终坚持本土、本真、本科、求精、求变、求新的大学变革逻辑。

(一)本土：始终坚持"美国化"

哈佛大学百年改革，本质上是一部哈佛大学"美国化"的历史。众所周知，哈佛大学的前身是一所由来自大英帝国的清教徒(许多人系剑桥大学的毕业生)建立的殖民地大学，基本上是一所"英国化"的大学，或者说是一所"剑桥化"的大学(最初名为"剑桥学院")，一切都按照欧洲古典大学的办学逻辑"平稳地"运行着——秉承着欧洲古典教育的传统，沿袭着欧洲古典办学的模式，遵循着欧洲古典课程体系，坚守着培养贵族精英的目标。但这种古典运行逻辑到了 19 世纪 70 年代，却因艾略特校长掀起的重大改革戛然而止，办学方向自此发生了 180 度的大转弯，哈佛大学从此走上了"美国本土化"的发展道路——开始了自我"内练"前行的征程。而在随后持续 100 余年的风云激荡的改革岁月里，美国人的文化、传统和精神仿佛是新鲜的血液，为哈佛大学历次改革注入生机和活力。无论是艾略特、洛厄尔创建现代教学研究型大学，还是科南特、普西创建研究型大学，抑或是博克、陆登庭创建国际化大学，都无一不是坚持"美国本土化"的改革成果。艾略特强调大学要成为反映本国历史与现实的"镜子"，洛厄尔主张"自由与秩序的平衡"，科南特强调培养"自由社会的合格公民"，普西主张建立"多元化的哈佛"，博克和陆登庭强调要走"国际化的道路"，这些理念均是为了满足美国 19 世纪 70 年代以来"工业化""战略化""全球化"三个不同历史时期美国现实的本土需要，或者说是那个历史时期的美国传统和文化的需要。正是"美国本土化"的办学方向一直牵引着哈佛大学在面临美国"工业化""战略化""全球化"战略转型的一次次危机时，成功地创造转机，赢得生机，实现了一次次跨越式发展，创造了哈佛大学的办学奇迹，诠释了哈佛大学与时俱进的改革精神。经过"本土化"的改革，哈佛大学从此走上了现代大学的发展轨道，成为一所既秉承欧洲大学优秀传统又具有美国本土精神的大学。从本质上讲，哈佛大学 132 年的改革史，就是一部哈佛大学"美国本土化"的历史——它成功地实现了把"欧洲化的哈佛"改变成"美国化的哈佛"。

（二）本真：始终坚持追求真理

哈佛大学百年改革，始终坚持着捍卫学术自由、追求真理。1869 年以来，哈佛大学在历史的时空上跨越了美国"工业化""战略化"和"全球化"三个不同历史时期。每一时期的改革均是对那个特定时代美国国家和社会经济文化发展的需要所作出的及时回应：艾略特、洛厄尔两位校长的改革回应了 19 世纪后半期美国工业化的社会现实需求；科南特、普西两位校长的改革回应了美国 20 世纪 40—70 年代冷战时期国家战略的需要；博克、陆登庭两位校长的改革回应了 20 世纪八九十年代"两级"对抗全面升级以及 21 世纪来临之时美国全球化战略的需要。但是，他们在推动哈佛大学适应美国发展战略需要、不断走进社会变革的中心过程中，并没有忘记大学崇尚学术、追求真理的使命：艾略特强调"大学是教师的集合体，是知识的仓库，是真理的寻求者"①；洛厄尔指出"只有通过那些在自己的专业领域孜孜以求真理并且把自己发现的真理传播给学生的人进行的自由探究，知识才能得到增进"②；科南特提醒大学无论如何变化，"大学传统的本质

---

① 王英杰. 大学校长与大学的改革和发展——哈佛大学的经验[J]. 比较教育研究，1993(5)：1-10.

② SMITH W B. Harvard Book-350th Anniversary Edition[M]. Cambridge：Harvard University Press，1986：327.

依然保持不变"①；博克反对任何组织和派别"企图把自己所拥有的政治信仰凌驾于大学的各种活动上"②；第 26 任校长陆登庭在强调基础研究工作的重要性时，并没有忽略各种类型的优秀人才对于大学使命的重要性③。陆登庭校长强调，在任何杰出的大学，教学与研究是紧密结合在一起的，在最优秀的研究工作中获得的、在最佳的学术期刊和最优秀专著中发表的重要思想和发现，是教学内容和方法的源泉。④ 这些办学理念犹如警世格言时刻提醒着哈佛大学在前行的过程中不能迷失自我。无论哈佛大学如何改革、社会形势如何变化，"崇尚自由，追求真理"是哈佛大学改革前行中始终坚持的一种独立精神生活的存在——不管外面的社会环境发生了何种变化，都要"保持对知识与真理的无条件追求，保持心灵对世俗的超脱，保持精神生活和精神生命的独立性"⑤。正是因为哈佛大学始终坚守着这些办学理念，才使哈佛大学保持着不断的学术创造力，并在众多的美国研究型大学中取得了成功。

(三)本科：始终坚持以本科为本

正所谓"万丈高楼平地起"，本科生教育是研究生教育的基础和关键，没有高质量的本科教育就没有高质量的研究生教育，也就没有高水平的科学研究。我们必须注意到，虽然哈佛大学以卓越的学术成就享誉世界，但本科教育教学改革始终是贯穿于哈佛大学百余年改革历史的主线。自 1869 年艾略特校长掀起哈佛大学首次重大改革以来，以后的历次改革无不把提

① CONANT J B. My several Lives：Memoirs of a Social Inventor [M]. New York：Harper & Row Publishers，1970：652.

② 德里克·博克. 走出象牙塔——现代大学的社会责任[M]. 徐小洲，译. 杭州：浙江教育出版社，2001：87-88.

③ 齐永芹. 陆登庭高等教育思想和实践初探[D]. 开封：河南大学，2007：17.

④ 陆登庭，阎凤桥. 一流大学的特征及成功的领导与管理要素：哈佛的经验[J]. 国家高级教育行政学院学报，2002(5)：10-26.

⑤ 刘铁芳. 大学要无条件追求知识与真理[EB/OL]. (2013-10-10) [2016-02-15]. http：// www. qstheory. cn/kj/jyll/201310 /t20131010_ 277586. htm.

高本科教育质量作为改革的核心任务，从本科课程体系改革到招生制度改革、从一流教师招聘到专业学院办学质量整顿、从本科生集中住宿制的建立到荣誉学位制的推行等，无不充分体现出哈佛大学对本科教育质量的高度重视。

哈佛大学始终注重教学与研究的统一，艾略特校长强调要改革专业学院教学方法、洛厄尔强调教学与科研具有同等重要的意义而不可偏废、博克建立专门的教学研究中心开展教学理论研究和教学实践训练等，都无不体现哈佛大学对本科教学的极度重视。值得注意的是，对本科教育质量的自我反思和批评精神也是直接促成哈佛大学本科教育改革的动因。19世纪90年代以来，研究报告《投身学习：发挥美国高等教育的潜力》《学院：美国本科生教育的经验》《学术水平反思》《2000年目标：美国教育法》《重建本科生教育：美国研究型大学发展蓝图》等，成为本科教育质量改革的导火线。博克校长的核心课程改革便是对20世纪80年代美国"本科教育优异改革运动"的直接回应，陆登庭校长的人文教育改革是对《博耶报告》的积极应对等。直到今天，哈佛大学依然高度重视本科教学，以强有力的行政和经济手段促进教师不断提高本科教学质量——教师的招聘要看其对教学有无足够的热情、教授必须给本科生授课并据此发放工资、教师的薪酬依据教学评估结果确定、学生对教学评估不满意教师就得离职。[①] 这些举措充分说明了本科教育在哈佛大学改革中的重要地位。哈佛大学正是通过以本科教育改革为路径，牵引着人才培养质量的不断提高、科学研究水平的不断提升和服务社会职能的不断增强。

(四)求精：始终坚持追求卓越

哈佛大学百年改革，始终遵循着追求卓越、创造一流的逻辑，那就是不甘落后、拒绝平庸、争创一流的开拓进取精神贯穿于改革的始终，那就是要招聘一流的教师、招收一流的学生、培养一流的人才、做出一流的科

① 秦春华. 美国顶尖大学如何保证本科质量[N]. 光明日报，2014-08-26.

研、提供一流的社会服务。在教师队伍建设上，哈佛大学始终坚信一流的教师是一流大学的先决条件：招聘学术成就最卓越的教师到哈佛任教，是哈佛大学自艾略特校长以来历任校长改革的重要使命之一；科南特校长首创并实施的教师"非升即走"的职务晋升机制，保证了哈佛大学教授卓越的学术创新力；陆登庭校长面向全球招聘一流教授，确保了哈佛大学教师队伍的"绝对一流"。在招生制度上，哈佛大学要招收"天才"学生，除了要求智力超群外，还把是否具有学术潜力、领袖潜质或某一方面特殊才能等作为招收学生的标准，从而确保了哈佛大学优秀的生源质量。在人才培养上，为培养出能够影响和改变世界的卓越人才，自艾略特校长以来，哈佛大学掀起了自由选修制、集中分配制、通识教育运动、核心课程等多次改革运动，通过本科课程体系的不断完善，为卓越人才的培养提供了知识建构的平台。正是在追求卓越的办学目标牵引下，哈佛大学掀起了一次又一次的重大改革，实现了一次又一次的历史性跨越。要特别强调的是，哈佛大学追求卓越的精神还充分体现在掀起重大改革的历任校长勇于进取的创业精神和永不言败的改革锐志。

改革是一项艰巨复杂的创造性工作，充满着改革派与传统派之间的激烈斗争，因此在很大程度上，改革的过程就是进取与保守的博弈过程，改革的成功实质上是"新"的胜利与"旧"的失败。难能可贵的是，尽管哈佛大学的校长们在改革过程中遇到了来自哈佛内外的巨大阻力，诸如8所大学校长"集体围攻"艾略特校长倡导的自由选修制、保守派斥责科南特校长主张的"通识教育"、教授委员会强烈反对博克校长的国际化改革，等等，无不反映出哈佛大学百年改革的艰辛，但没有一位校长因此而停止改革的步伐，相反，他们为了同一个目标共同奋斗，终于赢得了改革的胜利。因此，从某种意义上讲，正是有了卓越的校长，才有了卓越的哈佛。

(五)求变：始终常怀忧患之心

哈佛大学持续百年改革的动力是19世纪以来美国社会政治、经济和文化发展的需要：

艾略特是在面临着美国资本主义飞速发展、赠地学院兴起和其他研究型大学诞生的背景下掀起改革的；洛厄尔是在国家需要高等教育承担更多的社会责任、社会需要、自由与秩序达成新的平衡以及本科课程自由选修制的弊端日益显露背景下掀起改的；科南特是在美国全面卷入战争、国家需要大学为战争服务的背景下掀起改的；普西是在美苏进入全面对抗的背景下掀起改革的；博克和陆登庭是在美国进行新的全球化战略调整的背景下掀起国际化改革的。诚然，这些都是促成哈佛大学一次次改革的外在原因。其实，促使哈佛大学持续改革的原因，除了外在的社会形势的变化外，更多地来自哈佛大学居安思危的忧患意识——一种强烈的对自我生存处境和发展危机的深沉担忧。正如博克校长在哈佛大学成立 350 周年的庆祝大会上所演讲的那样："如果说 350 年来哈佛大学有一个贯穿始终的特点的话，就是我们总是在心神不定地担忧，即使在外界形势看来没有任何理由这样时也是如此。当我们为取得的成就而高兴时，总会突然感受到一种'异样'的阵痛，虽然我们强忍着，但有时也难免会说出来。我们知道有多少学院是在全盛时期种下了日后衰退的种子。我们的第二天性使我们从自我陶醉中清醒过来，时刻问一下自己有什么敌对的力量存在，命运会有什么改变，有什么内部矛盾和过分行为会削弱我们的大学或阻止它满足现代社会和人类的需要而作出贡献。"[①]常怀思危忧患之心，正是哈佛大学长盛未衰的重要原因之一，它促使哈佛大学一刻也没有因为取得的办学成就而骄傲，一刻也没有停止过改革的步伐而永远行进在"求变"的路上，一次次变革使其一次次超越对手而成为美国研究型大学中的"王中之王"。

(六)求新：始终坚持创新发展

哈佛大学百年改革始终遵循着坚持开拓创新的历史逻辑。作为在大英帝国殖民地上建立起来的大学，一方面，秉承了 1000 多年来"精英主义"教育的传统，继承了欧洲大学，特别是德国柏林大学先进的办学理念，把

---

① 姜文闵.哈佛大学[M].长沙：湖南教育出版社，1998：72.

洪堡的"大学自治""学术自由"等大学理念的精华注入美国大学的办学治校实践并进一步发扬光大。另一方面，它又是美国的大学，融入了美国的社会现实，注入了实用主义哲学精神，体现着美国的历史、传统和文化，成为反映美国历史和现实的"一面镜子"。因此，哈佛大学是欧洲大学办学传统与美国实用主义相结合的产物，对德国大学先进办学理念的继承，使哈佛大学顽强地坚守着追求真理的使命，保证了哈佛大学作为学术机构的本质特性，维护了大学的天然本真；美国实用主义文化精神的融入，又使哈佛大学日益走进社会现实，成为引领社会发展的动力站，增强了大学服务社会的功能，为大学赢得了广阔的发展空间，进一步彰显了大学存在的价值。哈佛大学的继承与创新不仅体现在与欧洲大学的相互关系上，还淋漓尽致地体现在百年持续性改革的前后承继关系上——前一次改革是后一次改革的基础，后一次改革是在前一次改革基础上的发展和创新。仅以艾略特与洛厄尔两位校长的课程改革为例，就足以充分地说明这一点。洛厄尔集中分配制的诞生，既源于对艾略特自由选修制弊端的不满，但又是对自由选修制的继承和发展——集中分配制尊重了学生学习的自由，同时又赋予了学生更多课程学习的自主权，实现了"自由"与"责任"的兼顾和双赢。此外，无论在教师队伍建设还是在招生制度改进以及科学研究制度的完善等诸多方面，哈佛大学历次改革都不是另起炉灶，更不是另立门户，而是在前一次改革基础上的继续，才使哈佛大学百年改革具有了持续性、继承性和创新性，避免了改革资源的浪费和有限精力的消耗，从而使哈佛大学实现着一次又一次的历史性跨越。

二、世界名校走向一流的改革启示

哈佛大学并不是"天生"的世界一流大学，更不是"天生"的世界一流大学的典范。透过其百年改革历史不难发展，它从一所地方小学院之所以能够发展成为人们公认的世界一流大学的典范，关键在于长达百余年改革的持续推动。哈佛大学百年改革过程中始终守持的逻辑，给走向世界一流大学的改革留下了许多有益的启示。

(一)大学改革要始终坚持立足国情

哈佛大学百年改革史就是一部适应美国社会、服务美国战略的历史。正是在适应和服务美国社会现实需要和国家战略的过程中，哈佛大学赢得了发展机遇。"皮之不存，毛将焉附?"国情是大学改革的土壤，是大学存在和发展的根基，任何大学改革的终极目的，都是汇聚更多优质资源，培养更多一流人才，产生更多一流成果，从而更好地服务本国发展。因此，世界一流大学的改革，除了要放眼世界、吸引他国大学先进经验外，还特别需要研究本国国情，了解国家重大战略需求和社会发展的紧迫需要，与国家的需要合拍，与社会的需求同步，这样的大学才能赢得发展的机遇，长成参天大树。从我国高等教育现实来看，当下最大的国情就是从高等教育大国向高等教育强国战略转变的需求。这种战略需求，要求我国高等院校的办学活动要顺应国家战略需求，特别是要及时回应国家在重大战略前沿、重大现实需求、重大急难问题等方面的需要，从而培养出适应国家战略发展急需的人才，创造出适应国家战略需要的科研成果，进而为国家发展战略的实现提供一流的服务。事实证明，凡是能够及时调整办学方向的高校，大多能够在激烈的高等教育竞争中抢占先机;凡是能够抢占先机的大学，也大多能够赢得更好的发展机遇，实现跨越式发展。"中国进步最快大学排行榜"①显示，2007—2013 年 5 年里排名前十的高校中，发展进步最快的并不是我国老牌名牌大学，除了几所"211"高校外，大多是非"985""211"地方高校。这些发展最快的高校大都胸怀全局，坚持使命担当，坚持立足国情、省情、校情，促进转型发展，加强学科建设，推动人才强校，在培育自身特色和优势上下工夫。哈佛大学的百年改革充分表明，大学的发展关键在于要融入国家的战略需求，在于结合自身实际进行了创造性的、"接地气"的改革，只有这样才能最终提高办学质量，赢得发

---

① 中国进步最快的大学排行榜[EB/OL]. (2013-01-14)[2016-09-30]. http://www.gaokao.com/e/20130114/50f3739fdee97.shtml.

展机遇。

(二)大学改革要始终坚持追求真理

走向世界一流大学的改革，贵在对大学本真的执着坚守。尽管在不同的历史时期，哈佛大学校长们都极力主张大学要服务社会，服务美国国家战略，但他们始终没有忘却"我是什么"的原初思考。即使在"一战""二战"时期，国家对大学的战略需求最急迫、最关键的时刻，哈佛大学也没有随波逐流，放弃对大学本真的坚守。1869 年以来，哈佛大学在各个历史时期的历次改革，始终把大学视为传授普遍知识的场所和追求真理的圣地，始终坚守以探究高深学问为原点的知识传授和人才培养。正是对大学本真的执着坚守，才铸就了哈佛大学独特的精神，创造了一流的学术成就。

高等教育哲学家约翰·S.布鲁贝克说，高等教育存在的哲学基础有两个：一个是"认识论"，另一个是"政治论"。前者要求大学保持与社会政治、经济的相对分离，即大学要以探索真理和学问为己任；后者要求大学将自己视为社会的一部分，即要为政治、经济服务。显然，如果一味坚持"认识论"哲学的办学之道，那大学必将成为孤芳自赏的"象牙塔"，与大学服务社会的职能背道而驰。如果一味坚持"政治论"哲学的办学之道，那大学势必失去作为"学术机构"的本性，失去"追求真理"的原初使命。

事实上，世界高等教育发展史表明，任何大学办学都不可能走向极端，因为"大学不是老古董，不会将各种新事物拒之门外；相反，它是时代的表现，是对现在和未来都会产生影响的一种力量"[①]。因此，它必须学会"两条腿走路"，即既要主动融入社会，争取发展先机，又要保持学术独立，坚守大学的本真。世界范围内，发展进步快的大学，一方面胸怀全局，敢于使命担当，主动融入国家战略需求，在解决国家和地方某些前

---

① 亚伯拉罕·弗莱克斯纳.现代大学论——英美德大学研究[M].徐辉，陈晓菲，译.杭州：浙江教育出版社，2001：1.

沿、重大现实问题上作出了突出贡献；另一方面，这些大学也没有忘记追求真理、探究高深学问的使命，在一些基础理论研究方面取得了突出的科研成果，增长了知识，推进了学术及科研的发展。因此，我国大学在改革发展过程中，要坚持"两手抓"，即一手抓服务国家战略需求，一手抓探索真理学问，这才是大学改革发展的内在逻辑所在。

（三）大学改革要始终坚持追求卓越

要建成世界一流大学，必须树立追求卓越的高远志向。有道是"器大者声必闳，志高者意必远"。志向决定大学的发展高度。只有志存高远，拒绝平庸，不甘人后，永不满足的豪情壮志，才能立于时代的潮头，走在世界的前列。哈佛大学历次改革之所以形成一个连续不断的跃进过程，一步步从一个地方小院校发展到国家大学再到国际化大学，就在于从没有放弃过追求卓越、精益求精、争创一流的梦想。事实上，直至今天，哈佛大学的改革步伐也没有停止过。正是这种永不满足的锐意进取精神才使哈佛大学闯出了新路，创造了辉煌，引领了世界。卓越的志向是引领大学不断奋进的"催化剂"。而这种追求卓越的高远志向更多地体现于常怀忧患之心，一种对现有成就永不满足的担心。这一点从博克校长在哈佛大学成立350周年庆祝大会上的演讲中有充分的体现。1859年以来，哈佛大学始终坚守学术的正统性，在其他大学大力发展应用学科的同时，它不盲目跟风，而是高度重视传统学科和基础学科的建设，因而，其文、法、医、神的学科实力至今仍保持着世界领先地位，成就了一批世界顶尖的学科。近几十年来，在国家战略的牵引下，我国一批大学和一批学科建设也取得了长足进步，但与世界一流大学相比，仍有一定差距。我国大学改革应当树立紧迫感，以及精益求精的"工匠精神"，进一步凝练学科方向、强化学科基地建设，只有这样才能打造卓越的学术高峰，最终问鼎世界一流。

（四）大学改革要始终坚持开拓创新

在建设世界一流大学的改革过程中，必须坚持与时俱进、开拓创新。

开拓创新是大学适应社会、赢得机遇的需要，也是大学自身发展的内在逻辑。

　　大学作为一个学术共同体，尽管有大学自治的传统，但毕竟是社会的一部分，不可脱离时代，更不可能与世隔绝。与世隔绝的大学不可能引领社会发展。大学只有随着时代的发展和社会的进步，不断调整大学的人才培养目标、教学课程体系、内部治理结构、科学研究方向等，才能获得新的生命力，进而赢得勃勃生机。而这种调整就是一个开拓创新的过程，它使大学的人才培养目标更适应社会的需求，使教学课程体系更适应新型人才培养的需要，内部治理结构更加灵活有效，科研方向更加契合国家战略前沿需求，从而推动整个大学不断发展、不断进步。应当说，近20多年来，我国大学特别是一批研究型大学在适应和服务国家战略需求方面是积极的、主动的，也是有成就的，但总体上考量，其开拓创新活力不足、学术成果创新性不足、具有国际影响力的标志性成果不多、治理结构未能从根本上突破传统体制机制的束缚，成为阻碍我国当下"双一流"建设的主要因素。鉴于此，我国大学必须以敢于担当的精神，从顶层设计入手，在办学体制机制、人才培养模式、治理结构改善以及科学研究管理机制等方面，进一步深化综合改革，以改革助推我国大学的提质增效，进而促进我国从高等教育大国迈向高等教育强国。

　　（五）大学改革要始终坚持本科为基

　　没有本科教育就不能称为大学，没有高质量本科教育的大学更不能成为世界一流大学。因为高质量的本科教育是发展研究生教育、创造高水平科研成果的基础。改革本科教育、提高本科教育质量，贯穿于哈佛大学改革历史的始终，成为哈佛大学百年改革的重大主题。哈佛大学正是通过以本科教育改革为路径，牵引着人才培养质量、科学研究水平和服务社会能力的不断增强。事实上，直至今天，重视和发展本科教育依然是哈佛大学保持长盛不衰的法宝。因此，在建设世界一流大学的改革过程中，必须克服"重视研究生教育，轻视本科生教育"的弊端，始终把本科教育摆在重要的位置。"没有一流本科，很难成为一流大学。"事实上，综观世界一流大学，无不把本科教育视为"大学之本"。哈佛在100余年的改革过程中，历任校长始终把本科课程改革作为改革的重要内容，甚至是改革的核心任务。正是由于长期坚持不懈的本科教育教学改革，才奠定了哈佛大学在众多研究型大学中卓越而显赫的地位，也成就了哈佛大学杰出的人才培养。对于正在创建世界一流大学的中国大学特别是研究型大学来说，只有从顶层制度设计上系统规划本科教育，形成配套的本科教育教学体系，才能使我国的本科教育质量实现根本的改观。

值得强调的是，从本质上讲，哈佛大学是美国的大学，是典型的西方国家大学，是为美国根本利益服务的大学。但哈佛大学作为一个"学术共同体"的存在，其走向世界一流大学的改革逻辑是值得学习和借鉴的。其始终坚持为本国服务的办学方向、始终坚持追求真理的大学精神、始终坚持以本科为本的办学基础、始终坚持追求卓越的高远志向、始终常怀忧患之心的紧迫意识、始终坚持创新发展的改革锐志，在很大程度上也是建设世界一流大学的共同改革规律。我国在从"高等教育大国"向"高等教育强国"迈进的过程中，也应当加强顶层设计，从国家层面着力引导大学改革要始终坚持立足国情、追求真理、追求卓越、开拓创新、卓越校长治校，只有以本科教育为本，才能真正建成中国特色的世界一流大学。

第三节　走向世界一流的大学灵动改革 *

当今时代是一个变革的时代，变革的时代必有变革的大学，而变革中的大学需要"灵动"的改革实践智慧。古今中外无数成功的大学改革史实证明：灵动的改革能够引领一所大学走向成功乃至卓越，反之，则把一所大学引向困境甚至绝路。显然，灵动的大学改革对于一所大学的未来发展可

---

* 本节根据作者发表于《江苏高教》2020年第6期的文章《大学改革实践灵动论》整理而成。

谓生死攸关，意义重大。但遗憾的是，在这个急剧变革且迫切需要大学灵动改革的时代，大学改革的"灵动"问题仍未引起高教理论界和实务界的足够重视。因此，在谁都在改革，但又有谁真正改好革的今天，深入、系统探究大学改革的"灵动"问题，有助于厘清大学改革的理论困惑，拨开大学改革的实践迷雾，这是一个时代课题，对于助推"双一流"建设战略实施显得尤为紧迫和重要。

一、大学灵动改革研究述评

大学改革问题历来受到学界广泛关注。从研究范围看，既有国外大学改革问题研究，也有国内大学改革问题研究。从研究的领域看，几乎涵盖了大学教育的全部问题，涉及人才培养、科学研究、社会服务、文化传承与创新、国际化办学以及大学治理体系改革等问题。从研究的类型看，既有大学改革基础理论研究，也有大学改革实践应用研究等。但从总体上看，这些研究成果大多停留于大学改革的某个具体问题，而不是关于大学改革本身的整体研究。换句话讲，目前把大学改革本身上升为一个整体问题来研究的学者并不多见。实际上，在大学正处于社会急剧变革的时代且急需大学"灵动"改革的今天，跳出改革看改革，把大学改革作为一个整体问题去研究比单一研究大学的某个具体改革问题更为重要和紧迫。

（一）国内研究：理论与行动的争鸣与探索

在国内，虽未明确提出大学改革"灵动"的理论概念，但大学改革"灵动"的实践问题近些年来已经引起党和国家的高度重视和国内高教学界的广泛关注，无论是党和国家的政策导向还是高教学者的研究视角已经触及大学改革实践的"灵动"问题。政界和学界均已意识到已经进入深水区、攻坚期的大学改革问题再也不能"头痛医头、脚痛医脚"①，而应当树立系统

① 赵俊芳. 全面深化高等教育综合改革的几点思考[J]. 苏州大学学报（教育科学版），2014(2)：15-16.

思维，强化科学谋划，注重有序推进。党的十八大报告和党的十八届三中全会作出的《中共中央关于全面深化改革若干重大问题的决定》均特别强调要"积极推动高等教育内涵式发展，深化教育领域综合改革，着力提高教育质量"。之后，教育部直属高校综合改革方案相继出台，拉开了大学综合改革的序幕，学界亦展开了许多有益的研究探索。"综合改革"作为实现高等教育内涵式发展、提高教育质量的途径，强调教育资源的优化配置、注重体制机制改革创新，涉及教育观念、办学模式以及结构规模等方面与时代的适应性问题①，实质上是大学改革实践的"灵动"问题。可见，无论大学改革问题的实践范式还是研究范式都已出现了从单一改革转向综合改革、从局部研究转向系统研究的趋势。这"两个转向"虽未明确提出大学改革的"灵动"问题，但实际上已经蕴涵着对大学改革"灵动"的觉醒。

近年来，国内高教界围绕大学改革问题展开了富有启发性的理论与实践研究。在高教哲学理论研究方面，有学者认为大学"是充满灵性的有机体，灵性是大学创造的源泉动力"②，因此主张构建具有灵性的大学共同体，引申开去，即为使大学充满"灵性"，大学改革应当"灵动"。在实践认识论研究方面，梳理近十年有关高等教育改革研究文献，主要聚焦于高等教育"适应论"与"认知理性论"的学术争鸣③。以潘懋元先生为代表的高等教育"适应论"基于政治论哲学基础，提出了"教育内外部关系规律"的学术观点，抛出了"高等教育是否适应经济社会发展"的重大命题，并主张高等教育要根据社会环境变化特别是经济社会发展的迫切需求进行"适应性"改革——实际上，潘懋元先生的主张已经触及了大学改革的"灵动"适应问题。但高等教育"适应论"遇到了展立新、陈学飞等学者"认知理性论"的质

---

① 龚克. 高校推进综合改革要找准真落点[N]. 中国教育报，2014-3-19.

② 侯长林. 论大学之灵性[J]. 教育研究，2016(7)：100-104.

③ 邬大光，王旭辉. 近年来我国高等教育研究若干问题述评[J]. 教育研究，2014(5)：73-88，113.

疑，认为高等教育"适应论"是"历史误区"①，颠倒了认知理性与各种实践理性的关系，主张高等教育要超越"适应论"、回归"认知理性"，以知识生产为导向，通过建立健全学术市场，适应现代大学改革的发展趋势——这一主张的实质就是大学要根据"知识生产逻辑"进行灵动的改革。不难发现，无论是基于高等教育"适应论"的大学改革，还是基于高等教育"认知理性论"的大学改革，都主张大学要进行灵动的改革，只是二者主张的哲学基础不同而已。

(二)研究简评：研究的遗憾与未来的使命

梳理已有研究成果发现，无论国内学界还是国外学界，无论理论研究还是实践探索，虽然都没有明确提出大学改革的"灵动"之名，但均已触及大学改革的"灵动"之实。遗憾的是，从总体看，现有研究成果仍有两个不足：一是鲜有学者跳出改革看改革，把大学改革"灵动"问题上升为一个整体问题高度去研究，表明大学改革的"灵动"问题尚未引起理论界广泛而足够的重视。其二，现有研究成果虽已触及大学改革的"灵动"之实，但在"什么是灵动改革""大学为何要灵动改革"以及"大学怎样灵动改革"等问题上的深入、系统性研究成果还极为少见。因此，在国际高等教育竞争日益激烈、社会环境更加复杂多变、大学发展面临许多不确定因素的新形势下，对大学改革"灵动"问题进行更加深入和系统的研究，为当下大学改革奉献学术智慧、提供实践方案，进而实现大学自身卓越发展与促进经济社会发展双赢，将成为当代高教学界一项极其重要的学术使命。

二、大学灵动改革的含义及特征

(一)大学灵动改革的含义特点

什么是"灵动"？"灵动"一词在西方英语中有名词和形容词两种用法。

---

① 展立新，陈学飞. 理性的视角：走出高等教育"适应论"的历史误区[J]. 北京大学教育评论，2011(1)：95-125，192.

作名词用时，对应的单词为"nimbus"，意为"灵气""动感"（《简明英汉词典》）。作形容词用时，对应的单词有"smart""intelligent""clever"等（《牛津高级英汉双解词典》），意为"敏捷""机敏""聪慧"等。在我国汉语词汇中，据《汉语大词典》，"灵动"一词最早出于清代，《渌水亭杂识》卷四载曰"庾子山句句用字，固不灵动"；《靖史稿·兵志十一》又载曰"或此种不甚灵动，则洋匠必另购一机以救之"，意为"灵活"。据《现代汉语词典》，"灵动"意为活泼而不呆板，富于变化，近义词有"灵巧""灵敏""灵便"等。由此可见，"灵敏""灵活"是中西方共同的基本含义。

什么是"大学灵动改革"？大学作为人类的一项伟大创造①，千百年来一直在不断地进行着自我革新。然而，大学改革并不是随意的，更不是僵化的，而是灵活的、机敏的、有灵气的。这寓意着大学改革要灵动。好的大学改革应当是灵动的改革。笔者认为，大学灵动改革，就是大学从自身发展的内在需要出发，能够根据社会环境的变化，善于在纷繁复杂的历史境遇中分析和取舍各种有利与不利条件，并采取灵活行动、赢得发展机遇、实现自身发展的自我革新行动。

理解"大学灵动改革"的含义，必须把握其三个基本特点：其一，大学灵动改革是积极主动的，而不是消极被动的，具有主动性。它的改革动力主要来源于大学的高度自觉，即大学自身发展的内在要求，而不是外在力量的强制，外在力量只是一个考虑因素或者影响因素，但不是主要的。其二，大学灵动改革是一个科学的考量、有取有舍的过程，具有辩证性。灵动的大学改革绝不是人云亦云，更不是一哄而上，它静中有动、动中有静，动静结合，能够根据社会环境的变化和自身发展需求，对各种有利与不利条件做出科学的判断和正确的取舍。其三，大学灵动改革反应灵敏、行动机敏、善于把握机遇，赢得发展先机，具有创造性。灵动的大学改革知道有所为与有所不为，懂得如何寻找发展先机，并采取敏捷的改革行动，进而实现成功跨越、卓越发展。由此可见，大学灵动改革是一种高超

---

① 张楚廷．大学是什么[J]．高等教育研究，2014(3)：1-5.

的智慧，恰似鲜活的血液流淌于大学改革的长河，改革发起"因灵而动"，改革过程"因灵而行"，改革结果"因灵而旺"。这是大学改革的最高境界，是大学走向卓越的不竭动力。

(二)大学改革灵动的特征考察

通过世界一流大学改革发展史，我们发现，灵动的大学改革既不是一味坚守"政治论"的改革，也不是始终固守"认识论"的改革，它时而走进社会中心，时而与社会保持距离，体现出大学这一特殊社会组织——学术共同体"生命流动"的独特韵律。

第一，灵动的大学改革是守护灵魂的改革。大学的灵魂在哪？在于以学术自由、宽容求实等为核心的大学精神①。只有学术自由、宽容求实，大学才具有"灵气"，才生长"灵性"，才能生机勃勃。柏林大学就是一例。诞生于19世纪初的柏林大学在形式上与同期其他大学相比并无特殊之处，但它却有独特的灵魂——学术自由和科研为重的办学理念为柏林大学注入了独特的生命价值——"为科学而生活"。由此，在这里诞生了大学历史上的许多"第一个"——第一个实验室、第一个研究所、第一个讲座制等，因此而汇聚了灿若星河的学术大师如费希特、费希尔、黑格尔、叔本华、爱因斯坦、格林、兰克等，也因此而使19世纪的柏林大学一跃成为世界高等教育的翘楚。有学者统计，在1855—1870年的15年间，德意志民族取得了136项电学、光学和热学重大发明，而英法两国合计才91项；在1864—1869年的世界生理学100项重大发现中，德意志民族的发现就占了89项。② 可见，无论社会环境发生如何变化，灵动的大学改革都要"守护大学教育之魂"③。我们也发现，即使素以服务社会著称的威斯康星大学在

---

① 方展画，颜丙峰，宋广文.大学精神：大学生命的灵魂[J].国家教育行政学院学报，2005(1)：32-35，43.

② 潇天.大学是有灵魂的[J].思维与智慧，2009(3)：22-23.

③ 龚放.守护大学教育之魂：欧内斯特·博耶高等教育思想的最新解读[J].复旦教育论坛，2018(2)：20-23.

办学实践中也并没有因为与州政府走得太近而放弃对学术自由的坚守，即使已经走到了卓越的大学，也没有因此而忘记自己的灵魂而成为"失去灵魂的卓越"①。

第二，灵动的大学改革是关切社会的改革。大学自诞生以来，无论规模还是职能都在与社会环境的互动中不断拓展。从规模上看，大学已经从柏拉图时代的"阿卡米德学园"发展演进为今天的"多元化巨型大学"；从职能上看，已从纽曼时代的单一的知识传授发展成为现在的集人才培养、科学研究、社会服务、文化传承与创新于一身。大学发展演进史表明，无论规模的扩张，还是职能的拓展，都是与社会环境互动的结果。正如阿什比指出的那样，"任何时代的大学都是遗传和环境的产物"②。特别是现代大学已经处于一个知识经济社会中，"所面临的外在环境、影响因素错综复杂"③，其知识生产的商品属性更加凸显，日益受到市场逻辑的浸润④，与社会的关系越来越紧密的今天，与社会同频共振、与国家同向同行更是现代大学义不容辞的责任与使命。远离社会的"象牙塔"是不存在的，恰恰相反，大学正是在关切社会需求的灵动改革中实现自身发展的。威斯康星大学就是一例。威斯康星的"灵动"在于它能够对19世纪初美国社会的紧迫需求作出迅速灵敏的反应，把大学的边界延伸到州的每一个角落，把知识的阳光和技术的雨露惠及全州人民⑤，通过广泛的社会服务赢得政府稳定

---

①　哈瑞·刘易斯. 失去灵魂的卓越——哈佛是如何忘记教育宗旨的[M]. 侯定凯，译. 上海：华东师范大学出版社，2007：1-2.

②　阿什比. 科技发达时代的大学教育[M]. 滕大春，滕大生译. 北京：人民教育出版社，1963：114.

③　陈丽媛，刘念才. 世界一流大学建设的中国模式及其国际影响[J]. 教育研究，2019(6)：105-115.

④　钟建林. 现代大学的社会性：关于知识生产与社会服务的讨论[J]. 江苏高教，2019(5)：44-48.

⑤　陈学飞. 美国、德国、法国、日本当代高等教育思想研究[M]. 上海：上海教育出版社，1998：45.

的财政拨款和巨额的社会捐赠①，反哺了大学的教学科研，从而在众多的赠地学院中脱颖而出，进而发展成为世界一流大学。

第三，灵动的大学改革是善捕机遇的改革。机遇是千载难逢的机会，是改变事物发展轨迹的转折点，但机遇又稍纵即逝，很难把握。大学灵动改革的可贵之处在于它能审时度势，及时抓住发展机遇，从而赢得发展先机并脱颖而出。这需要大学富有"灵气"的智慧，即敏锐的眼光、准确的判断力、科学的决策力和敏捷的执行力。历史上，因善于捕捉机遇而实现跨越式发展并最终走向卓越的大学比比皆是，哈佛大学就是一例。哈佛大学真正问鼎世界一流研究型大学是从科南特担任校长时代开始的。第二次世界大战期间，面对美国政府为赢得反法西斯战争胜利而迫切需要大学为战争提供高水平科研服务的紧迫需求，科南特校长敏锐地意识到这是一次绝佳的发展机遇，在他的引领下，哈佛大学一方面积极融入高达20亿美元的"曼哈顿"原子弹研究计划，提升哈佛国家影响力，另一方面大力发展基础理论研究、推行"非升即走"教师聘任制、实施"学术精英"招生制、发起本科通识教育改革运动，极大提升了科研水平和人才培养质量，成为美国显赫的研究型"精英大学"，为哈佛大学随后发展成为美国研究型大学的领袖赢得了先机②。这正是哈佛善于捕捉机遇、实施灵动改革的结果。

第四，灵动的大学改革是塑造个性的改革。灵动的大学改革并不人云亦云、照搬复制，而是在不断创新与超超中塑造个性、彰显特色、独树一帜。纵观当今世界一流大学，无一例外。例如，哈佛、耶鲁都是当今世界一流大学，其共同点在于无一不是通过灵动的改革走向成功与卓越，不同点在于它们都在灵动的改革中塑造着不同的个性，形成了各自的特色，并因此而屹立世界顶尖的一流大学之林。哈佛大学改革的"灵动"在于它的忧

---

① 陈建国.威斯康星思想与我国地方高校转型发展[J].高等教育研究，2014（12）：46-53.

② 白强.危机·转机·生机：哈佛大学改革轨迹探究[M].重庆：重庆大学出版社，2007：99-100.

患意识和与时俱进的品格①。正如博克校长在庆祝哈佛大学建校 350 周年的纪念大会上所讲的那样，"如果说 350 年来哈佛有一个贯穿始终的特点的话，那就是我们总是在心神不定地担忧"②，诠释了哈佛大学开放的个性和进取的品格。但耶鲁大学的改革却显得保守而稳健，当全美科学主义盛行而人文主义遭到非难之时，它却敢于"冒天下之大不韪"，高扬人文精神的旗帜，成立"惠特尼人文科学中心"，彰显了耶鲁大学沉着的理性与自信的特质。由此可见，虽然哈佛与耶鲁的改革风格不同，但都殊途同归，塑造了各自不同的个性，形成了独具一格的特色，并因此都屹立世界一流大学之林。

三、大学灵动改革的应然与实然

大学改革的灵动智慧，是由大学的生命属性、它与社会的关系、独特组织特征共同决定的，它应当是大学生命有机体的自我成长、是与社会环境的和谐互动、是其组织特征的充分彰显，它能够为大学发展注入新活力、增添新动力。然而，现实中的大学改革实践却由于诸多主客观因素的影响而悖离了大学灵动改革的应然要求，值得我们深思。

(一)应然：大学改革灵动的必然性

首先，大学应当具有"灵性"。大学是有鲜活生命的有机体，而大学作为生命有机体，它应当是有灵性的。没有灵性的大学，就不是具有生命力的大学，它终将因没有灵性而被历史淘汰。大学之所以是具有灵性的生命有机体，是因为它是"一个由学者和学生组成、致力于寻求真理之事业的共同体"③。在这里，"年轻人和老年人联合在一起，对学术展开充满想

---

① 宋旭红. 哈佛与耶鲁：大学特色生成与发展的两种不同模式[J]. 高等工程教育研究，2006(1)：70-74.

② 姜文闵. 危机转机生机：哈佛大学[M]. 长沙：湖南教育出版社，1998：9.

③ 卡尔·雅斯贝尔斯. 大学之理念[M]. 邱立波，译. 上海：上海人民出版社，2006：19.

象力的探索，从而在知识和生命热情之间架起桥梁"①，在相互交流碰撞中使生命的价值得以升华和延续，正如顾晓鸣教授所讲，"大学就是上帝把一批最优秀的大脑汇集在一起，让他们在一个相对独立的环境下，彼此充分碰撞、相互交流、相互影响，并在这一过程中产生新的思想火花"②。换句话讲，就是一群最富有朝气活力的生命有机体在此探索真理、创新知识、升华生命的价值。因此，大学是一个最有生命活力、最富于创造力、最具有灵动性的地方，决定了大学组织具有不同于其他社会机构的生命属性，它具有自身发展演进的独特逻辑，同时也决定了大学改革的灵动性——以尊重学者学生的灵性为前提，以充分发挥学者学生的灵性为动力，以最大限度的激发学者学生的灵性为旨归，从而使大学生命生生不息。

第二，大学必须与环境互动。大学是与社会环境互动的产物。社会始终是通过变革而得到发展的，而学校作为社会最主要的一种教育机构也自然会随之而进行相应的变革③。综观大学发展演进史，自中世纪大学诞生以来，大学就一直被人们误解为远离世俗的"象牙塔"④。事实上，大学并不是远离世俗的知识殿堂，而是与社会环境互动的产物，从纽曼时代的"回廊"到现代的多元化巨型大学，无论是大学规模的扩张，还是大学职能的延伸，都是大学自身对社会环境变化作出的"灵动反应"。因此，大学虽然带有强烈的保守性，但它为了适应发展竞争的需要，也"在国家的、产业的和学术的多重作用力的影响下，对各种机会迅速作出反应，并随时准

---

①　怀特海．教育的目的[M]．庄莲平，王立中，译．上海：文汇出版社，2012：123.

②　顾晓鸣．顾晓鸣教授：大学中有生命的延续[J]．中国科技信息，2012(15)：16-17.

③　单中惠．论学校变革的永恒性[J]．南京师大学报(社会科学版)，2014(2)：100-104.

④　袁礼．象牙塔与对中世纪大学的误解[J]．重庆高教研究，2015(1)：47-51.

备适应变化的情况"①，否则，大学就会失去发展机遇而被淘汰。因此，大学自身必须随社会环境的变化而进行适切的改革。而这种适切的改革需要灵动的智慧，这种灵动的智慧表现为对社会环境变化的敏锐观察判断以及符合自身价值追求的改革行动。综观牛津、剑桥、哈佛、耶鲁的改革发展史，无一不在保守中有改革、在改革中有保守，这正是大学灵动改革的生动写照，也是大学灵性的充分体现。

第三，大学必须找到平衡。大学不是行政机构，因此，不能按照行政规律去改革大学，否则大学必因失去创新的活力而"不将大学"了，这是共识。但大学又必须与政府保持适当的联系，因为政府的政策与经费支持是大学发展的重要保障，对某些大学来说甚至是至关重要的保障。所以，大学改革又不得不考虑政府为了公共利益的需求。然而，大学从本质上讲，它是学者的共同体、探究的场所②、真理的寻求地和创新的发源地，必须具有冷静的头脑和沉着的理智，它"必须坚持自己作为一种主要的、高于新闻舆论的精神力量的权利，在狂热之中保持平静，而对轻浮无聊和恬不知耻的愚蠢行为保持严肃性，把握理智"③。这就决定了大学改革既不是自娱自乐的"单相思"与"独角戏"，也不是一味迎合外在需求的"戴着镣铐的舞蹈"，它必须在政府为了公共利益的需求与大学自身发展的内在价值追求之间找到平衡，稍有不慎就会陷入困境，贻误发展机遇。从这个意义上讲，大学改革是在社会需求与大学目标之间寻求平衡的一种艺术，是大学"智慧"与"灵动"的充分体现，具有这种"灵性"的大学改革才能把一所大学引向成功和卓越。

---

① 克拉克·克尔. 大学的功用[M]. 陈学飞，陈恢钦，周京，刘新芝，译. 南昌：江西教育出版社，1993：67.
② 伯顿·克拉克. 探究的场所——现代大学的科研和研究生教育[M]. 王承绪，译. 杭州：浙江教育出版社，2001：277.
③ 奥尔特加·加塞特. 大学的使命[M]. 徐小洲，陈军，译. 杭州：浙江教育出版社，2001：101.

(二)实然：悖离大学改革灵动的问题审视

审视历史与现实中的大学改革实践，有的改革成功了，并使大学走向了卓越，其原因在于改革的"灵动"；而有的改革失败了，使大学陷入了迷茫甚至困境，其原因在于改革实践中出现了诸如不求实效的形式主义、治理运行的官僚主义、理性不足的经验主义和没有"扬弃"的拿来主义，值得警醒。

大学改革中的形式主义，表现形形色色，有的"只闻惊天鼓，不见动地来"，内涵建设"一阵风"，应付检查评估了事；有的改革文件文山会海、层出不穷，下面疲于应付，大事要事没有真正落实，改革实际上处于"空转"状态；有的片面追求大学排行榜排名，科学研究过于追求数量，导致科研评价标准"数量化"①，不但不能提高科研质量，反而衍生学术浮躁甚至学术腐败；有的改革踌躇不前、议而不决，导致大量"大学问题的悬置"②，严重制约着大学的发展；有的名为加强内涵建设，实则对建设什么、怎么建心中没数，改革行动花拳绣腿，流于形式。如此等等，不一而足。如此改革，偏离了大学的本真和使命，不是真正灵动的大学改革，不但不能促进大学的发展，反而阻碍大学的进步。

大学改革中的官僚主义，主要表现为政府对大学管理的行政化和大学内部治理的行政化。有学者研究发现，"中国一流高校行政化程度远远高于美国高校，迫切需要进行新一轮的改革，以降低高校的行政化程度"③。从大学的外部管理体制来看，一些体制内的高校，特别是主要依靠政府财政支撑的地方高校，其办学自主权难以得到有效保障，其改革带有鲜明的

_____

① 白强.大学科研评价的旨意：悖离与回归[J].大学教育科学，2018(6)：67-73.

② 眭依凡.论大学问题的"悬置"[J].华东师范大学学报(教育科学版)，2007(6)：82-94，155-156.

③ 朱德米，刘志威.中美一流大学行政化程度的测量与比较[J].复旦教育论坛，2019(3)：31-37.

"迎合性"特点和显著的"执行性"倾向。从大学内部治理的实然状态看，学术权力与行政权力的关系仍没有得到有效解决，二者长期处于彼此分离甚至相互对立的状态，特别是在大学已经发展成为"多元化巨型大学"并被誉为"社会轴心机构"和"发展动力站"的今天，大学的学术权力日益受到强势行政权力的遮蔽而显得黯然失色，导致改革实践中学术权力的漂移和大学创新能力的萎缩。

大学改革中的经验主义是主观主义哲学认识论在大学改革实践中的体现，是一种典型的缺乏理性思考的改革思想和作风，主要表现为从狭隘的个人经验出发，不是采取联系的、发展的、全面的观点对待大学改革，而是采取孤立的、静止的、片面的观点对待改革，导致大学改革中的教条主义、机械主义、冒险主义。改革实践中，不能做到"审大小而图之，酌缓急而布之，连上下而通之，衡内外而通之"①。这种脱离大学自身实际、不顾环境变化和以惯性思维应对新问题新形势的大学改革，不是灵动的大学改革，必然使大学改革处处碰壁，不仅不能给大学创造生机，反而给大学带来危机。

大学改革中的拿来主义，其本身并不都是坏事，如果能够把他国的成功经验和模式拿来后加以去粗取精、去伪存真的加工改造、变成自己的东西，就能收到"他山之石可攻玉"的效果。但问题是有些大学改革实践中的拿来主义却走了样、丢了神、忘了魂，因为他们对国外改革经验和模式不假思索，没有经过"扬弃"的取舍，而是简单移植、机械照搬，必然导致别人先进的改革经验和模式到了自己手里而"水土不服"。这种大学改革只知其然而不知其所以然，是脱离国情校情的盲目改革，而不是灵动的创造性改革。值得强调的是，在高等教育国际化进程日益加快、借鉴国际经验日益重要的今天，如何处理好"国际化"与"本土化"的关系，特别需要大学改革的灵动智慧，但遗憾的是，这种富有灵动智慧的大学改革并不多见，甚

---

① 人民日报评论员．提高驾驭复杂局面处理复杂问题本领——三论坚持运用辩证唯物主义世界观方法论[N]．人民日报，2015-1-29.

至是极少数。

四、大学灵动改革的策略与路径

灵动的大学改革，是富于智慧的改革。这种智慧既不是一味地固守，也不是一味地迎合，而是在捍卫大学理性和适应社会需要之间找到平衡的智慧。如何把这种智慧转化为灵动的改革实践？笔者认为，只有选择灵动的改革策略、采取灵动的改革路径，才能引领大学走向成功，进而创造卓越。

(一)大学灵动改革的策略

策略是为实现既定目标而采取的计策、谋略或行动方针，特别讲究方式方法，科学的策略有助于节约成本消耗，促成组织目标实现。大学灵动的改革策略，是大学灵性智慧的彰显，其核心在于处理好"静"与"动""快"与"慢""他"与"我"的关系，找到契合外在需求与内在需要的平衡点，从而使大学时刻处于最佳状态。

一是坚持"静"与"动"的辩证统一。大学不同于其他社会组织机构的一个显著区别就在于它是"保守性与创新性的统一"[①]。有人统计，世界上1520年前成立直到现在依然存活的公共机构大约有75个，其中，大学就占61个[②]，足见大学生命力的旺盛。为什么那么多的公共机构消失了而唯独大学不但存活下来了而且生命力今天依然如此旺盛？其奥秘在于：大学做到了"静"与"动"的统一，而其他机构没有做到。纵观人类历史长河，机构消失的原因只有两种：一是过于保守而被社会淘汰；二是过于迎合社会而丧失本我，这是历史经验的结论。大学的"静"与"动"都是大学应有的"天性"，正是因为具有这"双重天性"，才使大学生生不息、永续发展。这

---

① 潘懋元，刘小强. 文化的创新与保守——大学教授的艰难选择[J]. 教育研究，2008(3)：39-43.

② 克拉克·克尔. 高等教育不能回避历史——21世纪的问题[M]. 王承绪，译. 杭州：浙江教育出版社，2001：50.

可以从布鲁贝克的高等教育哲学观得到解释。一方面，大学存在的"认识论"哲学基础决定了大学必须保持"冷静"，因为传承知识、追求真理是大学的永恒使命和价值追求，而知识和真理是价值无涉的，具有永恒性，所以，无论大学何时改革、怎样改革，这个"根"与"魂"不能丢。另一方面，大学存在的"政治论"哲学基础又决定了大学必须"灵动"。大学不是游离于社会之外的"孤岛"，离不开适合生存发展的社会土壤。因此，它必须在变化的社会环境中通过改革创新并为社会提供更好的服务以争取有利的发展环境。可见，静中有动、动中有静、动静结合，正是大学灵动改革的有效策略。

二是坚持"快"与"慢"的辩证统一。从改革进程看，大学灵动改革不同于其他社会改革的又一显著特点就是能够恰到好处地驾驭"快"与"慢"的关系，做到该快则快、该慢则慢、快中有慢、慢中有快、快慢结合。大学灵动改革的"快"，是指大学要有敏锐的洞察力，能够像生物有机体一样对社会环境的变化作出迅速的反应，对各种有利与不利因素作出准确的判断，进而采取敏捷的改革行动，赢得机遇，实现发展。机遇稍纵即逝，是大学赢得先机和实现跨越发展的关键。但机遇又只属于少数大学，只有具有敏锐洞察力和敏捷行动力的大学才能把握。大学灵动改革的"慢"，是指大学要始终保持"理性"的头脑，理性地对待社会环境的急剧变化尤其是外部力量对大学的要求，能够坚持有所为与有所不为，沉着冷静地、有条不紊地、积极稳妥地推进改革，进而实现自身发展。因此，坚持快中有慢、慢中有快、快慢结合，也是大学灵动改革的有效策略。

三是坚持"他"与"我"的辩证统一。大学在发展过程中，不仅与社会环境发生互动关系，也与国内外高校或教育科研机构发生互动关系。这是由高等教育的开放性决定的。一所大学要办出特色，要走向世界，非常有必要以开放、包容的姿态拥抱人类文明的一切优秀成果，取他之长、补己之短、扬我所长。这是一所大学走向成功与卓越的重要条件。但是，大学在学习他校成功经验以及在迈向国际化的进程中，又必须审慎地借鉴其他大学和国外大学的办学经验，如果不加取舍地照搬移植或模仿复制，必将淡化特色、弱化优势，甚至有丧失自我的危险。因此，正确处理"他"与"我"的关系，必须坚持"以我为主、为我所用"的基本策略①。以我为主，就是改革中要始终坚持自我的、本土的和民族的优秀成果；为我所用，就是改革中要善于辩证吸收他校的甚至国外的先进办学经验，转化为自己的办学优势，凸显自己的办学特色，提高自身办学水平。显然，坚持"他"与"我"的辩证统一，也是一所大学在日益走进社会中心和世界舞台的进程中必须把握好的改革策略。

(二)大学灵动改革的路径

要做到灵动的大学改革，除了讲究改革的策略智慧外，还要讲究改革的行动智慧。大学只有采取灵动的改革路径，才能使大学在改革进程中少走弯路、多走直路，从而提高改革效率、赢得机遇、抢占先机、超越对手。笔者认为，实现灵动的大学改革，关键是理念要先行、行动要跟进、文化要自觉。

一要养成灵性的改革智慧。大学改革应当具有灵动的智慧，因为大学是追求真理的学术共同体，是知识探险的集体场域，是一群最富于想象力和创造力的学者和学生的聚集地，他们不仅在这里创造知识，也同时在改变世界，他们与世界无时无刻联系着。当今大学身处急剧变化的时代，又面临着激烈的发展竞争，要走好改革的每一步路，必须具有灵动的改革智慧，才能驾驭复杂多变甚至变幻莫测的形势，进而通过灵动的改革，实现大学发展目标。灵动的改革智慧，是一种视野、一种胸怀、一种胆识、一种从容、一种境界，它能够在变化的世界中找到自己的位置，在多元的利益诉求中找到恰当的平衡，在世俗的随波逐流中保持"众人皆醉，唯我独醒"的姿态，在变革创新中把握"动"与"静""快"与"慢""我"与"他"的关系。大学改革的成功与否，皆因改革灵动智慧的有无。而改革的灵动智慧

---

① 郜正荣.全面推进高等教育国际化的几点思考[J].中国高等教育，2016(5)：18-20.

不是天生的，而是后天养成的，它需要大学在改革实践中权衡利弊，考量得失，有取有舍，因势而动，乘势而上。

二要制定灵动的改革规划。大学改革是一个复杂的系统工程，需要制定科学、周密、可行的改革规划，以确定发展愿景，明确改革内容，落实具体举措。大学改革规划是把改革发展理念转化为改革行动的重要环节，事关一所大学的发展进程和未来走向。但是，只有改革规划还远远不够，关键在于改革规划是否具有灵动性，而大学改革规划的灵动性取决于三个方面：首先大学改革规划要有"厚度"，即它能够彰显大学的灵魂、坚持大学的本真、秉承大学的理性、弘扬大学的历史，这是大学最本质的东西，越是本质的东西，越是浮躁的时代越要珍惜。一个再完美的改革规划如果丢失了大学的"根本"，就等于丢失了自己的"灵魂"，也就谈不上具有灵性了。其次，大学改革规划要有"高度"，即它在坚守"根本"、守护"灵魂"的同时，不忘自己的社会责任，能够把自身发展与社会进步密切相关，做到守正创新，实现大学与社会的良性互动。最后，大学改革规划要有"温度"，它不是"冷冰冰"的案头文件，而是"暖融融"的深情激励，充满着对师生的人文关怀，激励着师生的创造热情，增长着师生的力量智慧，这才是充满灵动的改革规划。

三要采取灵活的改革行动。要达到大学改革的灵动境界，仅有灵动的改革理念和规划是不够的，还要把理念和规划落地生根，生成实效。因此，灵动的改革行动至关重要，它是达成改革意图的具体措施和行为，改革行动的灵活性，影响着大学改革的进程，决定着大学改革的实效。灵动的大学改革行动并不是呆板的，而是灵活的。一方面，大学改革行动就是对环境变化和外部需求的有效回应，大学改革行动的确定必须依据社会环境，而社会环境是变化的，甚至充满着某些不确定性因素，因此，它必须随着时代和社会环境的变化而灵活应变，做到与时俱进，因势而动，动中有变。另一方面，大学改革行动是根据大学自身发展需要而采取的，而大学又是发展变化的，不同发展阶段有不同发展目标，因而不同阶段的大学需要采取不同的改革行动。

四要培育灵气的大学文化。大学不仅是物质组织的存在，更是作为一种文化精神而存在①。大学文化是内隐的，隐含于大学的物质、制度、行为及精神诸方面，但它却在潜移默化地雕刻着大学的气质、塑造着大学的品格、引领着大学的走向，是"大学组织至关紧要的治理元素"②，是大学永续发展的不竭动力和深层动力。一所优秀的大学一定浸润着灵气的大学文化。有灵气的大学文化，既能昭示大学理想、展示大学精神、凝聚师生人心、汇聚强大力量，形成坚定信仰，又能引领大学在"变"与"不变"中找到平衡，在"静"与"动"中保持从容，在"他"与"我"的交融中独具特色、保持个性。从根本上讲，大学改革的灵动性源于有灵气的大学文化，因为只有它才能引领大学改革成为一种文化自觉，成为一种责任担当，成为一种价值追求，成为一种精神信仰。有学者指出，"在当前世界范围内，出现了一种以崇尚物质、忽视人文为主要内涵的全球性的文化生态危机，实质是一种信仰危机。大学组织正在由人类文明精神家园、人类社会的知识权威向技术人才与成果的生产基地蜕变"③，教育中人才培养根本地位的弱化、过分追逐大学排名的功利追求、学术批判精神的衰落以及整体创造力的萎缩等，折射出大学改革中的种种乱象。时代越浮躁，越要牢牢树立"大学是一种文化和精神存在"观④，这不仅是大学觉醒的标示，也是大学改革灵动的内在要求。

如果说理性是大学的大智大觉⑤，那么灵动就是大学改革的大智大觉。

① 胡弼成，孙燕. 文化精神：大学内部治理之魂[J]. 清华大学教育研究，2016（3）：24-29，47.

② 俞婷婕."善治"视角下的大学文化理性持守[J]. 清华大学教育研究，2019（3）：91-96.

③ 靳晓燕. 文化：大学的灵魂[N]. 光明日报，2010-7-21.

④ 王冀生. 大学是一种文化和精神的存在[J]. 杭州师范大学学报（社会科学版），2010（3）：117-120.

⑤ 眭依凡. 理性捍卫大学[M]. 北京：北京大学出版社，2013：53.

这种大智慧、大觉悟，既是对大学灵魂的坚守，又是对大学责任的担当，不仅是对社会的适应，更是对社会的引领和推动。如果大学改革具有了这种大智大觉，何愁世界一流大学不能实现？

余论　新时代我国高等教育改革发展的再思考[*]

党的十八大以来，习近平总书记多次就高等教育改革发展作出了系列重要论述，特别是在党的十九大报告中关于中国社会主要矛盾变化的深刻论述，明确了新时代高等教育改革发展新的历史坐标。①　站在新的历史坐标，我们欣喜地发现，中国高等教育经过改革开放四十年的建设发展，取得举世瞩目的伟大成就，整体办学水平已进入世界中上行列，②　进入了中国特色社会主义新时代。教育部高等教育司司长吴岩曾指出，新时代的"中国高等教育将快速进入内涵提升发展阶段"。办好新时代的高等教育，推进"双一流"建设，迫切需要我们进一步明确新时代高等教育发展的阶段性特征、把握新时代高等教育发展面临的主要矛盾，进而找到提升高等教育质量、促进内涵发展的有效路径。

一、新时代我国高等教育改革发展的历史方位

新时代催生新思想，新理论引领新实践。习近平新时代中国特色社会主义思想不仅引领中国特色社会主义事业步入新时代，也引领中国特色高等教育事业步入了新时代。

＊　本章根据作者发表于《铜仁学院学报》2019 年第 3 期的文章《新时代中国高等教育改革的再思考》整理而成。

①　林惠青. 努力开创高等教育发展新局面[N]. 中国教育报，2017-11-13.

②　邓友超. 提升教育内涵式发展的量级[N]. 中国教育报，2017-05-11.

（一）高等教育有了科学的行动指南

习近平总书记新时代中国特色社会主义思想不仅是我们党在新时代坚持和发展中国特色社会主义的行动纲领，也是新时代中国特色社会主义高等教育事业发展的根本遵循。党的十八大以来，习近平总书记把教育事业的重要性上升到"国之大计、党之大计"的战略高度，站在新时代党和国家事业发展全局的新高度，就教育改革发展提出了一系列新理念、新观点和新诊断，归纳起来，就是教育要做到"九个坚持"，即要坚持优先发展教育事业，坚持党对教育事业的全面领导，坚持立德树人的根本任务，坚持社会主义办学方向，坚持扎根中国大地办学，坚持以人民为中心办学，坚持以教育改革创新为动力，坚持服务中华民族伟大复兴的教育使命，坚持以教师队伍建设为基础。"九个坚持"是在新的历史条件下对中国教育根本问题的科学回答，也是对中国高等教育根本问题的科学回答。

习近平总书记关于教育改革发展的系列新理念、新观点和新诊断，既是对我国教育发展历史经验的总结，也是对我国教育事业发展规律认识的深化。就高等教育而言，中国高等教育必须是具有中国特色社会主义的高等教育，而不是其他什么主义的高等教育。这是由我国的国家性质决定的。我们是共产党领导的社会主义国家，高等教育必须培养社会主义事业的建设者和接班人。高等教育的学科体系、教学体系、教材体系、管理体系等都必须紧紧围绕立德树人的根本任务来设计，才能把中国特色社会主义高等教育事业不断推向前进。

（二）高等教育有了新的发展方向

中华人民共和国成立七十年来，我国高等教育走过了一条极不平凡的发展道路，取得了举世瞩目的伟大成就，综合实力显著提升，不仅建成了名副其实的高等教育大国，综合实力也得到了显著提升。QS2016 年世界高等教育综合实力排行榜显示，我国高等教育综合实力已经位居亚洲第一、全球第八。但与世界顶尖高等教育还有相当的距离，与建设高等教育强国的要求还有相当的距离，与人民期盼还有相当的距离，与经济社会发展要求还有相当的距离。要实现中华民族伟大复兴的中国梦，高等教育必须明确新的发展方向，那就是要发出新声音、找准新定位、明确新任务。

发出新声音，就是在中国日益走进世界舞台中心的过程中，中国高等教育要与国家的发展同向同行，发出更加自信的中国声音，以坚定的理论自信、道路自信、文化自信和制度自信的姿态，讲好中国高等教育的故事，建设中国特色世界一流的中国特色社会主义高等教育，为世界高等教育发展贡献中国智慧和中国方案，进而推动和参与引领世界高等教育改革发展的历史进程。找准新定位，就是中国高等教育对经济社会的作用要从服务转向引领，在高等教育国际舞台上要主动作为，积极主动参与国际高等教育竞争，在国际高等教育坐标中找到应有的位置。明确新任务，就是要扎根中国大地办学，建成中国特色世界一流的高等教育，即在发展质量上要达到世界一流水平，在服务方向上要为人民服务，为中国共产党治国理政服务，为巩固和发展中国特色社会主义制度服务，为改革开放服务。

（三）高等教育有了新的阶段特征

世界上任何一个国家的高等教育都具有发展历史的阶段性特征，在不同的历史发展阶段表现出不同的阶段性特征。就我国高等教育发展的阶段性特征而言，主要表现为从大众化到普及化、从高等教育大国到高等教育强国、从适应经济发展到引领经济发展三个跨越阶段期的多重叠加以及因此而面临的诸多不适应性和质量提升的紧迫性。

一是从"大众化"阶段过渡到"普及化"阶段，高等教育面临着质量提升挑战。我国高等教育自1999年高校"大扩招"以来，在大众化进程中毛入学率一直呈不断上升趋势，2015年毛入学率已达40%，超过世界平均水平。《中国高等教育质量报告》组预言，到2019年，我国高等教育毛入学率将在50%以上，意味着我国高等教育即将走完大众化、进入普及化阶段。普及化，对于我国来说，又是一个全新的高等教育发展阶段。从已经进入或正处于高等教育普及化阶段的国家来看，在普及化阶段，高等教育一方面与社会联系更加紧密。但另一方面，也面临着全新的质量提升挑战。我国高等教育即将步入经济社会发展新常态和迎来普及化的"双重效应叠加"时期①，迫切要求高校进一步转变人才培养理念、优化教育结构、改革供给方式，提高供给质量，才能适应高等教育普及化阶段的社会发展需要。然而，在"大众化的急推猛进似乎还未完全消化完毕，马上又迎来普及化"②的过渡期，迫切需要我们面向未来，高瞻远瞩，未雨绸缪，早作规划，先行先试。显然，普及化对于中国高等教育来说，还是没有走过的路，面临着更大的质量挑战。

二是从"高等教育大国"走向"高等教育强国"的跨越期，高等教育面临着质量提升挑战。21世纪以来，高等教育参与国际竞争的步伐日益加快，程度日益加深，在增强国家实力、传播国家声音、赢得国际舞台等方面发挥着越来越重要的人才支持和科技支撑作用。为此，世界大国无不把发展高等教育、提升高等教育质量作为赢得未来的根本大计和战略抓手，欧洲的"创新联盟计划"、美国的"高等教育行动计划"、日本的"21世纪教育新生计划"等充分体现了这一世界高等教育发展的潮流，凸显了高等教育为服务国家发展战略而日益深度参与和融入国际竞争的必然趋势。就规模而言，我国高等教育经过改革开放以来四十年的建设，特别是近20年来系列重大战略举措的实施，已经建成了高等教育大国。但从办学质量看，"大而不强"仍是制约高等教育强国建设的"短板"。可以预见，在从高等教育大国向高等教育强国迈进的跨越期，如何围绕质量建设这一核心问题构建起从宏观到中观再到微观的深度改革体系，是摆在我们面前的艰巨任务。

三是从适应经济发展到引领经济发展的转轨期，高等教育面临着质量提升挑战。从高等教育对经济社会发展的贡献率看，长期以来，我国高等教育在服务模式上"跟跑"的多、"引领"的少，主要表现为高等教育对社会

---

① 朱乐平．前瞻与变革命：实现高等教育内涵式发展——"面向2030的高等教育发展：理念与行动"国际研讨会综述[J]．高等教育研究，2018(1)：107-109.

② 李立国．普及化高等教育应该是一流多元[N]．光明日报，2016-11-08.

需求的反应灵敏度不高，前瞻意识不强，常常处于被动适应的状态，导致高等教育质量不能及时满足经济社会发展的需求。

随着我国经济发展新常态的到来，"高等教育不仅要适应经济新常态，其自身也要进入新常态"①。这就意味着经济新常态下的高等教育更多的不是"适应"经济新常态，而是在经济新常态下"引领"经济发展。这就要求经济新常态下的高等教育必须站在引领经济社会发展的全局高度，以前瞻性的战略思维构建全新的发展模式，特别是在角色定位、供给方式、发展动力等方面必须实现全新的变革，进而提高人才培养质量、科学研究水平等，进而成为经济发展的"动力源"和"发动机"，才能实现更高水平和更可持续的发展②。

二、新时代我国高等教育主要矛盾的显著变化

习近平总书记在党的十九大报告中指出，我国社会的主要矛盾已经转化为人民日益增长的美好生活需要和不平衡不充分的发展之间的矛盾，并强调社会主要矛盾的变化是关系全局的历史变化。社会主要矛盾的变化必然带来高等教育主要矛盾的变化。高等教育与美好生活密切相关，深刻理解和准确把握新时代我国高等教育主要矛盾的变化，对于破解高等教育发展难题、提高高等教育发展质量具有重大的理论和实践指导意义。

（一）人民日益增长的高质量高等教育需要与其发展不平衡不充分之间的矛盾是新时代高等教育的主要矛盾

2002 年以来，我国高等教育已经实现了从"精英化"到"大众化"的转变，再到 2019 年即将过渡到"普及化"，将从根本上解决了更多的适龄青年"上大学难"问题，这无疑又是一个历史性的新跨越。但到了几乎"人人都能上大学"的高等教育普及化时代，人民对"上好大学"、接受高质量高

---

① 马廷奇．高等教育如何适应新常态[J]．高等教育研究，2015(3)：6-10.
② 杜玉波．把握新常态下的高教发展[N]．光明日报，2015-03-02.

等教育的需要与高等教育发展不平衡不充分的矛盾必将上升为新时代高等教育面临的主要矛盾。

有专家认为，新时代中国高等教育面临的主要矛盾是"人民日益增长的对公平优质高等教育的需要与其发展不平衡不充分之间的矛盾"①，还有学者认为"优质高等教育资源短缺已经成为现阶段高等教育发展的主要矛盾"②。笔者认为，"对公平优质高等教育的需要"与"优质高等教育资源短缺"均不能准确反映出当前和今后中国高等教育面临的核心问题，无论从高等教育发展新阶段的阶段性特征看，还是从高等教育国际竞争趋势以及高等教育与社会发展的供需关系来看，最集中、最主要、最核心、最关键的问题应当是高等教育的"质量不高"的问题。正如学者所言，"高等教育内涵式发展的出发点和归宿点都高度聚焦到高等教育质量上"③，因此，"质量"应当是解读高等教育内涵式发展的主要视角④。

"公平优质"只是"高质量"的题中之义，"资源短缺"只是制约实现高等教育"高质量"的主要原因。因此，用"对公平优质高等教育的需要与其发展不平衡不充分之间的矛盾"或"优质高等教育资源短缺已经成为现阶段高等教育发展的主要问题"来概括表述当前和今后一个时期我国高等教育面临的主要矛盾问题都不够准确。因此，当前和今后中国高等教育面临的主要矛盾应当是人民日益增长的对高质量高等教育的需要与高等教育发展不平衡不充分之间的矛盾。

---

① 李元元. 新时代中国高等教育发展的新判断新特征新使命[N]. 中国教育报，2017-11-02.

② 钟秉林. 转变方式 推进高等教育内涵发展和质量提升[N]. 光明日报，2016-02-25.

③ 卢晓中. "双一流"建设背景下高等教育的内涵式发展[J]. 苏州大学学报（教育科学版），2018(1)：7-10.

④ 王希普. 高等教育内涵式发展的意蕴及其实践[J]. 山东高等教育，2018(2)：3-5.

(二)高质量高等教育是人民群众最热切的期盼和高等教育强国建设的关键

为什么人民日益增长的对高质量高等教育的需要与高等教育发展不平衡不充分之间的矛盾是当前和今后中国高等教育面临的主要矛盾？这是因为，高质量高等教育是人民群众最热切的期盼和高等教育强国建设的关键。一方面，人民群众最期盼的是接受高质量的高等教育。必须强调的是，在高等教育普及化阶段，人民群众最期盼的"高质量的高等教育"并不是人人都上"双一流"大学，而是要求他所上的大学无论是部属大学还是地方院校都能够给他提供"高质量的教育"。"高质量的高等教育"意味着是适合每个人发展需要的个性化教育，是面向未来的、为人的未来发展提供持续动力的教育。这就要求，无论是部属院校，还是地方院校，必须重新思考自己的办学定位，重新凝练自己的办学特色，特别是要紧紧围绕学生的学习成长需要，从课程设置、教学方式、师资建设等方面进行全方位的、整体性的科学设计，把教育教学转变到了"学生需求中心"的轨道上来。以此为依据，从现实看，高等教育离人民心目中的理想标准还有较大的距离，因而成为人民群众在普及化阶段对高等教育最热切的期盼。

另一方面，高等教育强国建设的关键是要有高质量的高等教育，说具体一点，就是要有"世界一流"的高等教育。历史上，世界高等教育中心的几次大转移证明，任何一个高等教育强国的崛起无不依赖高质量的高等教育。事实上，直到今天，任何一个高等教育强国也无不把质量建设作为高等教育改革发展的核心主题而始终走在追求卓越的道路上。从纵向维度看，我国高等教育在人才培养质量、科学研究水平、服务社会贡献度等方面取得的成绩是巨大的，但与世界高等教育强国相比，仍有很大的提升空间。因此，发展高质量的高等教育也就成为当前和今后我国高等教育强国建设的关键问题，也是必须着力破解的紧迫问题、难点问题、焦点问题。

(三)发展不平衡不充分是制约高质量高等教育实现的主要因素

全面考察制约中国高等教育质量的因素,既有主观方面的,也有客观方面的;既有宏观方面的,也有微观方面的;既有国家政府层面的,也有高校自身层面的。但从现实情况看,高等教育发展不平衡不充分是制约高质量高等教育实现的主要原因。

一方面,高等教育发展不平衡是针对宏观层面而言的,主要指我国高等教育还存在着区域发展不平衡、城乡发展不平衡、结构布局不平衡的问题,制约着整个高等教育质量的整体提升。就高等教育区域发展而言,存在着东强西弱、北强南弱的问题,区域差异大。优质高等教育资源主要集中在我国北部和东部的省份,仅以学科为例,从第四轮全国学科评估结果来看,A^+、A、A^-的学科几乎全部分布在北部省份和东部省份(湖北省例外),而贵州、西藏、宁夏、青海等西部省份连一个 A^- 学科都没有。就高等教育结构布局而言,高等教育结构体系还不够清晰,虽然国家早已出台文件引导高校分类发展,但在激烈的高等教育资源竞争形势下,一些高校为了争取更多的资源,仍然存在着片面追求综合化和盲目追求"高大上"的现象,"同质化"的发展现象并没有从根本上消除。就高等教育城乡差异而言,存在着中心城市高校发展快而地处非中心城市高校发展慢的问题。在我国,地处中心城市的高校多为部属院校,即使不是部属院校,也是省属高校,其获得的教育经费投入明显多于非中心城市的高校。而地处非中心城市的高校多为省地共建、以地为主的高校,其教育经费投入主体为地市政府,财政投入相对于地处中心城市的高校明显偏少,甚至差异极为悬殊。这是造成高等教育学校发展的不平衡①的主要原因。

另一方面,高等教育发展不充分,主要是指高校自身发展的内生动力没有得到充分调动,办学活力显得不足,内部治理结构体系不够完善,大

---

① 吴愈晓,杜思佳. 改革开放四十年来的中国高等教育发展[J]. 社会发展研究,2018(2):1-21.

学功能没有充分发挥，大学精神未能充分彰显。例如，高校身份的"固化"导致一些"985""211"大学不仅陷于"同质"竞争层面，自身危机感弱化，内部治理模式僵化，紧跟时代感不强，社会服务功能未能充分彰显。而许多地方高校在办学实践中，虽然面向地方发展需求主战场，但由于过度依赖地方政府的财政投入而往往成为地文政府的一个"行政部门"，导致地方高校在办学实践中的过度"行政化"和大学精神的淡化弱化。欣慰的是，这种状况正在改观，且已经有了很大改观。当下最紧迫的问题是，在政府不断下放办学自主权的趋势下，大学自身应当思考如何增强办学活力的问题，即遵循高等教育规律，增强内生活力的问题。

高等教育发展不平衡与发展不充分是一个问题的两个方面，二者相互联系、相互制约，发展不平衡制约发展不充分，发展不充分影响发展不平衡，二者都是制约高等强国建设和不能满足人民对高质量高等教育需要的主要矛盾之一。当然，高等教育发展是一个动态中的平衡过程，不存在绝对的平衡发展和完全的充分发展，但当发展不平衡不充分成为制约和阻碍高等教育质量提升的主要问题时，就必须着力破解它。

三、新时代我国高等教育高质量发展的再思考

"使命呼唤担当，使命引领未来"。在中国特色社会主义新时代，面对人民群众日益增长的对高质量高等教育的需要与高等教育发展不平衡不充分的主要矛盾，高等教育必须紧扣提高质量这个"最核心最紧迫的任务"[1]，增强内涵式发展能力[2]，提升质量，才能真正办好人民满意的高等教育，进而为实现"两个一百年"奋斗目标和中华民族伟大复兴的中国梦提供坚实的人才保障和科技支撑。

---

① 刘延东. 深化高等教育改革 走以提升质量为核心的内涵式发展道路[J]. 求是，2012(10)：3-9.

② 周海涛，景安磊，刘永林. 增强高等教育内涵式发展能力[J]. 教育研究，2018(4)：62-67.

（一）加强国家层面的宏观统筹，促进高等教育平衡发展

要建成高等教育强国，满足人民日益增长的对高质量高等教育的需要，不仅需要建成十几所乃至几十所世界一流大学，更需要建设几十所甚至上百所各行各业的世界一流大学。换言之，就是不仅要有国际一流质量的高水平综合性研究型大学，也要有国际一流质量的地方院校和行业性院校。归结到一点，就是高等教育不能只有"高峰"，还要有"高原"，而"高原"的形成，又依赖科学合理的高等教育体系的宏观统筹。

综观当今世界高等教育强国，无不具有结构合理、层次分明的高等教育体系。以美国为例，既有代表国际一流水平的哈佛、耶鲁、斯坦福、麻省理工等世界级顶尖学府，也有面向地方为各州提供一流服务的州立大学，还有遍布全美面向社区民众服务的各种社区学院，合理的高等教育体系是美国整个高等教育质量走在世界的前列的重要原因之一。又如德国，既有高水平的综合性研究型大学，也有面向科技开发的应用型大学，还有以职业训练为主的各种职业学院，它们在办学定位、资源配置和功能发挥等方面均有明确的分工，形成了各居其位、各得其所的高等教育体系，其工业体系一直走在世界的前列无不与此紧密相关。需要强调的是，无论美国的高等教育体系，还是德国的高等教育体系，国家的宏观统筹和政策指导发挥了决定性的作用。

回视我国高等教育发展史，经过几十年的建设发展，虽然形成了世界上规模最大的教育体系，但与世界高等教育强国相比，总体上仍然存在着"高峰不高、高原不宽"的问题，与国家创新驱动发展战略和建设创新型国家的要求不相适应，与建成高等教育强国的要求不相适应。显然，解决高等教育发展不平衡问题，实质是解决高等教育体系的合理建构问题。而要从根本上解决这一问题，关键在于国家和政府层面的宏观统筹和顶层设计。从当前中国高等教育体系来看，国家宏观统筹的着力点应当放在以下三个方面：

一是加大西部高校的扶持力度，促进高等教育区域协调发展。从区域

看，我国高等教育发展不平衡的最大"短板"是教育质量"东强西弱"，相对东部而言，优质高等教育资源在西部显得尤为紧缺，重点大学、重点学科布局数量偏少，难以形成"高原效应"，制约着高等教育整体发展质量。虽然自 20 世纪 90 年代以来，国家加大了对西部高校的建设力度，采取省部共建等措施重点建设了一些西部高校，2011 年还启动了"中西部高等教育振兴计划"，提升了西部高等教育整体质量，但随着东西部经济发展差距的拉大，尤其是西部高校获得国家"双一流"建设经费投入的相对偏少，西部高等教育整体水平仍将长期处于相对的劣势地位。"协调发展是内涵式发展的保证"①。因此，需要国家进一步加大统筹力度，突出国家战略需求，兼顾区域协调发展，在经费投入、学科建设、资源保障等方面给予西部高校"超常规"的政策扶持，才能尽快补齐"短板"，促进西部高校跨越式发展，进而实现东西部高等教育平衡发展、齐头并进。

二是优化高等教育资源要素配置，促进城乡高等教育公平发展。在我国近三千所高校中，绝大多数是地处非省级中心城市的地市区域高校。长期以来，这些地处非省级中心城市的地市区域高校，由于历史和现实的原因，往往成为"被遗忘的角落"，获得国家和政府资源投入显著偏少，办学条件很难得到及时改善，引进高层次人才的吸引力相对较弱，客观上在国家整个高等教育体系中处于"弱势群体"的地位，制约着整个高等教育质量的提升。因此，有必要从国家宏观层面，并协同省市级政府，建立健全专项高等教育资源配置机制，优化和增加对这些高校的办学资源投入，厚植这些高校的发展基础，提高它们的办学质量，促进城乡高等教育公平发展、一体化发展，这不仅是实现高等教育强国建设目标的根本要求，也是广大人民群众对高质量高等教育的迫切需要。

三是加强高等教育结构优化布局，引导高校合理定位分类发展。引导高校合理定位，优化高等教育结构布局的实质是高等教育供给侧结构性改革之举，根本目的是构建适应经济社会发展需求的高等教育体系。长期以

---

① 乔万敏，邢亮．论大学内涵式发展[J]．教育研究，2009(11)：97-100.

来，我国高等教育"同质化"办学倾向导致高等教育"供给"与社会"需求"脱节。近年来，国家已着力调整高等教育结构布局，一项重大举措就是引导部分地方普通本科高校向应用型转变，但也有少数地方本科院校在转型发展实践过程中盲目追求"高大上"，有的高校把更名为"大学"作为办学目标，甚至有个别新建地方本科院校还明确了升格"大学"的时间表和路线图。这种"名转而实难转"的做法，表面"光鲜亮丽"，实则"危机重重"，对高校内涵式发展不利，对解决高等教育结构性矛盾不利，如果得不到及时纠正，很可能演绎成新的盲目攀比和同质竞争，违背国家战略初衷。鉴此，国家非常有必要进一步强化政策指导，加强转型发展监督和成效评估，引导广大地方院校进一步合理定位，走特色发展、错位发展、卓越发展之路，才能实现国家优化高等教育结构的战略初衷。

（二）增强大学发展内生活力，促进高校充分发展

从微观上讲，高等教育发展不充分的问题是高校发展的内生活力不足的问题，主要表现为发展危机感不强，内部治理结构不尽合理，大学功能发挥不充分，大学精神不够彰显，整体办学质量不高。对此，有学者将其主要原因归结为"政府管得过多过死"，强烈呼吁下放高校办学自主权。[①]但笔者认为，此观点有待进商榷，高等教育管理体制不尽合理固然是高校办学活力不足的原因，但并不是主要原因。改革开放以来，特别是 2010 年国家中长期教育改革和发展规划纲要颁布以来，应当说，高等教育管理体制已经发生了实质性的巨大变化，随着教育综合改革的不断深入，政府不断下放高校办学自主权，基本上形成了"政府统筹、高校自主、民主监督、社会参与"的高等教育管理体制，但为何高等教育整体质量未能让百姓满意？高校自身办学活力不足也是主要原因。因此，要办好人民满意的高等教育，必须从增强高校内生办学活力着手，才能真正化解高等教育发展不充分问题。如何增强高校办学内生活力？笔者建议从三个方面着手。

---

① 别敦荣. 论高等教育内涵式发展[J]. 中国高教研究，2018(6)：6-14.

一是增强大学发展危机感。一所大学能不能持续发展并保持长盛不衰，从根本上讲，取决于它时刻保持着的自我忧患意识和对发展竞争的危机感、紧迫感。当一所大学沉浸于它已有成就而高枕无忧时，就意味着大学没落的开始和衰败的来临。实际上，大学无时开刻处于竞争中，最可怕的不是它没有雄厚的办学财力物力，也不是它现在没有世界一流大学的光环，而是没有一颗时常保持高度警惕的忧患之心进而丧失追求卓越的进取之志。哈佛大学前校长博克曾在哈佛诞辰 350 周年纪念大会上无比自豪地讲道："如果说 350 年来哈佛大学有一个贯穿始终的特点的话，就是我们总是在心神不定地担忧，即使在外界形势看来没有任何理由这样时也是如此。"①这正是促使哈佛大学不断自我改革而永远走在追求卓越路上进而成为世界一流大学精英的内在动力。审视我国大学，由于"身份固化"衍生出的"等、靠、要"观念仍然客观存在，致使部分大学进取意志弱化，内生发展动力明显不足，"国家要我发展"更多地成为大学改革的动力和常态。显然，要改变这种格局，取决于大学自身能不能时刻保持高度警醒的危机感和紧迫感，这才是大学发展的不竭动力。

二是优化大学内部治理结构。高校内部治理结构作为其内部各种利益相关者权力分配和利益实现的制度设计和机制安排②，其目的是有效平衡权力冲突，保证大学运行有序、高效。内部治理结构的科学性、合理性和适切性，能够有效减少内耗，提高运行效率，增强发展活力。审视我国高校，无论教育部直属高校还是省属地方院校，以"行政为主"的管理模式总体上仍是高校内部治理模式的主流，行政权力越位学术权力、大学管理权力凌驾院系办学权力的现象仍然十分普遍，不仅违背了大学作为学术机构的成长规律，而且还增加了大学内部的消耗，严重制约着高等教育质量的提高。需要强调的是，优化大学内部治理结构，并不是否定大学行政权力存在的合理性和必要性，更不是要取消大学的行政权力，而是要构建二者

---

① 姜文闵.哈佛大学[M].长沙：湖南教育出版社，1998：9.

② 顾海良.完善内部治理结构 建设现代大学制度[J]，中国高等教育，2010（15）：18-19.

共生共融、相得益彰的互促关系，使二者相互促进，而不是让二者相互掣肘。要实现这一治理结构目标，更多的要靠高校的高度自觉，要靠遵循办学规律，并真正落实到办学治校实践中，那就是要按教育规律办事，让专家教授在院校管理中发挥应有的主体作用，让行政权力回归到"服务"的本位。

三是充分履行大学职能。高等教育实现内涵式发展，关键是必须知道自己"应该干什么"和"怎样把该干的事情办好"。评价一所大学是否内涵式发展的首要标准也是它履行和完成自身使命的程度和深度，那就是看它的人才培养质量高不高、知识创新的能力强不强、服务社会的能力强不强等。人才培养、科学研究、社会服务和文化传承与创新作为现代大学的职能，都是大学之所以成为生命有机体不可分割的重要组成部分，任何轻视、淡化甚至弱化淡化某一功能的做法都将顾此失彼，不利于促进大学的内涵式发展。而现实问题是，有的大学并没有树立全面的大学职能观，而是被各种评价标准不一的大学排行榜弄得眼花缭乱而迷失自我，突出表现为在办学治校实践中在处理大学职能上顾此失彼甚至本末倒置的现象。高校要克服这一弊端，关键是要树立大学全面职能观，正确处理大学职能关系。值得强调的是，大学职能间的关系，并不是绝对的你和我的关系，而是你中有我、我中有你的关系。因此，在处理职能间的关系时，应当树立协调观、和谐观，防止大学职能的人为割裂。

（三）引导社会第三方参与质量评估，增强评价的导向性

就像战争不能仅凭将军说了算一样，高等教育质量评估也应当是一个多元的综合评价结果。既不能由高等教育行政主管部门说了算，也不能由大学自身说了算，还应该有第三方社会机构独立参与的评价。从产品价值关系来看，高等教育也是一种产品供给，产品供给质量的高低，既不是由生产者决定，更不是由产品自身决定，而是由它的受用者来决定的。高等院校的人才培养质量、科学研究水平以及对社会发展的贡献等就是高等教育的"产品"，这些"产品"究竟有没有价值以及价值有多大，都需要第三方

社会机构独立、客观的评价。

从目前我国高等教育评估趋势看，政府已经在积极推动社会第三方专业评价机构参与高等教育评价，党的十八届三中全会已经明确提出要"深入推进管、办、评分离"，2015年《教育部关于深入推进教育管办评分离促进政府职能转变的若干意见》也明确要求要"坚持权责统一。依法明晰政府、学校、社会权责边界，构建系统完备、科学规范、运行有效的制度体系，形成决策、执行、监督相互协调、相互制约的教育治理结构"。这表明，国家层面已经在积极推进高等教育第三方社会评估，且已取得显著成效。但从实践运行情况看，高等教育"评估工作不能完全符合质量提升的需要，特别是在评估体制机制、评估理念和评估标准、评估技术和方法等方面都还需要继续改革完善"[1]。因此，新时代高等教育非常有必要建立第三方社会机构参与高等教育评估制度。这方面，笔者就如何充分发挥第三方社会机构评估作用提出三点建议：

一是要引导第三方社会评估机构深入领会"扎根中国大地"办学的理念。中国的高等教育评估，必须体现"中国特色"，必须坚持"扎根中国大地办教育"[2]的理念建构高等教育评估制度。这就要求，第三方高等教育评估机构要深入领会"中国特色高等教育"的深刻内涵，评估理念、评价思想、评价导向等要贯彻党的教育方针要求，体现中国特色社会主义教育发展道路特色和社会主义办学方向，进而充分发挥第三方社会机构参与高等教育评估的正确导向作用。

二是要引导第三方社会评估机构围绕"立德树人"根本任务建构评价指标体系。立德树人是我国高等教育的根本任务，教育的根本目的是培养社会主义建设者和接班人。因此，要引导第三方社会评估机构紧紧围绕党的

① 何秀超. 探索中国特色现代高等教育评估制度　全面提升人才培养质量[J]. 中国高教研究，2018(10)：1-5.

② 习近平. 坚持中国特色社会主义教育发展道路　培养德智体美劳全面发展的社会主义建设者和接班人[EB/OL]. (2018-9-10)[2018-9-10]. http：//www. xinhuanet. com2018/09/10/c_1123408400. htm.

教育方针、高校人才培养根本任务科学建构高等教育评估指标体系，才能充分发挥引导高等教育为人民服务、为中国共产党治国理政服务、为巩固和发展社会制度服务、为改革开放和社会主义现代化建设服务的评价导向作用。

三是要加强对第三方社会评估机构的资质评估。政府应当出台相应的法律、法规和政策，鼓励和引导高等教育第三方评估机构依法、依规建立和完善教育评估制度规范，促进第三方社会评估机构建立的规范化和法治化。特别要加强对第三方社会评估机构的资质评估，对第三方社会评估机构建立的合法性、评估导向的正确性、评估能力的专业性等进行全面审查，保证第三方社会评估机构的政治的方向性和专业能力的胜任性。与此同时，还要尽量减少政府对第三方社会评估机构评估工作的干预，引导第三方社会评估机构独立评估、自由竞争、优胜劣汰、提高信誉，从而提高高等教育评估质量。

后　记

我深知，在高等教育研究的浩瀚海洋里，我是一滴水，与高教学界大师和前辈们的高深学问与丰硕成果相比，我只能望其项背，崇拜有加。但作为热爱高教事业、从事高教研究的一名"小学生"，兴趣和热爱、责任与使命驱使我近些年来一直保持对我国"双一流"建设理论与实践问题的关注和思索：国外大学和学科是如何走向世界一流的？有什么值得借鉴的成功经验？中国特色"双一流"建设的逻辑根据在哪？怎样才能彰显中国特色？如何选择建设路径？如何建成具有中国特色、彰显中国气派、体现中国自信的一流大学和一流学科？关于这些问题的一些感悟、一些思考、一些观点如涓涓细流一样凝结成了这部"双一流"建设研究专著，旨在作为学术交流的媒介向学界前辈和同行们请教。

事实上，"双一流"建设是一个庞大的战略系统工程，她不单是"一流大学"和"一流学科"建设两个中心问题，与这两个中心问题紧密相联、值得深入探究的基本问题还很多，诸如一流人才培养、一流师资队伍建设、一流大学校长培育以及走向世界一流的大学改革等都是"双一流"建设的题中之义、基本问题。鉴此，本书建构以世界一流大学、一流学科建设为中心问题，以一流人才培养、一流师资队伍建设、一流大学校长培育、走向一流的大学改革为基本问题的研究框架体系，因此而将本书命名为《"双一流"建设基本问题研究》，旨在抛砖引玉，聆听、感悟高教前辈和学界同行的真知灼见，进而引出关于"双一流"建设更多基本问题的深入探究，以期为我国"双一流"建设奉献学术智慧。

学问无止境，学术无终点。当即将在键盘上敲下最后一个字的时候，知识储备的不足和认识水平的有限仍在提醒我不断反思：提出的观点是否妥切？建议是否可行？是否需要再斟酌、再推敲？对这些问题的自省使我迟迟不敢贸然敲下最后一个字。但转念一想，总得给自己的近些年的研究留个印记，以便积蓄力量，再续前行。因此，作为高等教育研究领域一名"小学生"的特有冲动使我敲下了最后一个字，就算是对自己长期关注"双一流"建设并努力探究的一个阶段性小结吧。

最后，我要特别感谢我的亲人，尤其是我挚爱的妻子对我科研事业的充分理解、热情鼓励和支持！尽管妻子每天都面临着工作中许多事无巨细的行政事务和大小家务，但仍不忘鼓励我坚持就是胜利。还要感谢我年仅一岁零几个月的可爱儿子，尽管只有一岁零几个月，但却像成人一样懂事理解我没日没夜的撰写工作。正是亲人们的理解、鼓励与支持，激励了我对科研事业的无限热爱和不懈追求！

白　强

2022 年 6 月于梵净山下